Didier Guével
Professeur de Droit privé et Sciences criminelles
à l'Université de Paris 13, Sorbonne Paris Cité,
Doyen de la Faculté de Droit,
Sciences politiques et sociales

Droit des successions et des libéralités

3e édition

LGDJ
lextenso éditions

70, rue du Gouverneur Général Éboué
92131 Issy-les-Moulineaux Cedex
ISBN 978-2-275-03998-5
ISSN 0987-9927

Didier Guével est professeur de Droit privé et Sciences criminelles à la Faculté de Droit, Sciences politiques et sociales de l'Université Paris 13, Sorbonne Paris Cité et membre de l'Institut de Recherche pour un Droit Attractif.

Abréviations et expressions courantes

AC : Avant Jésus-Christ
Act. : Actualité
AJ : Actualité jurisprudentielle
Arg. : Argument
Art. : Article
Ass. plén. : Assemblée plénière
Bull. : *Bulletin des arrêts de la Cour de cassation*
CASF : Code de l'action sociale et des familles
Cass. civ. : Cour de cassation, chambre civile
Cass. com. : Cour de cassation, chambre commerciale et financière
Cass. crim. : Cour de cassation, chambre criminelle
Cass. req. : Cour de cassation, chambre des requêtes (avant 1947)
C. assur. : Code des assurances
C. civ. : Code civil
C. com. : Code de commerce
C. consom. : Code de la consommation
CE : Conseil d'État
CEDH : Cour européenne des droits de l'homme
Cf. : Confrontez ou conférez
CGCT : Code général des collectivités territoriales
CGI : Code général des impôts
CGPPP : Code général de la propriété des personnes publiques
Chron. : Chronique
COJ : Code de l'organisation judiciaire
Coll. : Collection
Comp. : Comparez
Concl. : Conclusions
Cons. const. : Conseil constitutionnel
Contra : En sens contraire
CPC : Code de procédure civile
C. propr. intell. : Code de la propriété intellectuelle
C. pén. : Code pénal
C. rur. : Code rural
C. santé publ. : Code de la santé publique
C. séc. soc. : Code de la Sécurité sociale
D. : *Dalloz* ou *Dalloz-Sirey*
Defrénois : *Répertoire du notariat Defrénois*
DH : Dalloz hebdomadaire
DP : Dalloz périodique
Esp. : Espèce (affaire)
Éd. : Édition
Ex. : Exemple
FCDDV : Fichier central des dispositions de dernières volontés
Gaz. Pal. : *Gazette du Palais*
Ibid. : Au même endroit
Impl : Implicitement
In : Dans (tel ouvrage)
In fine : À la fin du texte
Infra : Plus loin dans le texte
IR : Informations rapides
JCP : *Semaine juridique*
JCP, éd. G : *Semaine juridique, édition générale*
JCP, éd. N : *Semaine juridique, édition notariale*
Jurispr. : Jurisprudence
Minist. : Ministériel
MJPM : Mandataire judiciaire à la protection des majeurs
Not. : Notamment
Op. cit. : Ouvrage cité
Ord. : ordonnance
P. : Page
PaCS : Pacte civil de solidarité
Pan. ou Panor. (selon les revues) : Panorama (de jurisprudence)
Passim : À divers endroits
P. ex. : Par exemple
Prat. : Pratique
Précit. : Déjà cité
Quest. : Question
Rapp. : Rapport
Rappr. : Rapprochez
Réf. : Références
Rev. crit. DIP : *Revue critique de droit international privé*
RTD civ. : *Revue trimestrielle de droit civil*
RTD com. : *Revue trimestrielle de droit commercial*
SMiC : Salaire minimum de croissance

Somm. : Sommaires
Spéc. : Spécialement
Supra : Ci-dessus
TGI : Tribunal de grande instance
V. : Voyez
V° : Verbo (mot-clé)
V. p. ex. : Voyez, par exemple

Préambule

1. Le Droit des successions et des libéralités constitue la **clef de voûte** de la cathédrale juridique du Droit civil. Il vient parfaire un ensemble de connaissances qui commence par la naissance des personnes, se consacre à leur vie contractuelle et extra-contractuelle, et s'achève par leur mort. Le présent livre s'efforce de décrire, dans un langage clair et accessible à tous, les principales règles actuelles d'une matière, au demeurant, passablement complexe. Le Droit des successions et des libéralités constitue un ensemble de mécanismes techniques, une sorte d'algèbre juridique rigoureux, aux solutions fiables.

2. Cet ouvrage présente et explique les principes, les illustre au besoin, et, naturellement, renvoie au texte, à la décision de principe, voire à l'opinion doctrinale justifiant la solution présentée. Mais, n'étant pas destiné aux élèves d'une école de notariat, il n'entre pas dans le détail de la rédaction des formules et ne développe pas de calculs successoraux.

3. Le Droit des héritages et des actes généreux nécessite de faire appel à des considérations humaines et morales (on doit ainsi tenir compte du contenu des lois relatives à la bioéthique : lois n° 94-653 du 29 juillet 1994, n° 2004-800 du 6 août 2004 et n° 2011-814 du 7 juill. 2011) ; de plus, il faut considérer de nombreuses techniques qui relèvent parfois d'autres branches du Droit. Il faut toutefois se défier des choix faits dans le seul but d'obtenir un avantage fiscal, qui peuvent, avec le temps, se révéler dangereux. Les liens de la matière avec le Droit des régimes matrimoniaux est évident, d'autant qu'en cas de décès, on se préoccupe d'abord de la situation matrimoniale du défunt avant de liquider sa succession. Mais, si tout le monde meurt, tout le monde ne meurt pas marié. Enfin, même si le phénomène demeure limité, le Droit des successions et des libéralités doit, de plus en plus, tenir compte de dispositions supranationales et, notamment, des principes qui régissent les droits de l'homme.

4. Les règles juridiques qui sont ici étudiées sont parfois présentées sous l'intitulé de "Droit des transferts intergénérationnels". Il s'agit d'une expression empruntée aux sociologues. À vrai dire, il serait préférable de parler de **Droit des transferts, principalement patrimoniaux, intra et intergénérationnels**, car il s'agit surtout de la

transmission de valeurs patrimoniales pouvant se réaliser, non seulement d'une génération à l'autre, mais aussi au sein d'une même génération (si le clonage - aujourd'hui prohibé : art. 16-4, al. 3 C. civ. - ou/et l'adoption d'un enfant par ses grands-parents - actuellement interdit : Cass. civ. 1re, 6 mars 2013 : n° 12-17.183 - est/sont, un jour, autorisé(s), on parlera peut-être alors de transmissions "a-générationnelles").

Introduction

5. Le Droit des transferts intra et intergénérationnels est, avant tout, un Droit de la famille. Il convient donc de dire quelques mots de cette notion (I), avant de faire une présentation générale de la branche du Droit ici étudiée (II).

I. La famille

6. Le législateur attache une importance toute particulière à la famille. Le mot n'a été utilisé dans son **sens contemporain** qu'à partir du XVe siècle (à Rome, où la *familia* désignait un autre ensemble de personnes, on parlait de "*domus*" et d'"agnats" ; au Moyen-Âge, on usait des termes de "lignage" et de "*maisnie*").

Il est indispensable de rappeler quelle est la définition juridique de la famille (A) et utile de faire quelques remarques d'ordre sociologique (B).

A. Essai de définition de la famille

7. Tous les hommes sont parents par les gènes (par le sang). Il faut seulement trente-trois générations pour trouver un lien entre les arbres généalogiques des six milliards de terriens. Une étude a montré, grâce à la génétique, que tous les êtres humains, sans distinction, avaient probablement des ancêtres communs qui vécurent il y a environ 150 000 ans...

La famille peut donc être constituée par la **parenté**, même si elle ne peut être évidemment aussi étendue que la science le détermine.

8. À cette "famille" par le sang (ou par les gènes), il est nécessaire d'ajouter la famille née de la volonté humaine, celle issue de l'alliance entre deux ou plusieurs individus de sexes différents ou de même sexe (fraternités artificielles, projets de "contrats universels"...).

La famille peut donc avoir aussi pour source une **alliance**.

9. Le Droit privé français accepte ce **double fondement** : d'une part, le sang, les gènes, la filiation ou sa fiction (adoptions et

paternités officielles génétiquement fausses...), d'autre part, l'accord de volontés.

Mais la césure n'est pas toujours parfaite : l'adoption peut être considérée comme une source intermédiaire puisqu'elle est issue de la volonté humaine, mais se veut le calque de la famille par les gènes ; il est également vrai que la volonté humaine, dans nos sociétés du moins, n'est plus que rarement étrangère à la procréation naturelle.

Pour des raisons pratiques ou politiques, le législateur a contingenté l'application de ces deux critères ; ses méthodes d'établissement et la notion de proximité (le degré) limitent le ressort de la famille par les gènes ; le type de "contrat" admis (le mariage, partiellement le pacte civil de solidarité et, très ponctuellement, le concubinage) détermine celui de la famille par l'alliance (avec, peu à peu, quelques avancées concernant le statut de l'individu vivant avec une personne ayant eu des enfants d'un lit précédent).

10. « *La personnalité civile [...] appartient [...] à tout groupement pourvu d'une possibilité d'expression collective pour la défense d'intérêts licites, dignes, par suite d'être juridiquement protégés* » (Cass. civ. 2e 28 janv. 1954 : n° 54-07.081). Il ne serait donc pas absurde de conférer à la famille la **personnalité morale**, d'autant qu'il existe des "biens de famille" et des "souvenirs de famille" (cf. *infra* n° 124 et 179). Pourtant, le Droit français aujourd'hui s'y refuse : la famille n'est pas un sujet de droit et, conséquemment, ne dispose pas d'un patrimoine propre.

11. Dans une première approche, on retiendra la définition suivante : **la famille est un groupement de personnes physiques, dépourvu de la personnalité morale, constitué, par le jeu de la parenté (réelle ou artificielle) et par celui de l'alliance**.

B. Éléments sociologiques

12. Depuis une quarantaine d'années, les Français **se marient** de moins en moins et de plus en plus tard (à plus de 30 ans en moyenne), généralement après une période de cohabitation. L'institution du mariage homosexuel (loi n° 2013-403 du 17 mai 2013) ne semble pas avoir renversé la tendance.

Le **concubinage** est en accroissement constant, soit en tant que tel, soit en tant que période de cohabitation précédant le mariage.

On **divorce** de plus en plus (un mariage sur deux, environ) et de plus en plus tôt après le mariage (en majorité avant dix ans d'union).

Il existe, en conséquence, de plus en plus de **familles** dites "**recomposées**" dont la structure est parfois complexe. La question des droits des parâtres et marâtres, des partenaires et concubins de personnes ayant déjà des enfants d'un autre lit se pose de plus en plus ("mandat d'éducation quotidienne"...).

Le nombre de **PaCS** augmente chaque année et comprend très majoritairement des couples hétérosexuels. En moyenne, on conclut un PaCS à plus de trente ans et le pourcentage des dissolutions serait assez proche de celui constaté pour les mariages. Le PaCS est bien devenu un sous-mariage ou un sur-concubinage.

13. La famille de type rural, regroupant plusieurs générations sous un même toit, est en voie de disparition. Le modèle le plus fréquent est celui de la **famille** dite **nucléaire**, composée des parents et du ou des enfants (1/3 des ménages). Mais, les familles monoparentales sont de plus en plus nombreuses. Les couples (et les personnes seules) sans enfants sont également en nombre croissant. Ces familles réduites abritent de moins en moins les personnes aux facultés physiques ou mentales altérées et les personnes âgées dépendantes. En revanche, les jeunes habitent de plus en plus longtemps sous le même toit que leurs parents. On notera aussi que la polygamie (polygynie ou polyandrie) est toujours repoussée en France (de droit – cf. *infra* n° 97 et V. art. 147 C. civ. et 433-20 C. pén. –, mais aussi, plus ou moins, de fait), la polygynie de certains étrangers résidant en France disparaissant à la deuxième génération.

14. Les mères sont de plus en plus âgées lorsqu'elles donnent naissance à leur premier enfant. Environ la moitié des enfants naissent hors mariage (plus de 90 % sont reconnus par leur père). Ces naissances hors mariage sont majoritairement voulues et non subies.

La durée de la vie étant de plus en plus longue, le nombre de personnes âgées intellectuellement déficientes, ne cesse de s'accroître. Lorsqu'une succession s'ouvre, l'âge des héritiers est lui-même de plus en plus élevé.

15. Le **Droit** de la famille doit tenir compte de ces évolutions. En Europe, malgré une différence initiale entre le nord et le sud, il tend à s'uniformiser autour de quelques idées fortes : égalité dans le

couple, monogamie, pédocentrisme (illustré, notamment, par le concept français d'"*intérêt supérieur*" de l'enfant, mauvaise traduction de "*best interests*")... Le Droit français des successions et des libéralités évolue assez lentement (souvent, les arrêts cités en référence sont anciens et les textes, principalement les art. 720 à 1099-1 C. civ., gardent des traces de la rédaction de 1804). Mais, sans qu'il y ait de révolutions, le rythme des réformes s'accélère (2001, 2006...) et la philosophie de la matière se transforme...

II. Introduction au Droit des successions et des libéralités

16. Pour comprendre le contenu du Droit des successions et des libéralités, il est indispensable d'évoquer brièvement quelques aspects philosophiques (A), psychologiques et anthropologiques (B), socio-économiques (C) et historiques (D) de la question. Enfin, l'on doit donner un certain nombre de définitions indispensables à la compréhension de la matière (E).

A. Philosophie des successions et des libéralités

17. Les philosophes ont longuement débattu principalement de trois problèmes : du droit d'hériter (1), du droit d'organiser sa succession (2) et de la question du don (3).

1. Du droit d'hériter

18. L'essentiel de la dispute a porté sur le point de savoir si hériter était un Droit naturel ou seulement un Droit civil (c'est-à-dire un Droit "social", né de la "Société"). S'il s'agit d'un Droit civil, rien n'interdit de le limiter, voire de le supprimer. La discussion est liée à la conception que l'on se fait de la propriété. Si l'on considère que l'appropriation privée n'a pas lieu d'être, une transmission patrimoniale à cause de mort ne se justifie pas.

19. Le représentant le plus connu de la première école, celle du **Droit naturel**, est, à la fin du XVIIe siècle, John Locke. L'Église catholique, dès 1891, reprendra l'idée d'un Droit naturel de « *léguer ses biens par voie d'hérédité* » (c'est à Dieu qu'appartient le pouvoir de décider). Cette vision a un peu vieilli, car l'être humain peut désormais être maître de sa descendance (contraception), voire

peut se "fabriquer" des héritiers (adoption, procréation médicalement assistée... Cf. *supra* n° 9).

20. La seconde école, celle du **Droit social**, ne voit dans les successions qu'une technique de redistribution des richesses, issue du contrat social. Avec des nuances, Montesquieu (*De l'esprit des lois*, 1748) et Rousseau (*Discours sur l'origine de l'inégalité...*, 1755) défendent l'idée que le Droit de succession peut être aménagé par le législateur. Au XVIIIe siècle, Gracchus Babeuf, puis, au XIXe siècle, Louis Blanc, vont plus loin en prônant l'abolition de l'héritage, tandis que Jeremy Bentham puis John Stuart Mill se contentent de proposer d'en limiter les montants.

21. Le **Droit français** relève de l'école du Droit social : « *La successibilité n'est point un droit naturel : ce n'est qu'un droit social qui est entièrement réglé par la loi politique ou civile* » (PORTALIS, TRONCHET, BIGOT-PRÉAMENEU, MALEVILLE, *Discours préliminaire, in Projet de Code civil [...]*, présenté le 24 Thermidor an VIII, Paris, Germinal an IX). Mais, aujourd'hui, personne ou presque ne revendique la suppression du droit de succession. Seule demeure la question de savoir s'il y a, au profit de l'héritier, un droit à l'héritage ou s'il s'agit simplement de respecter la volonté du défunt (exprimée ou supposée).

2. Du droit d'organiser sa succession (donc, principalement, du droit de tester et de léguer)

22. C'est un grand débat qui s'est développé très tôt : faut-il privilégier la dévolution légale ou laisser une grande place à la liberté testamentaire ? Une fois admis le droit de transférer des biens d'une génération à l'autre, faut-il laisser au législateur le soin d'en organiser les modalités ou peut-on faire confiance aux individus et les laisser libres de s'en charger ?

23. Le Droit romain et le Droit d'Ancien Régime dans le sud de la France étaient très favorables à la **dévolution testamentaire** (à l'inverse des pays de coutumes, plus favorables à la défense de la famille). Les philosophes du XVIIe siècle lui donnaient généralement, eux aussi, la première place. Au XIXe siècle, une campagne se développa au profit de la liberté testamentaire, dans le droit fil des théories physiocratiques et des idées de Frédéric Le Play. On reprochait à la dévolution légale de morceler les terres, d'avoir des effets antinatalistes, d'encourager les réservataires à la paresse et d'affaiblir l'autorité paternelle...

24. Les penseurs de la Révolution, pourtant partisans de l'autonomie de la volonté (la liberté), préférèrent privilégier la **dévolution légale** (l'égalité) ; ils voulaient éviter que, par le recours au testament, l'on réintroduise la primogéniture et la masculinité.

25. **Actuellement**, les Droits anglo-américains, prônant l'individualisme, favorisent plutôt le principe de la libre disposition des biens à cause de mort : le système légal ne s'applique que subsidiairement. Les pays où la famille l'emporte sur l'individu (notamment ceux issus de traditions coutumières et germaniques) mettent plutôt en avant la dévolution légale. C'est le cas en France, même si le mécanisme du Code est en grande partie supplétif ; on peut l'aménager par voie testamentaire... à condition de ne pas porter atteinte à quelques règles impératives. Mais, depuis la réforme de 2006, même la réserve héréditaire n'est plus pleinement impérative (cf. *infra* n° 574). L'influence anglo-américaine se fait sentir ici aussi et la liberté individuelle gagne du terrain sur la protection de la famille (il est vrai que la préoccupation fréquente des personnes consultant un juriste en ce domaine est de savoir comment déshériter l'un de leurs successibles...).

3. Du don

26. Le testament est suspect : on dit parfois qu'il est l'arme des faibles qui peuvent ainsi se venger *post mortem* (cf. *infra* n° 329). Mais le legs, lui, n'est pas trop en défaveur. En revanche, le don, la libéralité entre vifs, a été l'objet de bien plus de controverses. Il est doté d'une influence allant au-delà du simple acte juridique (en 2012, dans une publicité générique radiophonique, souhaitant encourager la générosité, une voix disait : "Exercez votre pouvoir du don !", ce qui est révélateur). Le don est un syncrétisme, une **opération contradictoire**.

Le don est à la fois bénéfique et maléfique. On parle de cadeau empoisonné ("Gift" signifie "présent" en anglais et "venin" en allemand) ; on dit parfois que l'on "donne" la mort ; on pense au fruit offert par Ève à Adam, à la pomme de Blanche-Neige, à la boîte de Pandore, aux débats relatifs aux journaux gratuits...

27. Le don a incontestablement des **aspects positifs**. Marcel Mauss a montré que les échanges avaient d'abord eu lieu sous forme de dons réciproques (bon nombre de civilisations primitives ignoraient la monnaie).

En France même, les "honoraires" ne furent longtemps qu'une sorte de contre-don : le professionnel faisait "don" de son art et le malade ou le client le remerciait par une libéralité, selon son degré de reconnaissance.

La capacité de don est aussi souvent interprétée comme étant l'une des manifestations de la présence du divin en l'homme (les religions encouragent au don).

Le don est encore bénéfique lorsqu'il porte sur un élément du corps et tend à sauver d'autres humains (sang, organe... Cf. *infra* n° 280).

D'un point de vue matérialiste, économistes, anthropologues, ethnologues et éthologistes s'accordent pour avancer que l'altruisme serait, en définitive, plus rentable que l'égoïsme.

Enfin, la libéralité est une forme de régulateur social, permettant de soutenir les plus défavorisés d'une communauté. Aujourd'hui encore, les grandes campagnes caritatives (auxquelles répond un français sur deux) relèvent de cette préoccupation (chaque année en France, environ un milliard d'euros est donné ou légué aux associations).

28. Mais le don a aussi des **aspects néfastes**.

Il présente notamment un danger d'escalade. Le don, sorte de défi, appelle le contre-don en retour et le potlatch s'installe, ruineux pour ceux qui s'y adonnent.

Par ailleurs, le don est potentiellement source d'inconvenance lorsqu'il est disproportionné.

Existe aussi le risque de voir l'auteur du don prendre un malsain plaisir à humilier les autres par son geste (*sparsio*).

Le don est suspect. Il est révélateur que des campagnes publicitaires préfèrent annoncer l'obtention de tel avantage "pour un euro de plus", plutôt que de dire qu'il s'agit d'un cadeau...

29. Tout cela explique la **méfiance du Droit** (notamment fiscal ; cf. *infra* n° 226 et s.) à l'égard de la donation : méfiance du Droit romain, de l'Ancien Droit, du Droit intermédiaire (pour éviter, là encore, une réintroduction indirecte de la primogéniture et de la masculinité) et du Code civil. En encadrant strictement le don, le Droit entend protéger son auteur d'un geste irréfléchi, le bénéficiaire d'un chantage à la reconnaissance envers son bienfaiteur, la famille de la dispersion du patrimoine commun et les créanciers chirographaires de la fuite d'un élément essentiel de leur gage général. À moins que le don ne reçoive réprobation parce qu'il offense la divinité matérialiste qu'est l'argent pour certains...

Cette méfiance pourrait encore s'aggraver aujourd'hui que le mélange des genres – gratuité et intérêt – s'accroît (V., p. ex., ord. n° 2014-559 du 30 mai 2014, relative au financement participatif).

30. L'on peut toutefois s'abstraire, comme certains auteurs l'ont proposé, de ces appréciations connotées en considérant le don en lui-même, de manière objective, pour sa **valeur intrinsèque**.

B. Psychologie et anthropologie

31. Le Droit a pour vocation d'organiser les rapports entre les sujets de droit que sont, notamment, les personnes physiques : l'humain est au cœur du Droit et, tout particulièrement, dans le domaine des successions et des libéralités. Quelques considérations psychologiques et anthropologiques s'imposent donc. Le tabou de thanatos, qui régnait dans notre société contemporaine, s'estompe un peu, notamment, avec l'acceptation des soins palliatifs, la multiplication des contrats portant sur des obsèques futures, les "marches blanches" après des morts brutales... Mais notre civilisation intègre encore fort mal la mort individuelle.

32. Les dispositions à cause de mort ont une dimension particulière pour de nombreux individus. L'**héritage prolonge le défunt** dans ce monde.

Il constitue également l'une des marques du passage de la nature à la culture (de même que l'un des critères de distinction entre l'homme et le primate est l'existence d'un rituel funéraire). On doit cependant constater que la plus grande diversité règne de par le monde en matière de coutumes mortuaires et successorales (même si l'occident voit ses pratiques s'unifier peu à peu).

33. Le Droit doit canaliser un **malaise** inhérent au phénomène successoral. Selon les psychologues, l'héritier ressent un malaise lié à un déséquilibre : il reçoit une valeur patrimoniale positive, mais celle-ci n'est obtenue qu'au prix d'une perte affective. L'héritier a ainsi un peu le sentiment de voler le défunt.

34. Pendant longtemps, la société occidentale a tenu à encadrer ce malaise par l'organisation de rituels.

Mais, aujourd'hui, tous les spécialistes constatent qu'il n'y a plus, dans nos civilisations occidentales, de **rites de passage**, de période transitoire permettant que l'héritier se déculpabilise et que le lien avec le défunt s'estompe.

L'intervention éventuelle du notaire est souvent désormais la seule manifestation tangible d'un "rite".

35. La gestion juridique du décès doit **aujourd'hui** prendre le relais. Elle doit aussi – et surtout ? – tenter de résoudre les conflits familiaux qui peuvent surgir à la suite du décès, le plus souvent entre les enfants d'un premier lit et une marâtre ou un parâtre. Les praticiens savent combien les litiges successoraux sont souvent exacerbés et irrationnels.

C. Appréhension socio-économique

36. On a longtemps avancé que les choix juridiques, réalisés en Droit des successions et des libéralités, pouvaient avoir **une influence sur l'économie**. Il est certain que dans une civilisation essentiellement rurale, les règles successorales peuvent aboutir au morcellement des terres et l'on a prétendu qu'elles pouvaient avoir également des effets antinatalistes (cf. *supra* n° 23).

37. Malgré l'existence de mécanismes successoraux éprouvés destinés à éviter l'éclatement des entreprises, des procédures de sauvegarde, de redressement ou de liquidation judiciaire peuvent encore trouver leur origine dans un décès. Mais, **actuellement**, l'effet des successions semble, en définitive, économiquement marginal. Les sociologues considèrent les successions comme un reliquat de consommation et une anomalie dans une civilisation où le savoir peut tendre à remplacer la fortune (ce que le Doyen Carbonnier appelait "des successions et des libéralités extrapatrimoniales").

38. Globalement, en France, on assiste actuellement à une **uniformisation des situations** successorales. Les Français sont de plus en plus nombreux à hériter (70 % ; plusieurs centaines de milliers de successions sont ouvertes chaque année), même si les montants moyens en jeu sont relativement faibles. Le sud de la France semble continuer à plus utiliser la technique testamentaire (transmissions inégalitaires) que le nord (cf. *supra* n° 23). Encouragé par diverses mesures fiscales incitatives, un net regain d'intérêt se manifeste pour le don et les donations, (le nombre des donations déclarées tend aujourd'hui à se rapprocher de celui des successions ouvertes). Le fait que les héritages soient reçus par des personnes déjà âgées (cf. *supra* n° 14), favorise un phénomène de retransfert sur la ou les générations suivantes. Ce sont les plus âgés qui viennent au secours des plus jeunes (la métaphore du

"bâton de vieillesse" n'a plus cours). Des mécanismes ont été récemment proposés par le législateur pour encadrer ces opérations (cf. *infra* n° 269 et s. et 597 et s.).

D. Histoire du Droit des libéralités et des successions

39. Dans le cadre restreint de cet ouvrage, seule est faite une présentation très résumée des aspects historiques. Elle comporte donc, nécessairement, de nombreuses approximations.

40. La **Haute Antiquité** connaissait déjà diverses règles relevant de cette matière. Les tablettes sumériennes, le Code d'Hammu-Rabi (XVIIIe siècle AC), le Code mosaïque, les règles athéniennes contenaient des dispositions relatives au droit successoral.

41. À **Rome**, la technique testamentaire (déjà connue chez les Hébreux et à Athènes) était magnifiée.

Pourtant, compte tenu de certains excès commis, l'on dut introduire une action spécifique au profit des proches anormalement exhérédés par le défunt (par le biais d'une contestation du testament). Pour la dévolution *ab intestat*, le Droit romain était attaché à la règle de l'unité, refusant, en principe, toute distinction selon la nature ou l'origine des biens du *de cujus*.

42. L'**Ancien Droit** français se caractérisait par une fracture entre les pays du sud, de Droit écrit (de tradition romaine) et les pays du nord, de Droit coutumier (d'origine germanique). Le Droit des successions et libéralités subissait, lui aussi, cette séparation. On comprend donc la place importante qu'avait (et qu'a encore partiellement ; cf. *supra* n° 38) le testament dans le sud de la France. Mais, même au sud, un droit de "légitime", sorte de réserve, était accordé à certains proches, droit auquel on ajouta la "quarte" du conjoint pauvre. Dans les pays de Droit écrit, la succession constituait, en général, une unité.

Dans les pays du nord, le principe de la copropriété familiale conduisait à privilégier la dévolution légale, avec une place limitée laissée aux libéralités (réserve très importante des "quatre quints") ; de nombreuses distinctions y étaient faites quant au sort des biens successoraux selon leur espèce (origine ou nature).

43. Le **Droit intermédiaire** dut ici choisir entre l'égalité et la liberté... Faire prévaloir la liberté, c'était courir le risque de voir la masculinité et la primogéniture se maintenir et la noblesse conserver ses traditions. Il fut donc décidé de préférer l'égalité et le principe de dévolution légale. Un temps, le droit de tester fut même

aboli et, lorsque, finalement, on le réintroduisit, la loi limita la quotité disponible (c'est-à-dire ce dont toute personne peut librement disposer, même si elle a des héritiers réservataires ; cf. *infra* n° 578 et s.) à un dixième.

On favorisa les collatéraux (considérés comme plus jeunes et plus réceptifs aux idéaux révolutionnaires) aux dépens des ascendants et l'on convint que le conjoint survivant ne devait venir à la succession qu'avant l'État et à défaut de tout autre héritier.

44. Le **Code civil**, comme si souvent, réalisa un double compromis entre le Droit écrit et le Droit coutumier, entre l'Ancien Droit et le Droit révolutionnaire. Tout en optant pour un principe de succession légale, il accorda une quotité disponible d'au moins un quart. Le conjoint venait à la succession... mais seulement à défaut de tout successible jusqu'au douzième degré.

Les principes fondamentaux énoncés alors dans le Code de 1804 font encore partie de notre Droit positif, notamment, avec quelques nuances, les mécanismes de classement des successibles (cf. *infra* n° 130 et s.).

45. **Depuis le Code civil**, les réformes entreprises ont eu, essentiellement, trois objectifs : l'amélioration de la situation du conjoint survivant, la progression de la situation des enfants nés hors mariage et l'élaboration de procédés destinés à éviter le démantèlement de certains biens (principalement les entreprises).

La dernière en date est la **loi** n° 2006-728 **du 23 juin 2006**. Ce texte, élaboré par des juristes et utilement discuté au Parlement, est d'une qualité certaine ; il a modifié de nombreuses dispositions du Code.

46. Il n'y a pas de projet **européen** d'harmonisation du fond du Droit des successions et des libéralités ; celle-ci ne semble pas nécessaire, faute d'attente spécifique des citoyens européens en ce sens.

En revanche, il paraît indispensable de faciliter la liquidation des successions relevant de plusieurs pays de l'Union européenne (plusieurs centaines de milliers chaque année), notamment en évitant les doubles impositions. Depuis un règlement européen n° 650/2012 du 4 juillet 2012, la loi applicable aux successions doit être celle de l'État dans lequel le défunt avait sa résidence habituelle au moment de son décès (cf. *infra* n° 73).

E. Quelques définitions

47. Avant d'aller plus loin, il est indispensable de s'entendre sur le sens de certains mots couramment utilisés en la matière, parfois polysémiques, susceptibles d'être source d'erreurs.

— **Conjoint** : le terme ne s'applique qu'à une personne mariée (de même sexe ou non) ; on doit donc en réserver l'usage pour désigner l'époux ou l'épouse (prédécédé(e) ou survivant(e)). Le terme de "**concubins**" doit être employé pour désigner des personnes "vivant maritalement" (y compris de même sexe) ; il signifie littéralement : partageant la même couche (pour une définition, V. art. 515-8 C. civ.). On n'utilisera pas le terme de compagnon (qui, littéralement, n'implique qu'un partage de la nourriture...). La discutable expression de "**partenaires**", choisie par le législateur (loi n° 99-944 du 15 nov. 1999), doit être réservée aux personnes unies par un pacte civil de solidarité (art. 515-1 et s. C. civ.).

— **Enfant :** En matière successorale, l'enfant est le descendant du défunt, quel que soit son âge (alors que, dans d'autres domaines, notamment dans les textes internationaux relatifs aux "droits de l'enfant", le mot est synonyme de "mineur"). Si un individu décède à quatre-vingt-cinq ans, son "enfant", qui en a soixante, pourra être son successeur.

— **Hérédité** : l'expression n'a pas, dans la présente matière, de connotation génétique ; on l'emploie ici comme synonyme d'héritage, de succession (cf. *infra* ce n°, V° *Succession* : au sens "passif" du terme) ; on dit ainsi que l'héritier est bénéficiaire de l'hérédité. On dit aussi de celui que le *de cujus* a écarté de sa succession qu'il est "exhérédé".

On parle encore parfois d'"**adition**" (avec un seul "d") d'hérédité, pour évoquer l'acceptation de l'héritier. Mais l'expression concernait surtout un mécanisme propre au Droit romain et n'est plus guère employée.

— **Libéralités** : contrats ou actes unilatéraux constituant des actes de disposition à titre gratuit ; notre Droit comprend deux grandes catégories de libéralités : les **donations** et les **legs** (le legs est seulement l'un des objets possibles d'un testament ; on parle donc de "légataire"et non de "testataire").

— **Parents** : le mot peut viser l'ensemble des membres de la parenté et non pas seulement les ascendants au premier degré ; un cousin est aussi un "parent".

— **Patrimoine** : le mot est connu et l'on sait qu'il désigne un contenant, une universalité de droit, pouvant être abondamment pourvue (en droits réels, personnels ou intellectuels) mais aussi obérée (et ne comprendre que des dettes) voire être vide. Son lien avec un sujet de droit et le principe de son unité sont de plus en plus battus en brèche. On relèvera l'origine patriarcale du mot (il n'y a pas de "matrimoine").

— **Successeur** et **successible** : le successible est celui qui est susceptible de recevoir une succession ; le successeur est celui qui l'obtient effectivement (il l'a acceptée, il n'est pas indigne...).

— **Succession** : au sens "passif", une succession est l'ensemble des droits que l'on reçoit à la suite d'un décès ; au sens "actif", c'est l'opération de dévolution elle-même. *Stricto sensu*, le vocable doit être réservé à la dévolution légale *ab intestat* (c'est-à-dire sans testament). D'ores et déjà, il faut expliquer que la dévolution testamentaire n'exclut pas nécessairement la dévolution légale.

— **Testament :** acte contenant les dernières volontés d'un individu, qui ne sont pas nécessairement des legs (on parle donc de "testateur" et non de "légateur"). Paradoxalement, le mot "testament" vient de "témoignage" (preuve testimoniale), du temps où l'on devait témoigner que le *de cujus* avait bien oralement déclaré ses dernières volontés.

— **Transmission** : l'expression est très large et comprend à la fois l'idée de cession à titre particulier et celle de dévolution à cause de mort (*transmittere :* envoyer au-delà) ; il est sans doute préférable, pour éviter toute confusion, de ne l'appliquer qu'à la dévolution successorale légale et aux legs universels ou à titre universel (cf. *infra* n° 105) et de ne pas l'utiliser pour évoquer une cession.

On doit se défier des expressions du vocabulaire courant ; ainsi, par exemple, celle que le langage usuel appelle "belle-fille" peut-être, juridiquement, soit l'épouse du fils, soit la fille d'un premier lit de l'époux ou de l'épouse...

*
* *

49. Le Droit des successions et celui des libéralités sont en grande partie **interdépendants**. Les tenants de la suppression des héritages l'avaient bien compris puisqu'ils prônaient aussi la prohibition des libéralités, susceptibles de servir de substituts à la transmission légale. D'ailleurs, pour beaucoup, le système de la dévolution légale ne constitue qu'une volonté présumée des

citoyens, autrement dit une sorte de testament légal supplétif. La question se pose donc de savoir dans quel **ordre** présenter ces différentes matières.

50. L'ordre de présentation du Droit des successions et de celui des libéralités dépend de l'importance que l'on donne à la liberté des individus par rapport à la règle légale.

En France, la loi tendait à prévaloir sur la liberté de tester ; mais, avec les réformes de 2001 et de 2006, la **philosophie** du Droit français est devenue moins nette, l'évolution allant vers un accroissement de l'autonomie de la volonté et une régression de l'intérêt collectif de la famille (cf. *supra* n° 25).

Depuis 2001, l'article 721 du Code civil pose, en effet, comme règle que : « *Les successions sont dévolues selon la loi lorsque le défunt n'a pas disposé de ses biens par des libéralités* ».

51. Mais les Français qui préparent effectivement le transfert intergénérationnel de leur patrimoine restent minoritaires et la loi, qui est justement prévue pour s'appliquer lorsque les citoyens ne se sont pas déterminés, trouve majoritairement à s'appliquer.

De plus, le Code civil continue de présenter d'abord les règles de la dévolution légale (art. 720 à 892), avant d'évoquer ensuite la question des libéralités (art. 893 à 1099-1).

En conséquence, malgré l'évolution constatée de l'esprit du Code, le Droit des successions est ici étudié dans une première partie (**Partie I**) et le droit (en quelque sorte dérogatoire) des libéralités, dans une deuxième (**Partie II**). La preuve de l'imbrication du Droit des successions et de celui des libéralités réside dans la présence de dispositions soit communes aux deux Droits, soit établies justement pour les rendre compatibles. Ces "différentiels", aidant le passage de l'un à l'autre, appelés ici "points communs et interfaces", sont décrits en troisième partie (**Partie III**).

Partie I
LES SUCCESSIONS

52. Même si l'idée a été critiquée, le régime légal des successions peut être considéré comme une sorte de testament présumé (cf. *supra* n° 49), modulé par des volontés politiques variables. On affirme aussi qu'il constitue l'expression d'un devoir du *de cujus* envers sa famille. Mais ce régime légal est majoritairement supplétif : hormis diverses (mais importantes) règles impératives (voire d'ordre public), il peut être aménagé (voire remplacé) par des dispositions du futur défunt.

Il est indispensable de présenter tout d'abord les principes généraux de la dévolution légale (Chap. 1), puis de décrire qui sont les successibles (Chap. 2), avant de réserver une place particulière à quelques situations atypiques (Chap. 3).

Chapitre 1

Les principes généraux de la dévolution légale

53. La dramaturgie du Droit des successions comporte ses "personnages" (I), son intrigue et sa mise en scène : l'enjeu et les techniques fondamentales (II).

I. Les "personnages" en présence

54. L'un des personnages, pourtant indispensable, a quitté la scène : le défunt lui-même (A). L'héritier constitue le deuxième personnage clef (B). Enfin, un peu en retrait, la troisième "présence" est incarnée par la famille "à cause de mort" (C) ; avec, peut-être, le conjoint survivant pour coryphée...).

A. Le "*de cujus*"

55. Il est nécessaire de définir cette expression (1), avant de s'interroger sur l'importance du moment du décès du *de cujus* (2) et du lieu d'ouverture de sa succession (3). Enfin, il n'est pas inutile d'évoquer, brièvement, le régime juridique des funérailles (4).

1. la notion de *de cujus*

56. Le *de cujus* (le défunt) devait être, de son vivant, **une personne physique**. On ne liquide pas la "succession" d'une personne morale de la même manière.

57. Le *de cujus*, cela semble une lapalissade, doit donc être **mort**. Jusqu'à la réforme issue de la loi n° 2001-1135 du 3 décembre 2001, le Code civil énonçait : « *Les successions s'ouvrent par la mort naturelle* ». Pour éviter toute ambiguité, le nouvel article 720 ne contient plus l'adjectif "naturel" (« *Les successions s'ouvrent par la mort...* »).

En principe, donc, on n'hérite pas d'un vivant (*Nulla viventis hereditas*). Cependant, il reste le cas de la **disparition** (art. 88 et s. C. civ.) : lorsque l'on est certain qu'une personne est décédée (accident, naufrage...), mais que l'on n'a pas retrouvé son cadavre, un jugement déclaratif de disparition permet l'ouverture de sa succession. Demeure également l'hypothèse de l'**absence** (art. 122 et s. C. civ.) : lorsqu'une personne n'a pas reparu depuis vingt ans (ou depuis dix années après un jugement ayant constaté la présomption d'absence), un jugement de déclaration d'absence peut, lui aussi, permettre l'ouverture de la succession de l'absent.

58. Le *de cujus* n'est normalement plus un sujet de droit. Dès l'instant de la mort, la personne s'éteint, son patrimoine se transmet à son ou ses héritiers et le **cadavre** n'est plus, dans une analyse juridique stricte, qu'un bien mobilier corporel voué à disparaître. Il y a bien métamorphose juridique, réification, considération qui donne toute sa portée au débat sur l'arrêt des traitements de maintien en vie et l'euthanasie.

Toutefois, compte tenu de ce qu'il a été (un humain), on réserve au mort un statut un peu particulier.

59. Ainsi, l'on peut parfois permettre la survie séparée et artificielle du patrimoine du défunt, en cas d'**acceptation à concurrence de l'actif net** (cf. *infra* n° 535 et s.), ou en cas de ***bonorum separatio*** (cf. *infra* n° 520). Une procédure collective peut également être entamée un an après le décès d'un chef d'entreprise (art. L. 631-3, al. 2 et L. 640-3, al. 2, C. com.).

60. L'**enfant mort** peu avant ou peu après la naissance, qui n'avait pas d'existence légale, a vu son statut juridique évoluer vers une plus grande prise en compte de son caractère humain par l'établissement d'actes d'état civil le concernant (V. art. 79-1 C. civ. et décr. n° 2008-798 et n° 2008-800 du 20 août 2008).

61. Compte tenu du succès grandissant de la crémation (environ un tiers des pratiques funéraires en France), le sort des **cendres** d'un défunt fait désormais l'objet de diverses attentions, celles-ci ne pouvant pas être tout à fait considérées comme un simple bien. Outre divers textes déjà existants (ordonnance, n° 2005-855 du 28 juillet 2005, décret n° 2007-328 du 12 mars 2007), une loi n° 2008-1350 du 19 décembre 2008 a été promulguée pour régir le statut des cendres funéraires.

62. Plus généralement, le statut de la dépouille mortelle prolonge la protection due au **corps humain** vivant. Depuis la loi bioéthique n° 94-

653 du 29 juillet 1994, l'article 16-1 du Code civil dispose : « *Chacun a droit au respect de son corps. Le corps humain est inviolable. Le corps humain, ses éléments et ses produits ne peuvent faire l'objet d'un droit patrimonial* ». Le prolongement *post mortem* de la règle, posé de longue date par la jurisprudence, est repris aujourd'hui, depuis la loi précitée n° 2008-1350 du 19 décembre 2008, à l'article 16-1-1 du Code civil qui affirme : « *Le respect dû au corps humain ne cesse pas avec la mort. Les restes des personnes décédées [...] doivent être traités avec respect dignité et décence* » (V., p. ex., Cass. civ. 1re 16 septembre 2010 : n° 09-67.456, à propos d'une exposition présentant des cadavres dont la licéité de l'origine n'était pas prouvée). Par ailleurs, les prélèvements réalisés sur un cadavre, dans le cadre de recherches médico-légales, ne sont pas considérés comme des "objets" restituables (Cass. crim. 3 févr. 2010 : n° 09-83.468).

63. Initialement, le Code pénal punissait la violation des tombeaux et sépultures, plus que l'atteinte à la dépouille mortelle elle-même (même si la définition jurisprudentielle de la "sépulture" imposait la présence d'un cadavre, ce qui excluait les cénotaphes). Aujourd'hui, les articles 225-17 et 225-18 du Code pénal condamnent toute **atteinte à l'intégrité du cadavre** ainsi que la violation ou la **profanation** de tombeaux, sépultures ou monuments édifiés à la mémoire des morts.

64. Le Conseil d'État, dans un arrêt du 2 juillet 1993 (Rec. p. 194), à propos d'expériences médicales pratiquées sur un cadavre, a affirmé que « *les principes fondamentaux relatifs au respect de la personne humaine, qui s'imposent au médecin dans ses rapports avec le patient, ne cessent pas de s'appliquer avec la mort de celui-ci* ». Dans le même esprit, la "loi Caillavet", n° 76-1181 du 22 décembre 1976, avait déjà encadré la pratique des **prélèvements d'organes**. Le texte a été remanié par la loi n° 2004-800 du 6 août 2004 relative à la bioéthique. Selon l'article L. 1232-1, alinéa 3, du Code de la santé publique : « *Si le médecin n'a pas directement connaissance de la volonté du défunt, il doit s'efforcer de recueillir auprès des proches l'opposition au don d'organe éventuellement exprimée de son vivant par le défunt, par tout moyen, et il les informe de la finalité des prélèvements envisagés* » (l'Établissement français des greffes gère un registre national répertoriant les refus préalables).

Les pouvoirs publics sont donc contraints de rechercher constamment ici des solutions équilibrées, entre le respect dû aux morts et l'intérêt des vivants (*Rappr.*, à propos des exhumations en vue d'effectuer une recherche d'empreintes génétiques, *infra* n° 203).

65. La jurisprudence protège aussi l'**image** de la dépouille mortelle. Pendant longtemps et non sans paradoxe, on a invoqué, à cet égard, la défense de la... vie privée du défunt. Les juridictions aujourd'hui fondent leurs décisions sur l'atteinte à la vie privée des proches du *de cujus* (Cass. crim. 20 oct. 1998 : n° 97-84.621 ; Cass. civ. 1re 20 déc. 2000 : n° 98-13.875 ; Cass. civ. 1re 22 oct. 2009 : n° 08-10.557 ; Cass. civ. 1re 1er juillet 2010 : n° 09-15.479).

66. Il est aussi possible que soit défendue la mémoire d'un défunt, son **droit à l'honneur**, sa bonne renommée (*bona fama defuncti* ; sur les actions que peuvent entreprendre les héritiers, cf. également *infra* n° 116). Il y a ici deux textes invocables dont l'articulation est délicate (art. 1382 et s. C. civ. pour la responsabilité civile de Droit commun et art. 34, loi du 29 juill. 1881 sur la liberté de la presse, qui condamne les « *diffamations ou injures dirigées contre la mémoire des morts* » ; V. Ass. plén. 12 juill. 2000, deux arrêts : n° 98-10.160 et 98-11.155).

67. Enfin, depuis quelques années, on a pris conscience que nos musées occidentaux recelaient, à titre historique ou scientifique, des centaines de milliers et, probablement des millions, de restes humains (collections anatomiques, momies, reliques, crânes décorés, têtes réduites...) qui pouvaient être plus que des objets de curiosité ou d'étude pour les peuples dont ils sont issus. Certains pays ont donc élaboré des textes permettant des **restitutions** (pour la France, V. loi n° 2010-501 du 18 mai 2010, autorisant la restitution de têtes maories à la Nouvelle-Zélande). Ils démontrent combien ces restes demeurent chargés du poids de la présence humaine qu'ils ont abritée.

En résumé, on peut dire, à la suite de Mme le professeur Michelle Gobert, que le cadavre peut encore constituer un "être humain", même si ce n'est plus, juridiquement, une "personne".

2. Le moment du décès du *de cujus*

68. Le moment du décès d'une personne est en principe énoncé (jour et heure) dans l'**acte de décès** dressé par un officier d'état civil (art. 78 et s. C. civ.). Il peut aussi être déterminé par le juge en cas de décès judiciairement déclaré (art. 90, al. 3, C. civ. : le juge se détermine en fonction des indices et à défaut retient la date de la disparition ; en cas d'absence, la date à retenir est celle du jugement de déclaration d'absence lui-même). La date mentionnée dans un acte de décès ne fait foi que jusqu'à preuve contraire. La

date du décès est importante, puisqu'elle fixe le moment de l'ouverture de la succession.

69. Le problème est que le moment de la mort (autrefois appelée "naturelle" : cf. *supra* n° 57) peut être délicat à déterminer, compte tenu des techniques actuelles d'assistance et de survie physiologique artificielle. Pour clarifier les choses, un décret n° 96-1041 du 2 décembre 1996 est venu préciser que le **constat de la mort** ne pouvait être fait que si un certain nombre de critères cliniques étaient réunis.

70. Tout cela peut sembler assez vain. En réalité, la détermination du moment du décès peut se révéler primordiale dans la dévolution successorale. Tel est le cas en présence de *comorientes*, de "**comourants**", appelés aujourd'hui "codécédés". Il s'agit de l'hypothèse de deux personnes mourant à l'occasion du même événement (meurtre, naufrage, avalanche, incendie, accident de la route...), alors que ces deux personnes ont un lien de parenté ou d'alliance et que chacune est susceptible d'être héritière de l'autre (par exemple, deux conjoints). Une successibilité réciproque est nécessaire pour que le problème se pose ; si l'un peut être l'héritier de l'autre sans que la réciproque soit vraie – même si l'autre bénéficie d'un legs fait, en sa faveur, par le premier – les textes relatifs aux comourants ne seront pas applicables. La doctrine considère que seule la succession *ab intestat*, est concernée ; les textes ne viseraient donc pas le cas de légataires réciproques quand bien même il s'agirait de legs universels (*a fortiori*, il ne saurait s'agir du bénéfice d'une assurance-vie : Cass. civ. 1re 11 oct. 1988 : n° 86-17.322).

71. L'intérêt pratique de déterminer qui est mort le premier dans une véritable situation de comourants peut être illustré à l'aide de l'exemple suivant :

Supposons qu'un père et son fils soient décédés dans le même accident. Ils sont susceptibles d'être héritiers l'un de l'autre.

Imaginons, en outre, que le père laisse un frère (oncle du fils) et le fils une épouse, à l'exclusion de tout autre successible :

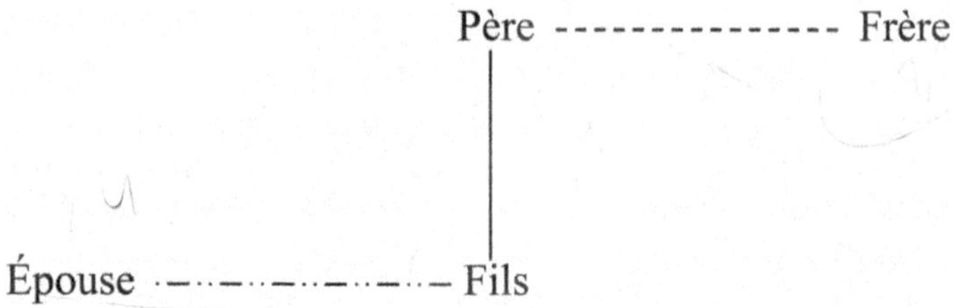

Si l'on considère que le père est mort en premier, le fils évince le frère et oncle. Il recueille donc la succession de son père. Son épouse obtient ensuite la succession de son conjoint. C'est donc l'épouse qui, dans, cette hypothèse, en définitive, recueillera le patrimoine du père et celui du fils.

Si l'on considère que le fils est mort en premier, viennent en concours à sa succession son épouse et son père. Dans ce cas, on le reverra (art. 757-1, al. 2, C. civ. ; Cf. *infra* n° 157 et 177), le conjoint obtient les 3/4 de la succession et l'ascendant le quart restant. Il reste ensuite à liquider la succession du père. À son égard, l'ex-épouse de son fils n'est plus rien : son frère obtient toute sa succession. En définitive, le frère et oncle aura donc obtenu, dans cette occurrence, le quart du patrimoine de son neveu et la totalité de celui de son frère.

72. Il se peut que les circonstances factuelles de l'affaire permettent de se déterminer dans de telles situations. L'article 725-1 du Code civil indique que l'ordre chronologique des décès peut être établi par tous moyens. Mais il se peut aussi que rien ne puisse apparemment prouver une quelconque antériorité, voire que l'on ait la certitude d'une parfaite concomitance.

Depuis 2001, le Code civil (art. 725-1) prévoit qu'en cas de codécès, lorsque le juge ne parvient pas à déterminer qui est mort le premier, la succession de chaque *de cujus* est liquidée comme si l'autre ne venait pas à sa succession, comme s'il n'existait pas ou comme s'il était déjà décédé. La succession de chacune des personnes concernées « *est dévolue sans que l'autre y soit appelée* » (dans l'exemple présenté – cf. *supra* n° 71 –, le frère obtiendrait alors la succession du père et le conjoint survivant celle du fils).

3. Le lieu d'ouverture de la succession du *de cujus*

73. Le lieu d'ouverture de la succession est important puisqu'il va servir à déterminer le tribunal (TGI) territorialement compétent en cas de litige (art. 45 CPC : pour les litiges concernant, jusqu'au partage inclus, les demandes entre héritiers, les demandes émanant des créanciers du défunt et les demandes relatives à l'exécution des dispositions testamentaires). Le lieu à retenir n'est pas celui où la personne est morte mais celui de son **dernier domicile** (art. 720 C. civ. ; pour la détermination des compétences juridictionnelles et du lieu de transcription sur les registres de l'état civil en cas de disparition ou d'absence, V., respectivement, les art. 89, 91 et 127, al. 2, C. civ.). Le dernier domicile du défunt doit être déterminé selon les critères de la loi française, c'est-à-dire que le domicile doit s'entendre comme le lieu du principal établissement (art. 102 C. civ.). En ce qui concerne la loi applicable en situation de Droit international privé (cf. *infra* n° 122), pour les biens mobiliers, la loi applicable était également celle du dernier domicile du défunt, selon les dispositions françaises (et, pour les biens immobiliers, la loi du pays de situation de l'immeuble). Depuis un règlement européen n° 650/2012 du 4 juillet 2012 (cf. *supra* n° 46), qui doit entrer en vigueur le 17 août 2015, la loi applicable aux successions, quelle que soit la nature des biens concernés doit être (sauf choix différent exprimé par le futur défunt et sauf lorsque, à titre exceptionnel, il résulte de l'ensemble des circonstances de la cause que, au moment de son décès, le défunt présentait des liens manifestement plus étroits avec un autre État) celle de l'État dans lequel le défunt avait sa **résidence habituelle** au moment de son décès. Le règlement prévoit la même disposition pour déterminer la nationalité de la juridiction compétente (en outre, le texte ne se contente pas de régler ces questions traditionnelles en Droit international privé, mais régit en détail l'organisation de ces successions en cas de silence de la loi applicable).

4. Les funérailles du *de cujus*

74. Le secteur des pompes funèbres représente une activité économique non négligeable. Les professionnels de cette branche disposent, en cas de non-paiement, d'un privilège sur l'ensemble des meubles (art. 2331, 2° C. civ.). Concernant les **frais d'obsèques**, reprenant le contenu d'une solution jurisprudentielle apparue en 1992, l'article 806 du Code civil, depuis 2006, précise que, bien que

délivré du passif successoral, celui qui refuse un héritage demeure néanmoins « *tenu à proportion de ses moyens au paiement des frais funéraires de l'ascendant ou du descendant à la succession duquel il renonce* » (il peut en être ainsi, même pour un enfant posthume du défunt : Cass. civ. 1re 28 janv. 2009 : n° 07-14.272).

75. Pendant longtemps, l'exercice des pompes funèbres fut placé sous un régime de **monopole** (celui des religieux, puis celui des communes à partir de 1904).

76. C'est la loi n° 93-23 du 8 janvier 1993, modifiant le Code des communes, qui a mis fin au monopole préalablement existant ; aujourd'hui : « *les communes ou leurs délégataires ne bénéficient [plus] d'aucun droit d'exclusivité pour l'exercice de cette mission* ». Le secteur est donc ouvert à la **libre concurrence** (sur le régime juridique de la sépulture et sur la valeur des volontés du défunt : cf. *infra* n° 125 et 339). Néanmoins, divers textes ont mis en place un véritable consumérisme mortuaire ou funéraire (décret n° 93-905 du 13 juillet 1993, loi n° 2004-1343 du 9 décembre 2004).

B. L'héritier

77. La formule « *Le mort saisit le vif, son hoir le plus proche* » (art. 318 de la Coutume de Paris), déjà connue du Droit romain, est restée célèbre. Si l'on passe ainsi des morts aux vivants, comme y invite la tradition de succession à la personne et non aux biens, il est logique de tenter, tout d'abord, de définir la notion d'héritier (1), et de déterminer comment prouver la qualité d'héritier (2). Ce n'est qu'ensuite que peut être envisagée l'une des conditions nécessaires pour qu'un successible puisse devenir un successeur : l'absence d'indignité (3). Il est aussi indispensable qu'il ne renonce pas à la succession qui lui échoit ; mais cette dernière question est abordée avec l'étude de l'option successorale (cf. *infra* n° 539 et s.).

1. La notion d'héritier

78. Le successible est, *a priori*, une **personne physique**. Les personnes morales ont surtout l'occasion de bénéficier de dévolutions testamentaires. On remarquera qu'il y a cependant au moins une personne morale (même si certains lui dénient cette qualité : un "souverain" ne pouvant être "sujet" de droit...) qui peut obtenir une succession *ab intestat* : l'État (cf. *infra* n° 214 et s., et, parfois, de manière plus résiduelle, les hôpitaux : cf. *infra* n° 126

et 232). Pour hériter, il faut exister au jour de l'ouverture de la succession (art. 725, al. 1er, C. civ.). Il s'ensuit (c'est un truisme) qu'il faut être né et ne pas être mort.

79. Il est nécessaire d'**être né**. Mais on sait qu'en vertu de la maxime « *Infans conceptus pro (jam) nato habetur quoties de commodis ejus agitur* », l'enfant **simplement conçu** peut être considéré comme déjà né quand il y va de son intérêt et à condition qu'il naisse ensuite vivant et viable (art. 725 C. civ. ; pour un parallèle avec le Droit des libéralités, cf. *infra* n° 255 et s.). C'est même, justement, principalement pour lui permettre d'obtenir une succession que le principe a été élaboré (pour autant, le Droit français ne manque pas de contradictions quant au statut de l'embryon, ou, ensuite, du fœtus - V. loi n° 2011-814 du 7 juillet 2011, relative à la bioéthique - car s'il est, au plan successoral, un possible héritier, s'il n'est pas brevetable - CJUE 18 oct. 2011 : n° C-34/10 - et si on lui apporte des soins, sous certaines conditions il n'y a pas homicide si on le supprime accidentellement, on peut utiliser des embryons pour la recherche, on peut interrompre une grossesse...).

Selon la Cour européenne des droits de l'Homme, « *en l'absence de consensus européen sur la définition scientifique et juridique des débuts de la vie, le point de départ du droit à la vie relève de la marge d'appréciation des États* » (CEDH 8 juill. 2004 : n° 53924/00 ; CEDH 10 avr. 2007 : n° 6339/05).

On pourrait reprendre, ici encore (cf. *supra* n° 67), en la transposant, la formule de Mme Michelle Gobert : l'embryon (ou, plus encore, le fœtus) est un être humain (un "être prénatal", selon l'expression de Claude Sureau), sans être encore une personne humaine...

80. Il **ne faut pas être mort**, mais, parfois, des héritiers subséquents peuvent venir à une succession par représentation d'un prédécédé (cf. *infra* n° 135 et s.). Dans ce cas, c'est la personne prédécédée qui est, en quelque sorte, censée être héritière tout en étant représentée par ses propres héritiers. Un disparu, après le jugement déclaratif de décès, ne peut être héritier. Un absent, après le jugement déclaratif d'absence (donc à l'issue des dix années requises), ne peut, non plus, recueillir une succession (art. 128, al. 1er, C. civ.).

81. Il est évident qu'un **étranger** peut hériter d'un citoyen français et, réciproquement, qu'un français peut recueillir la succession d'un

étranger. Toutefois, une loi du 14 juillet 1819 précisait, de manière critiquable, que si une succession revenait à la fois à des successibles français et à des successibles d'une autre nationalité, si, en vertu de la loi étrangère, les héritiers français (mais non les légataires) se trouvaient évincés, en tout ou partie, des biens que le *de cujus* avait à l'étranger, ils pouvaient prélever l'équivalent de ce qui leur était retiré, sur les biens dont le *de cujus* était propriétaire en France. Cette disposition a été déclarée inconstitutionnelle (Cons. const. 5 août 2011 : n° 2011-159 QPC) et n'est donc plus applicable.

2. La preuve de la qualité d'héritier

82. L'article 730 du Code civil énonce que la preuve de la qualité d'héritier peut être établie **par tous moyens** (on ne confondra pas avec la preuve de la filiation, les présomptions qu'elle peut comporter et les moyens de l'établir ; cf. *infra* n° 203). L'action tendant à faire reconnaître sa qualité d'héritier, face à un défendeur qui prétend avoir des droits identiques et concurrents, s'appelle l'action "en pétition d'hérédité" (cf. *infra* n° 513). Pour prouver la qualité d'héritier, certains organismes se contentent de la production de "certificats d'hérédité", délivrés en mairie (dont le régime juridique reste ambigu s'agissant d'une simple pratique administrative). Mais, le moyen privilégié de la preuve de la qualité d'héritier est l'"acte de notoriété".

83. Pendant longtemps, l'**acte de notoriété** n'a constitué qu'une pratique notariale fondée sur la commune renommée (deux témoins attestant devant notaire que tel individu était bien, de notoriété publique, héritier du *de cujus*).

Une réforme a été réalisée par la loi n° 2001-1135 du 3 décembre 2001. L'acte de notoriété est aujourd'hui conforté en ce qu'il est maintenant visé par le Code civil (art. 730-1 et s.) et d'application plus aisée puisqu'il peut être établi, non seulement par les notaires, mais aussi par les greffiers en chef des tribunaux d'instance (sur les sanctions possibles en cas d'affirmations fausses : V. art. 730-5, 778 et 887-1 C. civ.).

84. Mais, en définitive, le régime élaboré en 2001 constitue plus un constat d'échec qu'un remède. L'appel à la renommée était hasardeux et le nouvel acte, conséquemment, n'y recourt plus ; mais la notoriété constituait au moins un pis-aller ; or, le mécanisme actuel ne l'a pas remplacée. L'acte, en effet, se contente de prévoir, avec leur signature, la seule « *affirmation [...]*

du ou des ayants droit auteurs de la demande, qu'ils ont vocation, seuls ou avec d'autres qu'ils désignent, à recueillir tout ou partie de la succession du défunt ». Il s'agit donc seulement d'une déclaration des intéressés eux-mêmes (mais on encourt la sanction de recel successoral si l'on se prévaut d'un acte de notoriété inexact : cf. *infra* n° 524 et s.). La faiblesse du fondement et de la légitimité de l'acte forme contraste avec l'importance de ses effets : les héritiers désignés dans l'acte sont réputés détenteurs des biens successoraux à l'égard des tiers et en avoir la libre disposition.

Le risque demeure qu'un héritier non désigné se manifeste postérieurement et réclame son dû (l'acte de notoriété ne fait foi que jusqu'à preuve contraire : art. 730-3). Ce risque est d'autant plus grand aujourd'hui qu'il y a de plus en plus de familles recomposées et d'enfants nés hors mariage.

Le règlement européen n° 650/2012 du 4 juillet 2012 (cf. *supra* n° 46 et 73 et *infra* n° 122), qui doit entrer en vigueur le 17 août 2015, a créé un "**certificat successoral européen**" ; il doit permettre aux héritiers, aux légataires ayant des droits directs à la succession et aux exécuteurs testamentaires (cf. *infra* n° 420 et s.) de pouvoir invoquer leur qualité ou exercer leurs droits ou leurs pouvoirs dans un autre État membre que le leur.

3. Le problème de l'indignité

85. Pour pouvoir hériter, il ne faut pas être indigne de succéder au défunt (art. 726 et s. C. civ.). On se gardera de confondre cette notion avec celle, voisine, de l'"ingratitude" (art. 955 et 1046 C. civ.), qui concerne les libéralités (cf. *infra* n° 437 et 484 et s.) ou avec la possible révocation d'une renonciation à l'action en réduction pour atteinte à la réserve en cas d'agissements fautifs du bénéficiaire (art. 930-3 C. civ. ; Cf. *infra* n° 575).

L'indigne est exclu de la succession (mais il ne sera pas exclu, à ce titre – mais il pourrait l'être pour ingratitude –, du bénéfice d'un testament ou d'une donation). Sa part sera donc dévolue à ses cohéritiers s'il y en a ou à des successibles qui ne seraient pas venus à la succession si l'indigne avait pu y venir. Trois points méritent d'être présentés successivement : les cas d'indignité, la mise en œuvre de la règle et, enfin, la question de l'effet relatif de l'indignité.

• ***Les cas d'indignité***

86. L'ancien article 727 prévoyait trois cas d'indignité. Son interprétation était devenue incertaine. Le texte avait beaucoup vieilli et était très critiqué. Il fallait le moderniser. C'est ce qu'a fait la loi n° 2001-1135 du 3 décembre 2001.

87. **Depuis 2001**, le législateur (art. 726 et s. C. civ.) distingue deux catégories d'indignités.

— Il existe, en premier lieu, deux **cas d'indignités de plein droit** (art. 726) : le cas de celui qui serait « *condamné, comme auteur ou complice, à une peine criminelle pour avoir volontairement donné ou tenté de donner la mort au défunt* » et le cas de celui qui serait condamné, « *comme auteur ou complice, à une peine criminelle pour avoir volontairement porté des coups ou commis des violences ou voies de fait ayant entraîné la mort du défunt sans intention de la donner* ». On comprend, en effet qu'il serait pour le moins fâcheux que celui qui a été condamné en Cour d'Assises pour avoir ainsi causé la mort d'un individu puisse en hériter... Le nouveau texte inclut l'hypothèse des coups volontairement portés ayant entraîné la mort sans intention de la donner, ce qui n'était pas le cas auparavant.

— En second lieu, le Code prévoit cinq **cas d'indignités facultatives** (art. 727). Il s'agit, tout d'abord, des deux hypothèses précitées, mais lorsqu'elles ont seulement donné lieu au prononcé d'une peine correctionnelle. L'article 727 du Code civil ajoute les cas de « *celui qui est condamné pour témoignage mensonger porté contre le défunt dans une procédure criminelle* », de « *celui qui est condamné pour s'être volontairement abstenu d'empêcher soit un crime soit un délit contre l'intégrité corporelle du défunt d'où il est résulté la mort* » et, enfin, de « *celui qui est condamné pour dénonciation calomnieuse contre le défunt lorsque, pour les faits dénoncés, une peine criminelle était encourue* ».

De lege ferenda, on pourrait suggérer d'ajouter le cas du parent dont la paternité ou la maternité n'a été établie que de manière contrainte (à la suite d'une action en recherche).

• ***La mise en œuvre de la règle***

88. Quel que soit le cas d'indignité visé, il faut une **décision de justice** (pénale) préalable, passée en force de chose jugée, puisque le texte ne vise que des personnes déjà "condamnées" (en raison de la présomption d'innocence, une personne mise en examen pour des faits susceptibles de lui valoir une indignité peut hériter). Ainsi, un

enfant ayant tué ses père et mère peut, néanmoins, venir à leur succession si, en raison de son état mental, il n'a pas été condamné (Cass. civ. 1re 28 mars 2012 : n° 11-10.393).

Mais, pour qu'il y ait indignité, en tant que telle, une seconde décision judiciaire, en théorie, n'est indispensable que pour les cas d'indignités facultatives ; le tribunal "prononce" alors la déclaration d'indignité (art. 727-1 C. civ.), ce qui lui laisse la licence d'apprécier les circonstances. En cas d'indignité de plein droit, un second jugement n'est normalement pas nécessaire ; s'il intervient néanmoins, les juges ne peuvent alors que "constater" l'indignité : ils n'ont pas de possibilité de la refuser.

89. **L'action** en prononcé d'une déclaration d'indignité facultative doit être intentée dans les six mois à compter de la date du décès ou, surtout, dans les six mois à compter de la condamnation (art. 727-1 C. civ.). Il est évident que les cohéritiers de l'indigne peuvent ester. On peut considérer que les héritiers subséquents (les successibles appelés à venir à la succession à défaut de la personne indigne) ont la possibilité, eux aussi, de formuler une demande. L'article 727-1 ajoute qu'en l'absence d'héritiers, le ministère public peut agir (l'intérêt public étant ici en jeu).

90. Bien qu'il y ait ici heurt du corps social, la prise en compte de l'aspect privé de l'indignité n'est pas totalement absente des textes. C'est ainsi que l'article 728 du Code civil prévoit que **le pardon** est possible pour toutes les hypothèses d'indignités. Le successible concerné pourra être un successeur lorsque le défunt, dûment instruit des faits, lui aura néanmoins, consenti une libéralité universelle ou à titre universel ou aura « *par une déclaration expresse en forme testamentaire* », exprimé son pardon en affirmant vouloir le maintenir dans ses droits héréditaires.

91. L'indignité, enfin, ne concerne que la **dévolution successorale** (ainsi, le bénéfice de la liquidation d'un régime matrimonial de communauté avec attribution de celle-ci au dernier vivant ne peut pas être refusé à celui qui a tué son épouse : Cass. civ. 1re 7 avr. 1998 : D. 1998 529, note J. THIERRY).

- ***Les effets de l'indignité***

92. Le successible concerné est censé avoir toujours été indigne, **n'avoir jamais été héritier**. Il doit donc restituer ce qu'il aurait pu éventuellement déjà recevoir au titre de la succession ainsi que les fruits, étant considéré comme possesseur de mauvaise foi (art. 549 et 729 C. civ.).

L'on n'est indigne que pour la succession considérée, à l'égard du seul défunt dont on entend liquider la succession. L'on est indigne à l'égard d'une personne non par rapport à des biens. Quatre séries de conséquences sont envisageables :

— L'indigne peut venir à une autre succession par représentation de la personne à l'égard de laquelle il était indigne (présence de deux souches ; cf. *infra* n° 103 et 135 et s.). Supposons qu'une personne décédée, appelée ici B, ait eu un enfant (b) et que celui-ci ait été indigne à son égard (i). Si, postérieurement, l'ascendant X (le *de cujus*, qui avait eu deux enfants A et B) de cette personne, décède à son tour, l'indigne peut venir à cette deuxième succession par représentation de B (prédécédé) à l'égard duquel il était pourtant indigne :

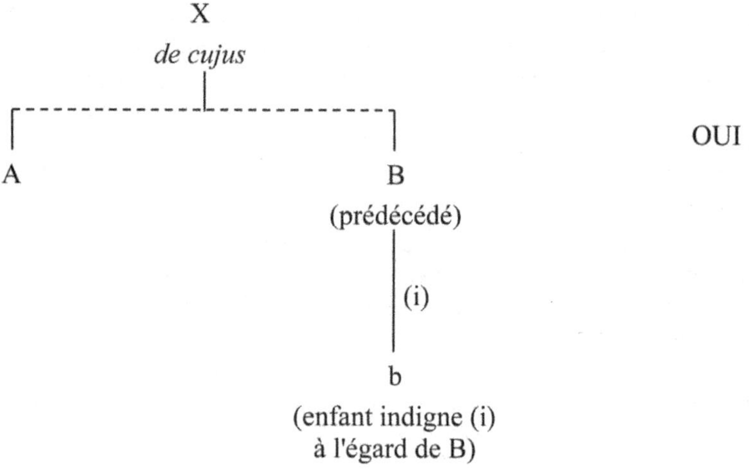

b peut venir à la succession de X, le *de cujus*, par représentation de B, bien qu'il soit indigne à son égard, car il s'agit de deux successions différentes ;

— Inversement, un indigne direct ne peut pas hériter, même par représentation (présence de deux souches), d'un successible prédécédé, car, cette fois, l'indignité concerne bien des rapports entre le *de cujus* dont la succession est en cause et l'héritier incriminé :

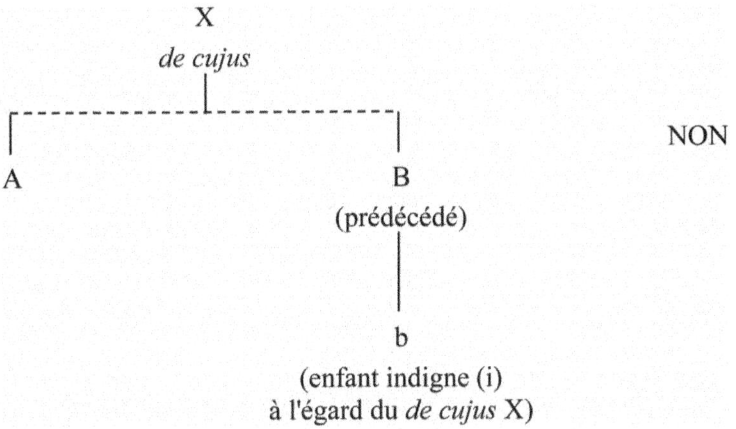

Dans cet exemple, b est indigne à l'égard de X, le *de cujus* : il ne peut donc en hériter, même par représentation de B, prédécédé qui, pourtant, lui, n'était pas indigne à l'égard de son propre ascendant ;

— Au titre de l'article 729-1 du Code civil, l'enfant (a) d'un indigne non décédé A, qui hérite à titre personnel et non par représentation (présence d'une seule souche), ne subit pas le contrecoup de l'indignité de son ascendant.

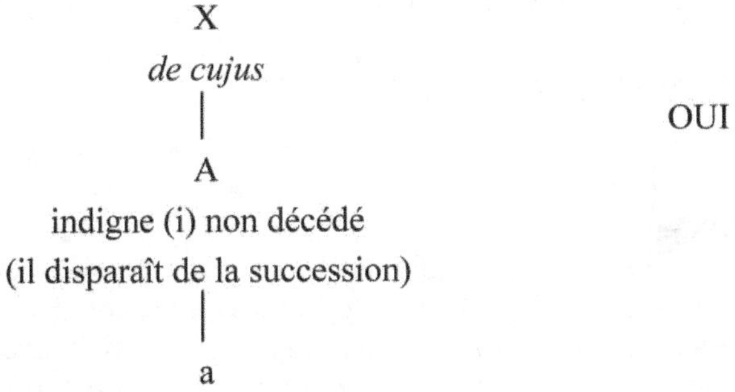

a pourra hériter du *de cujus*. A, lui, est évincé en raison de son indignité à l'égard dudit *de cujus* ;

— En revanche, jusqu'à la réforme issue de la loi n° 2001-1135 du 3 décembre 2001, on faisait prévaloir la rigueur du mécanisme juridique sur l'équité, en décidant que l'enfant (b) d'un indigne B (non décédé) ne pouvait venir à la succession d'un *de cujus* par représentation (présence de deux souches) de son ascendant indigne :

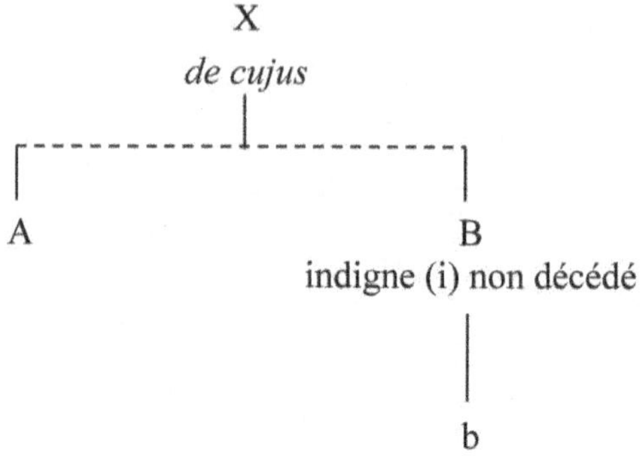

NON avant 2001
OUI depuis 2001

b n'obtenait rien. La représentation jouait en cas de prédécès, mais non en cas d'indignité. b subissait donc l'indignité de son ascendant : il ne venait pas à la succession en raison de la faute d'un autre, solution fort critiquée. Aujourd'hui, l'article 729-1 du Code civil dispose que « *les enfants de l'indigne ne sont pas exclus par la faute de leur auteur, soit qu'ils viennent à la succession de leur chef, soit qu'ils y viennent par l'effet de la représentation* ». L'article 755 prévoit, en écho, que « *La représentation est admise en faveur des enfants et descendants de l'indigne, encore que celui-ci soit vivant à l'ouverture de la succession* ». Aujourd'hui, b peut venir à la succession de X par représentation de B (bien que celui-ci soit encore en vie).

C. La famille "*mortis causa*"

93. C'est au Doyen Carbonnier que revient la paternité de l'expression de famille "*mortis causa*", la famille à cause de mort. Il ne s'agit plus de la famille, dans son ensemble, telle qu'elle a pu être définie (cf. *supra* n° 7 et s.), mais d'une partie plus réduite de celle-ci, d'un sous-ensemble inclus, celui de la famille susceptible de venir à une succession. Naturellement, pas plus que la famille *lato sensu*, la famille *mortis causa* ne constitue une entité détentrice de la personnalité, même si le Droit la prend parfois en compte dans sa globalité. On présentera successivement la manière dont le Droit français appréhende les deux fondements de la famille à cause de mort, la parenté (1) et l'alliance (2), puis trois procédés de découpage de la famille permettant de liquider les successions : les degrés (3), les lignes et branches (4) et les souches (5).

1. La parenté

94. La parenté, on l'a vu (cf. *supra* n° 7), c'est le lien par le sang (les gènes) ou encore par la fiction juridique (adoption), la procréation à l'aide de gamètes exogènes constituant une sorte de situation intermédiaire. *Summatim breviterque*, on peut donc distinguer deux catégories de parentés.

La première est la parenté physiologique ou génétique (ou supposée telle) que l'on qualifiera de "biologique" (depuis 2005, on ne distingue plus, officiellement, la parenté légitime de la parenté naturelle). On notera cependant que, pour l'instant, en France, un individu est l'enfant de la femme dont il est accouché ; c'est l'accouchement qui fait la maternité et non les gènes (art. 325, al. 2, C. civ.). De même, le père est celui qui reconnaît l'enfant, sans tenir compte de l'origine des gamètes mâles qui ont permis sa conception (et, en France, ni l'enfant né d'un don de gamètes, ni le couple receveur ne peuvent accéder à des informations concernant l'identité du donneur - art. L. 2141-1 C. santé publ. et art. 16-8 C. civ. -, solution jugée conforme aux règles de la Convention européenne des droits de l'homme par le Conseil d'État : CE 13 juin 2013 : n° 362981 ; cf. *infra* n° 202).

La seconde parenté est la parenté par artifice juridique, c'est-à-dire la parenté adoptive (simple ou plénière) que l'on appellera – expression retenue par Mme le professeur Frédérique Granet-Lambrechts – "élective" (... même s'il y a aussi une manière d'"élection" dans la parenté par artifice médical).

— La question de la parenté peut se poser **du côté du *de cujus***. En principe, sa famille hérite que le *de cujus* ait été lui-même de parenté biologique ou élective. Toutefois, en cas d'adoption simple (où l'adopté conserve un lien avec sa famille d'origine tout en obtenant un lien nouveau avec l'adoptant), un mécanisme de retour légal est prévu par les textes (art. 368-1 C. civ.). Si l'adopté décède sans descendance et sans conjoint survivant, les biens qu'il avait reçus de l'adoptant (par libéralité ou par succession) font retour à l'adoptant ou à ses descendants et les biens qu'il avait reçus à titre gratuit de ses père et mère par le sang font retour à ces derniers ou à leurs descendants (le reste des biens de l'adopté est partagé par moitié entre la famille d'origine et la famille adoptive ; cf. *infra* n° 158, 207 et 210).

— **Du côté de l'héritier**, le principe est celui de l'identité des droits quel que soit son type de filiation, biologique ou élective. Étonnamment, les enfants naturels simples puis adultérins n'ont obtenu une égalité de droits que depuis une époque relativement récente (cf. *infra* n° 201) et les enfants nés d'un inceste absolu ont, encore aujourd'hui, des droits plus faibles (cf. *infra* n° 204). L'adopté simple a, lui, des droits plus élevés qu'un autre enfant, puisqu'il peut hériter à la fois de sa famille d'origine et de sa famille adoptive (il n'est cependant pas réservataire à l'égard des ascendants de l'adoptant qui peuvent l'exhéréder). L'article 368 du Code civil accorde des droits identiques, dans la famille de l'adoptant, aux descendants de l'adopté simple.

2. L'alliance

95. Le **concubin** ou le **partenaire** (cf. *supra* n° 47), de même sexe ou de sexe différent, *ab intestat* n'a aucun droit successoral légal à ce titre. Toutefois, outre les libéralités qu'il peut recevoir, il est susceptible d'avoir certains droits sur le logement qu'il habitait en commun avec le défunt (art. 515-6 C. civ. renvoyant aux art. 831, 831-2, 832-3 et 832-4 à propos de l'attribution préférentielle et art. 763 concernant la jouissance gratuite d'un an ; art. 1751-1 C. civ. - partenaire - et art. 14 de la loi n° 89-462 du 6 juill. 1989 - partenaire et concubin - pour le bail ; cf. *infra* n° 181 ; sur l'impossibilité de recevoir une pension de réversion, V. art. L. 353-1 C. séc. soc. et Cass. civ. 23 janv. 2014 : n° 13-11.362). Si le concubin et le partenaire ne font pas partie de la famille *mortis causa*, on peut dire qu'ils font maintenant partie de la famille au sens large puisque le juge aux affaires familiales est compétent, depuis 2009, pour résoudre les litiges qui pourraient les opposer (art. L. 213-3 COJ).

96. Seul le **conjoint survivant**, de sexe différent ou, aujourd'hui, de même sexe, a, peu à peu, obtenu de venir à la succession du prédécédé, pour une part de moins en moins modeste.

Le conjoint est un successeur "régulier" (ce qu'il ne fut pas toujours : cf. *infra* n° 169) disposant de la saisine des biens successoraux (cf. *infra* n° 508 et s.).

Mais le conjoint survivant demeure un successible particulier, puisque son lien de famille est issu d'une alliance (une section particulière lui est réservée dans le Code).

Jusqu'à une époque très récente, le conjoint survivant n'avait pas la qualité d'héritier réservataire. Le *de cujus* pouvait l'exhéréder en toutes circonstances. Avec les réformes de 2001 et de 2006, le conjoint survivant a obtenu d'être réservataire à défaut de descendants (réserve d'1/4 : art. 914-1 C. civ.). L'exhérédation demeure possible hors de ce cas (ou, dans cette occurrence, pour les 3/4 restants ; cf. *infra* n° 571 et s.).

97. La **polygamie** (polygynie ou polyandrie) est interdite aux citoyens français (art. 147 C. civ. et art. 433-20 C. pén. : un an d'emprisonnement et 45 000 € d'amende ; pour une occurrence où l'on rencontrait deux bigamies successives, V. Cass. civ. 1re 26 oct. 2011 : n° 10-25.285). De plus, une personne mariée ne peut pas conclure avec quelqu'un d'autre un pacte civil de solidarité (art. 515-2, 2° C. civ.). Mais, paradoxalement, la jurisprudence reconnaît aujourd'hui le concubinage adultérin (mais, bien entendu, sans droit successoral pour le concubin survivant ; cf. *infra* n° 278).

De plus, on admet en France que la polygamie puisse être prise en compte dans la liquidation de la succession d'un *de cujus* étranger, si le Droit du pays dont il détient la nationalité admet celle-ci (Cass. civ. 1re 3 janv. 1980 : n° 78-13. 762 ; Cass. civ. 1re 24 sept. 2002 : n° 00-15.789).

98. Jusqu'à la réforme contenue dans la loi n° 2013-403 du 17 mai 2013, la jurisprudence considérait qu'au titre de l'article 144 du Code civil, le mariage devait être l'union d'un homme et d'une femme (Cass. civ. 1re 13 mars 2007 : n° 05-16.627). Faisaient seulement exception, les personnes mariées autorisées judiciairement à changer de sexe (transsexualisme ; V., p. ex., Cass. civ. 1re 7 juin 2012 : n° 11-22.490) et celles ayant valablement conclu un mariage homosexuel à l'étranger. Depuis 2013, le conjoint survivant peut donc être de même sexe que le défunt (on rappellera que la Cour européenne des droits de l'homme estime que l'autorisation de tels mariages doit être abandonnée à la liberté de chaque État ; CEDH 24 juin 2010 : n° 30141/04).

99. Pour que le conjoint vienne à la succession, il est nécessaire que les liens du mariage aient été encore présents lors de l'ouverture de la succession.

— S'il y a eu précédemment **divorce**, l'ancien conjoint divorcé n'a aucun droit successoral (art. 732 C. civ.). *De lege ferenda*, on pourrait souhaiter qu'un mécanisme de succession *prorata temporis* soit un jour mis en place en faveur du ou des anciens conjoints divorcés du défunt.

— S'il y a eu **annulation** du mariage avant le décès, l'ancien conjoint n'a aucun droit successoral. Si l'annulation est prononcée après le décès du *de cujus*, on applique la théorie dite du "mariage putatif" : la nullité n'est pas rétroactive à l'égard du conjoint survivant s'il est de bonne foi (il conserve alors l'héritage reçu).

— Le **mariage posthume** peut être exceptionnellement autorisé par le président de la République (art. 171 C. civ.), « *dès lors qu'une réunion suffisante de faits établit sans équivoque* » le consentement du défunt. Dans ce cas, le Code civil, pour éviter que l'on demande le bénéfice d'une telle opération afin d'obtenir la fortune du défunt, prévoit expressément que le conjoint survivant n'a aucun droit successoral *ab intestat* (art. 171, al. 3, C. civ. ; mais il peut obtenir des indemnisations : Cass. civ. 1re 22 mai 2007 : n° 05-18.582 ; Cass. civ. 2e 10 juill. 2008 : n° 07-15.390).

— En cas de **séparation de corps** prononcée avant le décès, jusqu'à la réforme du divorce de 2004, on distinguait selon les motifs de la séparation. Depuis la loi n° 2004-439 du 26 mai 2004, l'article 301 du Code civil dispose que le conjoint survivant séparé de corps bénéficie de la totalité de ses droits successoraux (sauf accord contraire en cas de séparation par consentement mutuel).

3. Les degrés

100. Pour la parenté, on ne peut faire venir à la succession tous les membres de la famille par le sang (cf. *supra* n° 7 et 9). Il faut donc circonscrire cet ensemble que constitue la "famille successorale" par la parenté et élaborer un système de computation de la proximité du lien. On a choisi la technique du calcul par degrés (art. 741 et 743 C. civ.).

Chaque **génération** par rapport au *de cujus* est comptée pour **un degré**. Pour savoir à quel nombre de degrés un successible se situe par rapport au *de cujus*, on part toujours dudit successible ; en ligne directe, on compte les degrés, donc les générations, en remontant ou en descendant jusqu'au *de cujus* ; en ligne collatérale, on compte les degrés en remontant jusqu'à l'ancêtre commun, puis en redescendant jusqu'au *de cujus*.

— On aura ainsi, par exemple, **en ligne directe** (art. 743, al. 1er, C. civ.) :

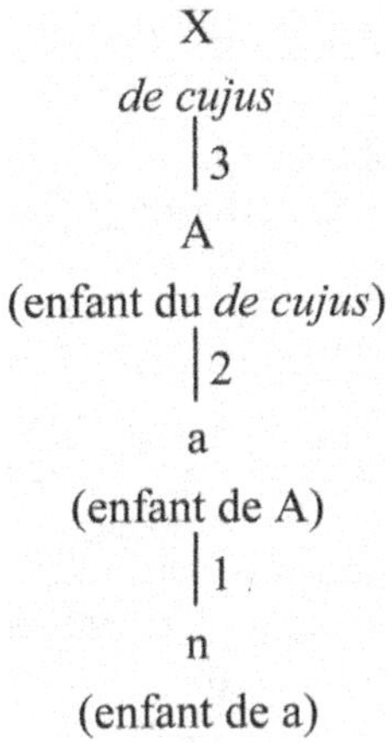

Si l'on recherche quel est le degré de parenté de n par rapport au *de cujus*, on compte en remontant jusqu'à ce dernier : ici, n est parent en ligne directe du *de cujus* au troisième degré.

— En **ligne collatérale** (art. 743, al. 2 et 3, C. civ.), on pourra ainsi avoir, par exemple :

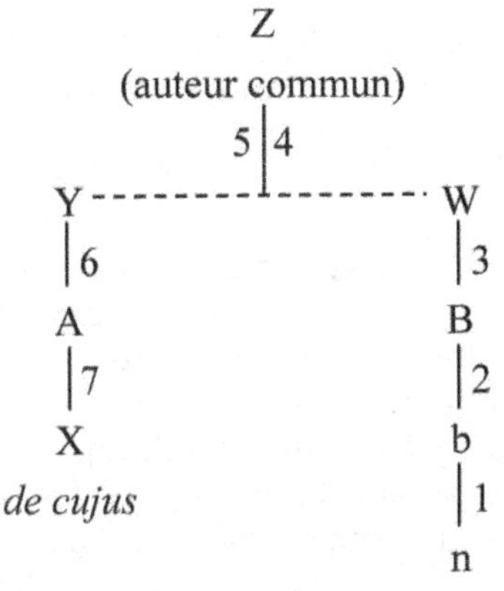

Si l'on recherche quel est le degré de parenté de n par rapport à X, le *de cujus*, on compte en remontant jusqu'à leur aïeul commun (ici Z), puis on continue de compter en redescendant jusqu'au *de cujus*. Ici, n est au septième degré par rapport au *de cujus*.

101. Il reste à préciser quelle est la **limite légale** permise pour succéder.

— **En ligne directe**, il n'y a aucune limite ; la durée de vie des êtres humains suffit à cantonner le nombre de degrés dans un chiffre raisonnable.

— **En ligne collatérale**, les parents collatéraux ne peuvent être successibles que jusqu'au **sixième degré** inclus (art. 745 C. civ.).

4. Les lignes et branches

102. Les lignes et branches concernent la parenté. C'est l'article 742 du Code civil qui donne les définitions nécessaires. « *On appelle ligne directe la suite des degrés entre personnes qui descendent l'une de l'autre* ». Une ligne directe peut donc être ascendante ou descendante. On nomme « *ligne collatérale, la suite des degrés entre personnes qui ne descendent pas les unes des autres, mais qui descendent d'un auteur commun* ».

On distingue la branche maternelle (parents "**utérins**") et la branche paternelle (parents "**consanguins**"). Ainsi, un "demi-frère", né du même père, mais pas de la même mère est un collatéral consanguin. Pour des personnes nées du même lit (frères et sœurs), qui viennent ensemble des deux mêmes branches, on dira qu'ils sont parents "**germains**". Si un jour, le Droit français autorise les conjoints homosexuels à avoir des enfants communs sans le recours à l'adoption, il faudra modifier cette terminologie.

C'est la notion de ligne qui, dans la succession ascendante, justifie le mécanisme dit de la "**fente**" (art. 747 C. civ. ; Cf. *infra* n° 150 et s.).

5. Les souches

103. La notion de **souche** est plus malaisée à appréhender. La question ne se pose que si le *de cujus* avait eu plusieurs descendants et/ou plusieurs frères et sœurs. Dans ce cas, chaque descendant ou chaque collatéral privilégié a pu "faire souche" en ayant lui-même des descendants. Il suffit qu'un seul des enfants ou un seul des frères et sœurs du *de cujus* ait fait souche pour que les mécanismes liés à cette notion soient applicables.

C'est le concept de souche qui, dans la succession descendante, justifie le procédé dit de la "**représentation**" (art. 751 et s. C. civ. ; Cf. *supra* n° 72, 80 et 92 et *infra* n° 135 et s.).

Les "personnages" de l'action successorale sont désormais présentés. Il reste à les mettre en situation...

II. L'enjeu et les techniques fondamentales

104. Il est indispensable de décrire le contenu de ce que l'on nomme, assez évasivement, l'"héritage" (A) avant de présenter comment il peut être distribué (B).

A. L'enjeu : l'héritage

105. Un **héritage** peut comprendre des droits patrimoniaux (1), mais aussi des droits extrapatrimoniaux et, surtout, des droits que l'on peut qualifier de "mixtes" (2). La succession obéit, de toute manière, au principe commun de l'unité et de la succession à la personne (3).

1. Les droits patrimoniaux

106. On peut obtenir par héritage des **droits réels** (principaux ou accessoires et même des droits réels démembrés ; cependant, l'usage et l'usufruit, qui sont en principe viagers, s'éteignent normalement avec le décès de l'usager ou de l'usufruitier) ou des **droits personnels** (créances délictuelles - sauf condamnation *post mortem* : CEDH 12 avr. 2012 : n° 1885/07 - ou quasidélictuelles, contractuelles voire quasicontractuelles : Cass. civ. 2e 23 oct. 2008 : n° 07-19.163 ; art. 1122 C. civ. : « *On est censé avoir stipulé pour soi et pour ses héritiers et ayants cause...* » ; les droits personnels qui avaient un caractère d'*intuitus personæ* très marqué doivent toutefois s'éteindre avec la mort du créancier ou du débiteur ; sur la transmission du bénéfice d'une assurance-vie, V. Cass. civ. 1re 23 oct. 2008 : n° 07-19.163 et Cass. civ. 2e 1er juin 2011 : n° 10-30.430 ; sur l'héritage d'une créance de salaire différé - cf. *infra* n° 110 et n° 183 - acquise par le défunt, mais non encore acquittée, V. Cass. civ. 1re 20 juin 2012 : n° 11-12.850). On peut recevoir des droits portant sur des immeubles ou sur des meubles (corporels ou incorporels). Lorsque le *de cujus*, entrepreneur, avait fait, de son vivant, une déclaration d'insaisissabilité d'un bien foncier, son décès emporte la révocation de cette affectation, ce qui évite toute difficulté (art. 526-3, al. 5, C. com.).

On ne peut prétendre établir une description exhaustive des droits dont on peut hériter (il faut sans doute y inclure aujourd'hui les "biens numériques" : "e-boutiques"...). Quelques problèmes particuliers méritent cependant d'être soulevés (sur la "transmission" du patrimoine séparé d'un entrepreneur individuel à responsabilité limitée, cf. *infra* n° 119).

107. Les **titres sociaux**, les parts et les actions, voire les options boursières, sont transmissibles. Les actions, librement cessibles (elles sont "négociables") sont aussi, en principe, librement transmissibles. La solution est logique dans la mesure où il s'agit de sociétés dites "de capitaux" où, en principe, seul l'apport compte et non la personne de l'apporteur. Pour les parts, qui concernent, *a priori*, des sociétés où la qualité de la personne de l'associé est importante, les règles sont plus complexes (V. art. 1870 C. civ., pour les sociétés civiles ; art. L. 223-13 C. com., pour les sociétés à responsabilité limitée ; art. L. 221-15 C. com. pour les sociétés en nom collectif ; pour des parts de sociétés civiles professionnelles, V. Cass. civ. 1re 12 juill. 2012 : n° 11-18.453).

108. On peut aussi, si l'on a accepté la succession (cf. *infra* n° 532 et s.), hériter de **dettes** (art. 724 C. civ.). L'héritier est tenu *ultra vires successionis* (mais, le principe, qui n'est d'ailleurs plus directement affirmé, n'est plus intangible : cf. *infra* n° 534). Il peut s'agir, là encore, aussi bien de dettes contractuelles que de dettes délictuelles. Malgré sa situation particulière, le conjoint survivant (même sous régime matrimonial de la séparation de biens) hérite lui aussi du passif et peut être poursuivi à ce titre par les créanciers du défunt (Cass. civ. 1re 5 avr. 2005 : n° 03-18.371).

Cependant, en application de l'article 1220 du Code civil, les héritiers ne sont tenus de payer les dettes successorales qu'à concurrence de la part qu'ils recueillent de la succession, c'est-à-dire au prorata de leurs droits respectifs (Cass. civ. 1re 16 juill. 1992 : n° 90-17.972 ; Cass. civ. 1re 3 déc. 2002 : n° 00-13.785 et 00-13.788) Il n'y a donc **pas de solidarité** entre héritiers, mais chacun peut être contraint à payer un montant du passif supérieur à la valeur de la part successorale qu'il reçoit (sur la solidarité quant au paiement des droits de mutation, cf. *infra* n° 229).

109. Certaines dettes présentent quelques singularités (sur la transmission de la dette liée à l'émission d'un chèque dépourvu de provision, V. Cass. com. 3 juill. 2012 : n° 11-14.227). Ainsi en est-il de la **prestation compensatoire** versée par une personne à son ancien conjoint à la suite d'un divorce. Pour éviter qu'un nouveau conjoint, resté survivre au défunt, soit redevable d'une telle pension, l'article 280 du Code civil, à la suite de réformes intervenues en 2000 et en 2004, prévoit qu'à la mort de l'époux débiteur, la prestation compensatoire est prélevée sur la succession. De plus, lors de la survenance du décès, si la prestation compensatoire était une rente, elle est automatiquement transformée en capital. Le

paiement n'en est supporté par les héritiers que dans la limite de l'actif successoral (ils n'y sont pas tenus personnellement au-delà de la valeur de la succession).

110. Il arrive qu'un seul des enfants d'une famille reste travailler gratuitement dans une exploitation agricole aux côtés de ses parents. Lors du décès desdits parents, il risque d'être lésé, s'il ne reçoit que sa part successorale. C'est pourquoi, dès 1939, a été mis en place un système (souvent modifié depuis) de "**salaire différé**", octroyant à cet enfant une créance contre la succession (art. L. 321-13 et s. C. rur. ; encore faut-il qu'il ne se soit pas contenté d'apporter une aide occasionnelle : Cass. civ. 1re 20 juin 2012 : nº 11-20.217). Il s'agit d'une dette de l'exploitant et non du propriétaire du fonds rural exploité (Cass. civ. 1re 6 nov. 2013 : nº 12-25.239).

Une disposition voisine (mais comportant des modalités différentes) est prévue à l'article 14, I, de la loi nº 89-1008 du 31 décembre 1989, complétée en 2005, au profit du conjoint survivant ayant travaillé gratuitement dans l'entreprise artisanale, commerciale ou libérale de son époux décédé (mais il faut, là encore, que l'aide n'ait pas été qu'occasionnelle : Cass. civ. 1re 6 nov. 2013 : nº 12-25.239).

111. La jurisprudence admet également une action pour **enrichissement sans cause** (*de in rem verso*) de la part d'un héritier qui se serait appauvri et aurait apporté un enrichissement, de son vivant au *de cujus* par l'aide qu'il lui aurait accordée au-delà de son devoir moral, par exemple en l'hébergeant (V. Cass. civ. 1re 12 juill. 1994 : nº 92-18. 639 ; jurispr. constante).

112. Si le *de cujus* s'était porté caution, le **cautionnement** se transmet à ses héritiers, comme toute autre dette, s'ils acceptent la succession (art. 2294 C. civ.). La jurisprudence a interprété ce texte comme signifiant que l'héritier n'est tenu que des dettes déjà nées à l'époque du décès de la caution, c'est-à-dire déjà certaines, même si elles n'étaient encore ni liquides, ni exigibles (Cass. com. 29 juin 1982 : nº 80-14.160). Autrement dit, l'héritier est tenu d'une obligation de règlement, mais non d'une obligation de couverture (il hérite des dettes existantes mais non de la garantie de cautionnement elle-même).

113. Enfin, depuis la réforme du Droit des sûretés, issue de l'ordonnance nº 2006-346 du 23 mars 2006, il est possible qu'un défunt ait, de son vivant, contracté un emprunt grâce à un **prêt viager hypothécaire** (art. L. 314-1 et s. C. consom.). Dans ce cas, le

remboursement de ce prêt (capital et intérêts) n'est exigé qu'au décès de l'emprunteur (constituant ainsi une source potentielle importante de passif successoral).

2. Les droits extrapatrimoniaux et les droits "mixtes"

114. Les **droits extrapatrimoniaux** étant étroitement liés à l'état de la personne, il est logique de considérer que, le plus souvent, ils vont s'éteindre avec elle.

D'autres **droits** méritent d'être qualifiés de "**mixtes**" dans la mesure où ils sont susceptibles d'être patrimoniaux et/ou extrapatrimoniaux. Tel est le cas, par exemple (même s'il ne s'agit pas, le plus souvent, d'un véritable droit successoral), du droit au maintien dans les lieux (cf. *supra* n° 95 et *infra* n° 181). On peut classer aussi dans cette catégorie hybride les droits intellectuels et les actions en justice.

115. Les **droits intellectuels** sont janusiens : ils peuvent être à la fois patrimoniaux (exploitation commerciale) et extrapatrimoniaux (droit moral sur une œuvre de l'esprit).

— Pour l'**aspect patrimonial** des droits intellectuels et leur durée respective, on ne peut que faire renvoi au Code de la propriété intellectuelle (droits d'auteurs : art. L. 123-1, al. 2 et L. 123-4 ; logiciels : art. L. 123-5 ; dessins et modèles : art. L. 513-1 ; brevets et certificats d'utilité : art. L. 611-2 ; topographies de produits semi-conducteurs : art. L. 622-6 ; certificats d'obtention végétale : art. L. 623-13 ; marques de fabrique, de commerce ou de service : art. L. 712-1). La transmission de ces droits ne s'effectue que sous réserve que le temps imparti à leur protection (et à leur jouissance exclusive) ne soit pas achevé et dans la limite dudit temps restant à courir. Le conjoint survivant obtient, en principe, l'usufruit des œuvres littéraires et artistiques du défunt (art. L. 123-6 C. propr. intell. ; Cf. *infra* n° 121 et 173).

— Pour les durées des **droits moraux** sur les œuvres de l'esprit, on doit, pareillement, se référer au Code de la propriété intellectuelle (droit d'auteur : art. L. 123-1, al. 2 ; droit des artistes-interprètes : L. 212-2). Il est en tout cas prévu que les droits moraux sont, eux aussi, transmissibles, par succession ou testament (art. L. 121-1). Le bénéficiaire du droit moral, s'il ne peut abuser de son droit (art. L. 121-3 C. propr. intell. ; la charge de la preuve de l'abus reposant sur les héritiers : Cass. civ. 1re 9 juin 2011 : n° 10-13.570), a la maîtrise de la publication d'une œuvre (Cass. civ. 1re 25 mars 2010 : n° 09-67.515).

116. Les **actions en justice** constituent des droits mixtes dans la mesure où elles peuvent concerner aussi bien des litiges patrimoniaux que des litiges extrapatrimoniaux. La question de leur transmission demeure délicate et passablement embrouillée.

— Pour agir en justice, il faut être un sujet de droit. Dès lors, si **aucune action n'avait été entreprise avant le décès** du *de cujus*, un héritier ne peut, en principe, ester au nom et pour le compte d'une personne décédée (Cass. civ. 2e 13 janv. 1993 : nº 91-17.175) ; toutefois, il peut exister des exceptions légales ou jurisprudentielles (V., p. ex., art. 435, al. 3, C. civ.).

— S'il s'agit d'**actions déjà entamées**, normalement, les actions relatives à des **droits strictement extrapatrimoniaux** (droits de la personnalité) ne devraient jamais se transmettre (art. 384 CPC) ; mais il peut y avoir, là encore, des exceptions légales ou jurisprudentielles (V., p. ex., art. 322 C. civ. ; s'agissant d'un texte d'exception, donc d'interprétation stricte, la transmission est impossible au profit d'un légataire universel : Cass. civ. 1re 2 avr. 2014 : nº 13.12-480). Pour les **droits patrimoniaux**, conformément à la lettre de l'article 724 du Code civil (« *Les héritiers [...] sont saisis de plein droit des [...] actions du défunt* »), l'action entamée se transmet aux héritiers qui peuvent la poursuivre (V., p. ex., Cass. civ. 1re 28 mars 2012 : nº 10-30.713).

— Si l'**atteinte** (morale) **a été portée après le décès**, des juges du fond ont parfois accepté l'action des héritiers. Mais le principe est que le droit au respect de la vie privée n'appartient qu'aux vivants et n'est pas transmissible (Cass. civ. 1re 14 déc. 1999 : nº 97-15.756 ; Cass. civ. 2e 8 juill. 2004 : nº 03-13.260 ; Cass. civ. 1re 15 févr. 2005 : nº 03-18.302). En effet, le prétendu droit au respect de l'image et de l'honneur du *de cujus post mortem* est surtout, aujourd'hui, un moyen de protéger les héritiers eux-mêmes (cf. *supra* nº 65 et s.).

3. Le principe de l'unité et de la succession à la personne

117. L'exposé du principe (issu du Droit romain) est simple (même s'il est moins nettement affirmé aujourd'hui qu'autrefois) et ce sont surtout les tempéraments et exceptions qui lui sont apportés qui méritent des développements.

- ***Le principe***

118. Le Droit français, en considérant la propriété comme perpétuelle ne pouvait que mettre en place une technique de **succession à la personne**, de continuation de la personne du défunt (*Hereditas personam defuncti sustinet* ; cf. *supra* nº 77), tandis

que le Droit anglo-saxon, de son côté, développait un procédé de successions aux biens.

Dans la mesure où le défunt, sujet de droit, n'était censé n'avoir qu'un seul patrimoine, les héritiers, continuateurs du *de cujus*, reçoivent ce patrimoine dans sa globalité (il s'agit d'une universalité). Dans la dévolution légale, il n'y a pas, en principe, d'ayant cause à titre particulier. L'héritier reçoit la totalité de la masse patrimoniale (active et passive) ou a vocation au tout, sans distinguer entre la nature de certains biens ou de certains droits, ni tenir compte de leur origine. C'est le **principe de l'unité**, issu du Droit romain.

Depuis les dernières réformes, la règle n'apparaît plus comme expressément formulée dans le Code, signe d'un certain flottement dans la philosophie générale du Droit successoral français contemporain. Il est vrai que le principe supporte de nombreux tempéraments et est, en quelque sorte, supplétif.

• ***Les exceptions et tempéraments***

119. Après l'échec de nombreuses tentatives préalables, la **fiducie** a finalement été introduite en Droit français par la loi n° 2007-211 du 19 février 2007 (art. 2011 et s. C. civ.), à la fois parente du *trust* anglo-saxon et du *pactum fiduciæ* du Droit romain. La fiducie pourrait constituer une première exception en ce qu'elle permet à un ou plusieurs constituants (même des personnes physiques depuis la loi n° 2008-776 du 4 août 2008) de transférer des biens ou des droits (ou un ensemble de biens ou droits) à un ou plusieurs fiduciaires qui agissent dans un but déterminé au profit d'un bénéficiaire. Les droits ou biens ainsi affectés constituent un patrimoine, sorti de celui du constituant et séparé de celui du fiduciaire.

Mais, « *Le contrat de fiducie est nul s'il procède d'une intention libérale au profit du bénéficiaire. Cette nullité est d'ordre public* » (art. 2013) et « *Le contrat de fiducie prend fin par le décès du constituant personne physique* » (art. 2029). Donc, le Droit des successions et des libéralités n'est pas directement concerné. Ceci étant, le législateur de 2006 a accepté des substituts de fiducie avec le mandat posthume (cf. *infra* n° 426 et s.) et les libéralités graduelles ou résiduelles (cf. *infra* n° 269 et s.).

Récemment (loi n° 2010-658 du 15 juin 2010), a été créé le statut d'**entrepreneur individuel à responsabilité limitée** qui permet une affectation partielle de patrimoine. Certes, en principe, cette affectation disparaît au décès de l'entrepreneur (art. L. 526-15 C. com.). Toutefois, l'affectation patrimoniale peut perdurer si un héritier souhaite continuer l'activité du *de cujus* (art. L. 526-16 C. com.).

120. Il y a, par ailleurs, aujourd'hui des cas de **retours légaux** (qui sont aussi des successions anomales : cf. *infra* n° 234 et s.) : une catégorie de biens est exclue d'une succession pour faire l'objet d'une transmission remontante. Ces biens ont donc un sort particulier en fonction de leur origine.

Lorsque le *de cujus* avait fait l'objet d'une d'**adoption simple**, un mécanisme de retour légal est prévu par les textes (art. 368-1 C. civ. ; Cf. *supra* n° 94). Si l'adopté décède sans descendance, les biens qu'il a reçus de l'adoptant font retour à l'adoptant ou à ses descendants et les biens qu'il a reçus à titre gratuit de ses père et mère par le sang font retour à ces derniers ou à leurs descendants.

La loi n° 2001-1135 du 3 décembre 2001 a réintroduit un nouveau cas de retour légal, au profit des **collatéraux privilégiés**, quand le conjoint survivant reçoit, en principe, la totalité en pleine propriété de la succession (cf. *infra* n° 236).

Depuis la réforme de 2006, en contrepartie de la perte de leur réserve héréditaire, les **ascendants privilégiés** (père et mère) ont obtenu un droit de retour partiel sur les biens qu'ils avaient pu donner au *de cujus* (cf. *infra* n° 237).

On ajoutera qu'il peut y avoir aussi des retours prévus conventionnellement (cf. *infra* n° 238).

121. De manière dérogatoire, le **conjoint survivant** obtient, en principe, l'usufruit du droit d'exploitation des **œuvres littéraires et artistiques** du défunt (cf. *supra* n° 115 et *infra* n° 173). L'article L. 123-6 du Code de la propriété intellectuelle dispose en effet que le conjoint survivant, contre lequel n'existe pas un jugement passé en force de chose jugée de séparation de corps (ici, l'on n'a pas modifié le texte comme en matière de dévolution successorale générale : cf. *supra* n° 99), bénéficie, indépendamment de ses autres droits successoraux, de l'usufruit du droit d'exploitation dont l'auteur n'aura pas disposé.

122. Il arrivait aussi que l'on distinguât le sort juridique des meubles de celui des immeubles. Ainsi était-ce le cas en **Droit international privé** notarial. Pour connaître la **loi applicable** en cas de successions internationales (qui sont de plus en plus fréquentes), on séparait le sort, dans le patrimoine du défunt, des **meubles et**

celui des **immeubles** : les immeubles relevaient de la loi du pays de leur situation (Cass. civ. 5 juill. 1933 : DP 1934 I 133, note É. SILZ ; Cass. civ. 1re 20 oct. 2010 : n° 08-17.033), alors que les meubles étaient soumis à la loi du pays du lieu d'ouverture de la succession, c'est-à-dire le dernier domicile du défunt (Cass. civ. 1re 22 déc. 1970 : n° 69-11.402 ; cf. *supra* n° 73) ; toutefois, la technique du renvoi permettait souvent d'assurer une unité d'appréhension législative (Cass. civ. 1re 21 mars 2000 : n° 98-15.650 ; Cass. civ. 1re 20 juin 2006 : n° 05-14.281 ; Cass. civ. 1re 11 févr. 2009 : n° 06-12.140). Depuis le règlement européen n° 650/2012 du 4 juillet 2012 (cf. *supra* n° 46 et n° 73), qui doit entrer en vigueur le 17 août 2015, la loi applicable aux successions (transeuropéennes, voire transnationales) doit être celle de l'État dans lequel le défunt avait sa résidence habituelle au moment de son décès sans plus de distinction entre les meubles et les immeubles.

123. Le sort des **lettres** reçues, de son vivant, par le *de cujus* peut aussi constituer une exception au principe de l'unité. Toute lettre faisant mention d'une demande de son scripteur d'un retour en cas de décès du destinataire ou toute lettre confidentielle doit revenir à celui qui l'a écrite et expédiée et non aux héritiers du défunt (Cass. req. 9 févr. 1881 : D. 1882 I 73).

124. La famille n'est pas une personne morale (cf. *supra* n° 10 et 93). Elle est pourtant, en quelque sorte, propriétaire indivis de biens spécifiques : les "**souvenirs de famille**". Ces biens échappent aux règles légales de la dévolution successorale. Ils sont la copropriété de la famille ; ils ne sont pas partagés ; ils forment une sorte de "masse" spécifique qui demeure dans son intégrité. Aucun des héritiers n'en reçoit la propriété. Ces biens sont simplement confiés en dépôt à l'un d'entre eux, chacun devant pouvoir y accéder, mais personne ne pouvant en disposer.

Le fait qu'un bien ait appartenu à la famille, même pendant plusieurs générations, n'en fait pas nécessairement un "souvenir de famille" ; il faut un rattachement particulier avec la famille ou un de ses membres (monogramme, blason, lettres mentionnant le nom d'un aïeul... ; V., toutefois : Cass. civ. 1re 12 nov. 1998 : n° 96-20.236).

125. Un sort spécial doit être réservé au statut du tombeau, de la **sépulture** (sur la question des violations de sépultures, cf. *supra* n° 63). Le droit à "jouissance" de ce bien particulier constitue aussi une sorte de copropriété familiale qui ne se transmet pas selon les règles normales de la dévolution successorale. Il est fréquent, dans les familles, qu'existe une

sépulture familiale dans laquelle l'on a inhumé un ou plusieurs aïeuls et, d'abord, celui ou celle qui a commandé son édification.

La question qui se pose est celle de savoir à qui appartient le droit d'y accéder en tant que visiteur et qui "hérite" du droit de se faire inhumer dans le caveau familial.

— Quant à **l'accès** à la visite de la sépulture familiale, une distinction s'impose :

S'il s'agit d'un **terrain privé**, tant que le tombeau est légitimement en place, l'on peut considérer que « *le droit d'usage et de jouissance attaché à une sépulture est insusceptible de prescription comme étant hors commerce* » (Amiens 28 oct. 1992 : D. 1993 370, note P. PLATEAU). Ce droit est inaliénable et incessible. Le propriétaire du terrain, même totalement étranger à la famille, doit s'abstenir de toute dégradation et les héritiers du défunt bénéficient d'une servitude de passage pour pouvoir accéder à la sépulture (Rép. min. n° 96869, JO AN, 17 oct. 2006, p. 1092).

S'il s'agit de **concessions du domaine public**, le droit de visite est limité par les horaires d'accès et par la durée de la concession (15, 30, 50 ans) ; à la fin de celle-ci, le tombeau peut être détruit. Une concession peut être dite "perpétuelle" ; mais, même en ce cas, la destruction est possible, au bout de trente années, si la sépulture est à l'état d'abandon (sur la reprise des concessions, V. art. L. 2223-13 et s. CGCT ; sur l'état d'abandon, V. art. L. 2223-17 et s. ; V. décr. n° 2011-121 du 28 janvier 2011 relatif aux opérations funéraires).

Enfin, aujourd'hui, en raison du développement de la crémation, de nouveaux conflits se développent, relatifs à l'accès aux **cendres** du défunt et de leur contenant. Les cendres et leur contenant constituent un "bien successoral" fort particulier (un statut spécial leur est consacré : cf. *supra* n° 61 ; sur la question du respect des dernières volontés, cf. *infra* n° 339).

— Quant à savoir qui peut "hériter" du droit de **se faire inhumer** dans un caveau familial, il faut d'abord rappeler que le droit à la sépulture est également un droit hors commerce (Cass. civ. 1re 25 mars 1958 : D. 1958 352). On ne saurait donc le monnayer, mais il est permis d'y renoncer au profit d'un autre membre de la famille (Cass. civ. 1re 17 mai 1993 : n° 91-15.780).

L'interrogation juridique présente, lorsque décède une personne et qu'il y a une sépulture familiale, est de savoir qui va décider si elle peut y être inhumée et en fonction de quels critères. Il n'y a pas de difficulté si le fondateur de la sépulture avait expressément indiqué sa destination. Mais, dans le cas contraire, c'est par une sorte de consensus que la famille doit se prononcer (sur la détermination de la personne pouvant choisir le mode de funérailles du défunt : cf. *infra* n° 339). À défaut, on ne peut accepter l'inhumation que si le défunt est, lui aussi, membre de la famille (Cass. civ. 1re 15 mai 2001 : n° 99-12.363 ; à propos de l'inscription par anticipation d'un patronyme sur un caveau de famille, V. Cass. civ. 1re 12 janv. 2011 : n° 09-17.373). Mais des incertitudes persistent sur le point de savoir quel est le ressort de cette famille "*sepultura causa*".

126. Il peut se faire que certains biens mobiliers du défunt ne soient pas dévolus aux héritiers mais à un **établissement hospitalier**. L'article L. 6145-12 du Code de la santé publique dispose : « *Les effets mobiliers, apportés par les personnes décédées dans les établissements publics de santé après y avoir été traitées gratuitement, appartiennent auxdits établissements à l'exclusion des héritiers et du domaine en cas de déshérence* ».

127. Il faut aussi voir une dérogation importante apportée au principe de l'unité successorale dans les mécanismes de l'**attribution préférentielle** (cf. *supra* n° 95 et *infra* n° 611 et s.), qui permettent, pour éviter leur démantèlement, d'attribuer certains "biens" du patrimoine successoral (principalement une entreprise), par préférence, à l'un des cohéritiers (art. 831 et s. C. civ.).

128. On peut faire une réflexion voisine pour le sort du **logement des époux** (ou des partenaires, voire des concubins) qui obéissent à un régime particulier (cf. *supra* n° 95 et *infra* n° 180 et s.), même si l'on a dit que ce n'était pas là, le plus souvent, un véritable droit "successoral".

129. Enfin, des sommes versées par des tiers, qui, pécuniairement, s'ajoutent à la dévolution successorale ou la remplacent, échappent au principe de l'unité. Il en est ainsi des pensions de réversion que le conjoint survivant peut obtenir et surtout des sommes qu'une personne peut toucher en application d'un contrat "d'**assurance-vie**" (art. L. 132-1 et s. C. assur.). Il n'y a pas véritablement exception à la règle, mais simple tempérament, car ces versements sont effectués en application de contrats (avec, le plus souvent, stipulation pour autrui) et non par l'effet d'un texte de Droit successoral.

— En ce qui concerne **les primes** versées par l'assuré, l'article L. 132-13, alinéa 2, du Code des assurances prévoit que ces primes ne sont ni rapportables – cf. *infra* n° 591 et s. – ni sujettes à réduction – cf. *infra* n° 582 et s. –, « *à moins que celles-ci n'aient été* *manifestement exagérées eu égard [aux] facultés* » de l'assuré (pour un ex. récent, V. Cass. civ. 1re 12 mars 2009 : n° 08-11.980). De manière critiquable, la Cour de cassation a refusé de distinguer selon le type d'assurance-vie (Ch. mixte 23 nov. 2004 : n° 02-17.507).

— En ce qui concerne **le capital** versé au bénéficiaire, l'article L. 132-12 du Code des assurances l'exclut des valeurs successorales (sur l'obligation, pour les établissements ayant conclu de tels contrats, de rechercher les bénéficiaires après le décès des assurés, V. loi n° 2014-617 du 13 juin 2014). Toutefois, son imposition rapproche son régime de celui des transmissions successorales ou des libéralités (cf. *infra* n° 230). Un contrat d'assurance-vie peut être requalifié en donation si les circonstances révèlent une volonté de se dépouiller de manière irrévocable (Ch. mixte 21 déc. 2007 : n° 06-12.769).

B. Les mécanismes essentiels

130. Il est nécessaire de présenter tout d'abord le classement de principe des successibles (1). Ensuite, il sera possible d'expliquer deux mécanismes fondamentaux déjà évoqués ça et là : la représentation (2) et la fente (3).

1. Le classement des successibles

131. En cas de concours entre plusieurs successibles, situation très fréquente, même si on limite les contours de la famille à un certain degré d'éloignement (cf. *supra* n° 101), il a paru impossible au législateur de faire venir indifféremment tous les héritiers potentiels au prorata de leur nombre, sans les différencier. Il a donc fallu faire des choix entre des intérêts opposés : l'alliance et la parenté, les générations anciennes et les nouvelles, les successibles en ligne directe et les collatéraux...

On a institué des "ordres" successoraux qui sont classés. On doit donc toujours rechercher en premier lieu à quel ordre appartient un successible. Ce n'est qu'ensuite que l'on s'interroge sur le point de savoir quelle est sa place au sein de cet ordre, quel est son degré de proximité par rapport au *de cujus*.

- ***Le classement par ordre et le classement des ordres***

132. Les **ordres** (art. 734 et s. C. civ.) sont des sous-ensembles au sein du groupe général des successibles. En principe, en présence de deux successibles A et B, si A appartient à un ordre mieux classé que celui auquel appartient B, il le primera, même si B est

plus proche que A, en degrés, du *de cujus*. Ainsi, par exemple, une petite-fille du défunt, donc du deuxième degré, évincera le père du défunt pourtant successible du premier degré, car la petite-fille appartient à un ordre (celui des descendants) qui prime celui auquel appartient le père (celui des ascendants).

133. L'article 734 du Code civil présente les ordres et leur classement ; une place spécifique est réservée au conjoint et une autre à l'État, respectivement par les articles 756 et s. et l'article 724, alinéa 3, du Code civil :

— **premier ordre** : les descendants du *de cujus* (cf. *infra* n° 195 et s.).

— **deuxième ordre** (il s'agit d'un ordre mixte) : les ascendants privilégiés du *de cujus* (son père et/ou sa mère) et/ou les collatéraux privilégiés du *de cujus*, c'est-à-dire ses frères et sœurs et les descendants de ceux-ci : neveux, petits-neveux... et nièces, petites-nièces... du *de cujus* (cf. *infra* n° 205 et s.).

— **troisième ordre** : les ascendants ordinaires du *de cujus* (cf. *infra* n° 209 et s.), c'est-à-dire ses grands-parents, arrière-grands-parents... et même ses père et mère lorsqu'ils ne sont pas en concours avec des collatéraux privilégiés (cf. *infra* n° 206, 210 et 211) ou, dans une certaine mesure, avec le conjoint survivant.

— **quatrième ordre** : les collatéraux ordinaires du *de cujus* : oncles, tantes, grands-oncles, grands-tantes et cousins (cf. *infra* n° 213).

— **l'État** : il ne constitue pas un ordre à lui tout seul, mais il est classé en dernière position (cf. *infra* n° 214 et s.).

— **le conjoint survivant** du *de cujus* : ce n'est pas non plus un "ordre" (cf. *infra* n° 164 et s.). Il est "ailleurs", car il vient à la succession par l'alliance et non par la parenté. Sa place ne cesse de progresser (cf. *supra* n° 40 et s. et *infra* n° 169), avec, cependant, un petit recul indirect en 2006 (cf. *infra* n° 194), compensé par une avancée en matière de réserve (cf. *supra* n° 96 et *infra* n° 580). Il évince actuellement l'État, les collatéraux (même privilégiés) et les ascendants ordinaires et vient en concours avec les ascendants privilégiés et les descendants (cf. *infra* n° 164 et s.).

- ***Le classement à l'intérieur des ordres***

134. Une fois que l'on sait à quel ordre appartient un successible, en principe, on détermine son rang en fonction de sa proximité en

degrés par rapport au défunt ; à l'intérieur d'un ordre, le plus proche en degrés évince le plus éloigné.

Si, dans le même ordre, il y a plusieurs héritiers de même degré, on partage entre eux le patrimoine successoral, à **égalité** (il s'agit en principe d'une égalité en valeur).

En réalité, les choses sont souvent plus complexes et le classement par degré au sein des ordres est grandement perturbé par l'application des mécanismes de la représentation et de la fente...

2. La représentation

135. L'on a déjà rencontré de manière incidente à deux reprises le mécanisme de la représentation (à propos de l'indignité – cf. *supra* n° 92 – et pour expliquer la notion de souche – cf. *supra* n° 103 –). Il convient à présent d'en détailler le processus. Après avoir présenté une description générale du procédé, l'on tentera d'en montrer les intérêts pratiques en séparant les cas d'application des cas d'exclusion. Un plan identique sera adopté pour la fente (cf. *infra* n° 150 et s.), afin de faciliter la comparaison entre les deux mécanismes.

• *La description générale du mécanisme*

136. Il convient de cerner le concept de représentation et ses conditions de mise en œuvre avant d'en présenter les effets.

– *Le concept de représentation et ses conditions de mise en œuvre*

137. On a dit que la représentation était étroitement liée à la notion de souche. Il est donc ici nécessaire que le *de cujus* ait eu plusieurs enfants ou plusieurs frères et sœurs et que l'un d'entre eux au moins ait eu lui-même un ou plusieurs descendants (car une souche prend naissance lorsque l'un au moins des descendants ou l'un au moins des frères et sœurs du *de cujus* a lui-même des descendants ; V. Cass. civ. 1re 25 sept. 2013 : n° 12-17.556).

Selon l'article 751 du Code civil, « *La représentation est une fiction juridique qui a pour effet d'appeler à la succession les représentants aux droits du représenté* ». C'est une technique successorale grâce à laquelle un ou des successibles descendants d'une même souche, en concours avec un ou des membres d'une autre souche, obtiennent, dans une succession, les droits qu'aurait eus leur ascendant prédécédé s'il avait été encore en vie ou qu'aurait eus leur ascendant indigne ou renonçant s'il avait pu ou voulu venir à la succession.

Le mécanisme de la représentation peut jouer plusieurs fois (sur plusieurs générations) pour une même succession.

Les exemples ci-après décrits, illustreront des cas de représentation d'un prédécédé (mais, il en va de même, depuis 2001, s'il s'agit de représenter un indigne et, depuis 2006, s'il s'agit de représenter un renonçant).

Ainsi, y aura-t-il représentation dans la situation suivante :

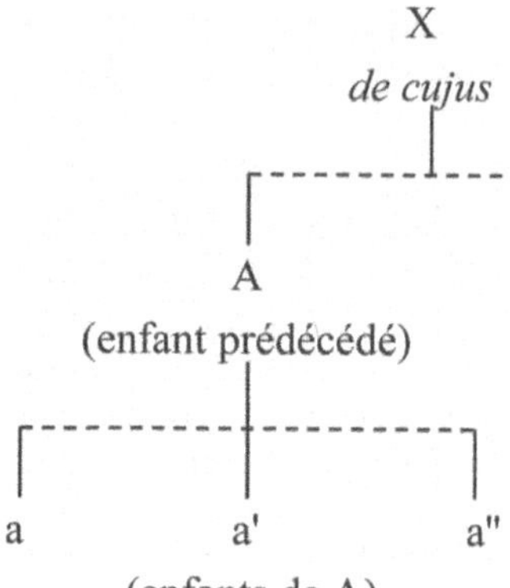

Le *de cujus* X laisse derrière lui deux souches, dans la mesure où l'un de ses enfants (A) a eu lui-même des descendants. Si A est déjà décédé lorsque meurt la personne dont on veut liquider la succession (ici X, le *de cujus*), ses propres enfants (ici, a, a' et a'') viendront à la succession du *de cujus*, par représentation. Ils viendront au même titre que B et ce, par représentation de A, alors que si la notion de souche n'avait pas été prise en compte, B, appartenant au même ordre que a, a' et a'', mais plus proche en degrés (B est descendant au premier degré par rapport à X, alors que a, a' et a'' sont descendants au deuxième degré) aurait dû évincer a, a' et a''.

138. On a recherché quelle pouvait être la **raison d'être** de ce mécanisme. On a avancé l'idée d'une présomption d'affection identique du *de cujus* envers chaque souche et, conséquemment, d'un égal devoir à l'égard de chacune d'elles. Mais cette justification n'est guère convaincante : on peut tout aussi bien penser que le défunt avait reporté une égale affection sur chacun de ses descendants du même degré suivant ou de quelque degré qu'il fût.

En réalité, l'explication de la règle semble essentiellement pragmatique : il s'agit d'un choix, plus ou moins arbitraire, du législateur, d'une méthode de calcul, parce qu'il faut bien trancher pour parvenir au partage.

139. Ce procédé de la représentation est assez original et déroge aux mécanismes traditionnels du **mandat** (des art. 1984 et s. C. civ.), notamment parce qu'il peut, au lieu de s'achever, commencer par la mort du mandant (*Rappr. infra* n° 420 et s. et 426 et s.) et parce qu'en cas d'indignité ou de renonciation, le pseudo-représentant peut obtenir ce que son prétendu mandant ne peut justement recevoir.

140. Le représentant, celui qui va venir à la succession par représentation, est toujours un **descendant**, quel que soit son degré de parenté par rapport au *de cujus*. La représentation joue aussi bien dans la famille biologique (dès lors que la filiation est juridiquement établie), que dans la famille adoptive (Cass. req. 10 nov. 1869 : D. 1870 I 239), ici qualifiée d'élective (cf. *supra* n° 94).

On l'a vu, pour qu'il puisse y avoir représentation, il est nécessaire que le *de cujus* ait eu **au moins deux enfants ou deux frères ou sœurs**.

Ainsi, lorsque le *de cujus* n'avait eu qu'un enfant, ici A, la représentation ne joue pas :

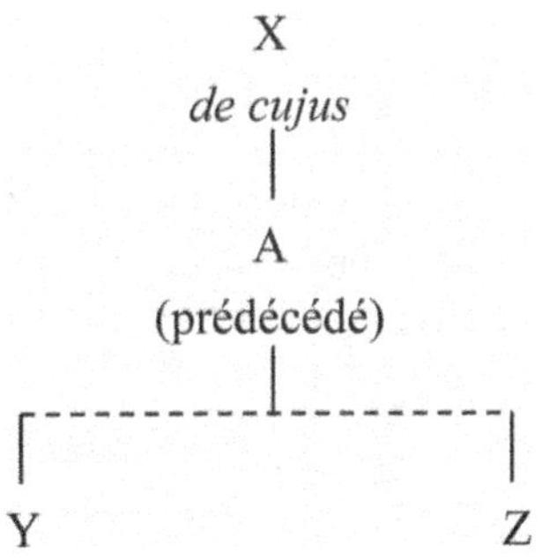

Y et Z viennent de leur propre chef à la succession de X, et non par représentation de A. À première vue, on ne comprend pas ce qui change, pour les héritiers, par rapport au schéma précédent (cf. *supra* n° 137). Pourtant, les intérêts en jeu ne sont pas négligeables : puisqu'il n'y pas de représentation, les héritiers Y et Z n'auront pas à rapporter à la succession (cf. *infra* n° 588 et s.) ce que le défunt avait éventuellement pu donner à A (art. 848 C. civ. ; V., p. ex., Cass. civ. 1re 25 sept. 2013 : n° 12-17.556) ; de plus, le calcul de la quotité disponible va être différent (cf. *infra* n° 141 et n° 579).

– Les effets de la représentation

141. Les effets de la représentation en cas d'**indignité** ont déjà été présentés (cf. *supra* n° 92). Ne sont donc ici décrits que les autres effets spécifiques.

— L'égalité par souche prime l'égalité par degré (chaque souche obtient la même chose, quel que soit le nombre d'héritiers au même degré dans chaque souche ; l'égalité entre héritiers de même degré ne joue donc qu'à l'intérieur de chacune des souches) :

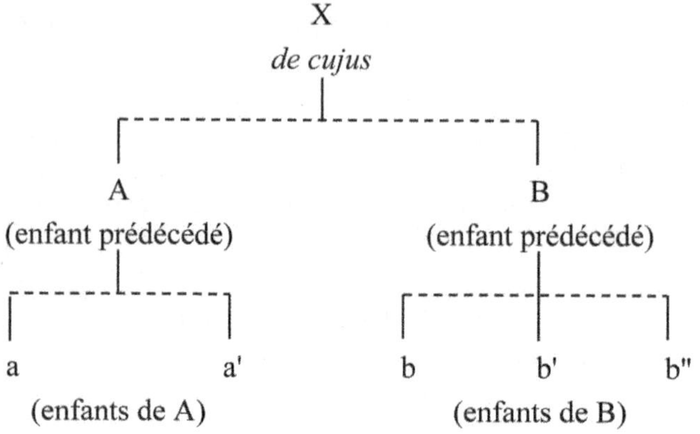

S'il n'y avait pas de représentation, les enfants de A et de B recevraient chacun 1/5 de la succession ; mais, avec la représentation, a et a' en obtiennent 1/4 et b, b' et b'' 1/6.

— L'égalité par souche prime le classement par degré (la priorité du degré ne joue qu'à l'intérieur de chaque souche) :

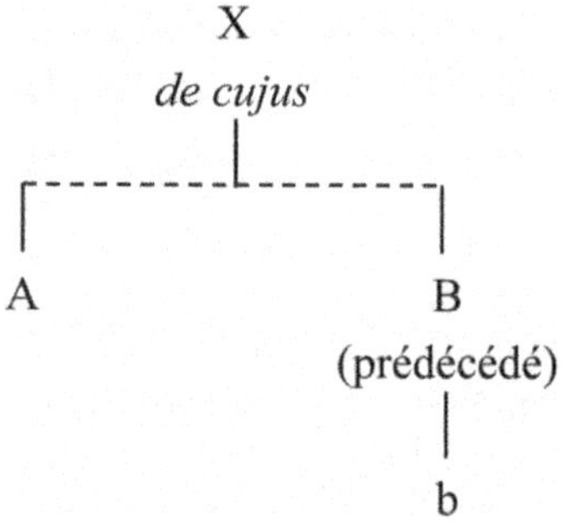

b, qui est au deuxième degré par rapport au *de cujus* X, va venir (par représentation de B), à la succession de X, en concours et à égalité avec A, alors que ce dernier est pourtant, lui, au premier degré par rapport au *de cujus*.

— On peut représenter celui à la succession duquel on avait précédemment renoncé (art. 754, al. 4, C. civ.) :

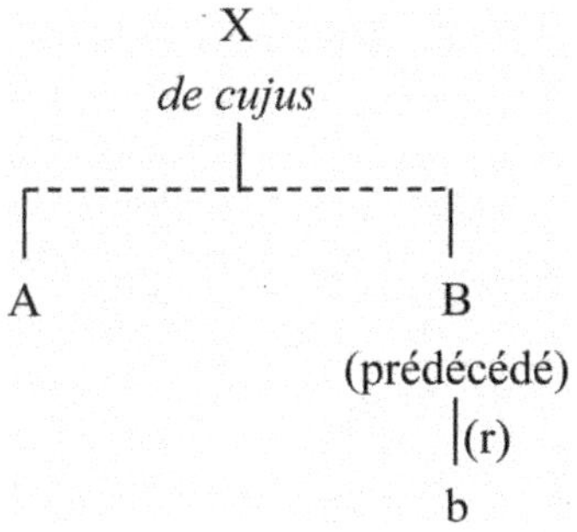

Supposons que b ait renoncé à la succession de B, lorsque celui-ci est mort, cette renonciation ne l'empêche nullement de venir à la succession de X (lorsque celui-ci décède à son tour) et ce, par représentation de B. Cette solution est logique puisqu'il s'agit de successions différentes.

— On tient compte de la mise en jeu de la représentation pour le calcul de la quotité disponible (afin de savoir si le défunt, en consentant des libéralités, n'a pas porté atteinte à la part incompressible qui doit revenir aux héritiers réservataires ; cf. *infra* n° 579) :

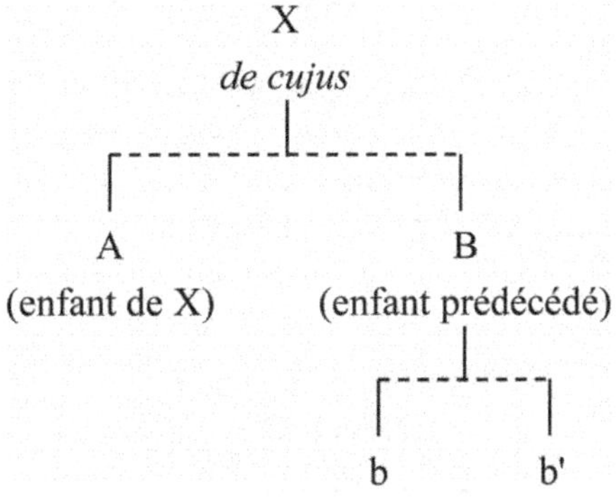

En présence de deux descendants, la quotité disponible est de 1/3 et d'1/4 en présence de trois descendants (cf. *infra* n° 579). Ici, puisqu'il y a représentation, on va considérer qu'il n'y a que deux (et non trois) descendants (A et B). La quotité était donc en l'espèce d'1/3.

142. Le **Droit fiscal** adopte le mécanisme de la représentation pour le calcul des abattements (art. 779 CGI) : ainsi, dans le dernier exemple, les abattements consentis au profit des descendants ne seront-ils pris en compte que deux fois, alors qu'il y a trois héritiers. En revanche, le Droit fiscal ne tenait pas compte de la représentation pour le calcul des droits à payer, droits qui sont d'autant plus importants que le lien de parenté est éloigné ; depuis 2009, il n'en est plus de même ; lorsqu'un neveu ou une nièce du défunt vient à la succession par représentation d'une sœur ou d'un frère (prédécédé, indigne ou renonçant) du *de cujus*, il ou elle bénéficie du taux d'imposition prévu pour les frères et sœurs du défunt (art. 777 CGI).

• ***Les cas d'application***

143. La représentation ne s'applique que dans l'ordre des descendants (a) et pour les collatéraux privilégiés (b).

- *Les descendants*

144. Pour les **descendants**, la représentation a lieu à l'infini en ligne directe (art. 752, al. 1er, C. civ.). Il en va ainsi en cas de prédécès du représenté, mais aussi en cas d'indignité (depuis 2001 ; cf. *supra* n° 92) ou de renonciation (depuis 2006 ; cf. *infra* n° 539 et s.).

- *Les collatéraux privilégiés*

145. En ce qui concerne les **collatéraux privilégiés**, l'article 752-2 du Code civil prévoit un mécanisme identique de représentation, à l'infini (même si ce n'est pas expressément dit), pour les descendants des frères et sœurs du *de cujus*.

Par exemple, si le *de cujus* laisse pour seuls héritiers, son frère Z, sa nièce y (enfant de sa sœur Y, prédécédée et qui, donc, "avait fait souche") et son arrière petit-neveu α (enfant d'une autre nièce du *de cujus* y') :

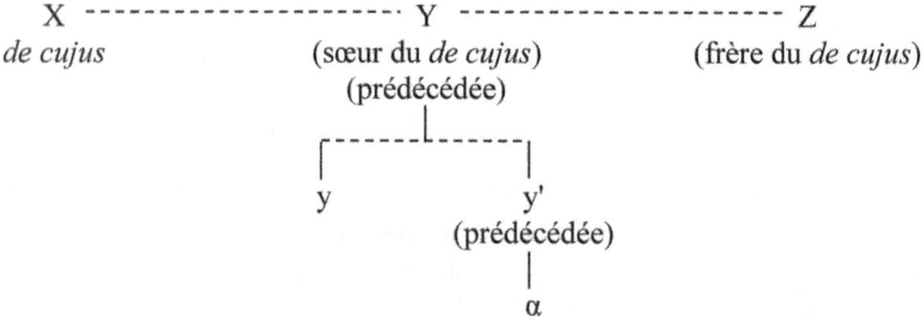

Z va venir normalement à la succession de son frère ; y va venir à la succession de son oncle par représentation de Y (prédécédée) et α vient à la succession de son grand-oncle par double représentation, de y' et de Y. On réalisera un partage par souche : Z reçoit 1/2, y et α chacun 1/4.

• ***Les cas d'exclusion***

146. Il faut soigneusement déterminer le ressort d'application du mécanisme de la représentation. L'on a dit qu'il s'agissait d'une technique de dévolution légale réservée aux descendants et aux collatéraux privilégiés. Il s'ensuit qu'il n'y aura pas représentation pour les dévolutions testamentaires, pour les collatéraux ordinaires, pour les ascendants.

– *Les legs*

147. ***« La représentation n'existe pas à l'égard des dispositions testamentaires »*** (Cass. civ. 2 juill. 1924 : DP 1926 II 102, S. 1924 I 348). Un testament est rédigé en faveur d'un légataire désigné ; la personnalité du légataire est déterminante dans l'acte de volonté du testateur. Il serait, dès lors, anormal qu'en cas de prédécès du légataire (ou d'ingratitude de sa part ou de refus du legs), l'héritier du légataire prédécédé (ou ingrat ou refusant le legs) puisse recevoir le legs à sa place, par représentation ; dans ces hypothèses, les biens et droits objets de la libéralité reviennent aux héritiers du *de cujus* et non à ceux du légataire, sauf stipulation contraire du testament (cf. *infra* n° 541 ; pour les testaments-partages, cf. *infra* n° 608).

– *Les collatéraux ordinaires*

148. L'exclusion des collatéraux ordinaires résulte d'une lecture *a contrario* de l'article 752-2 du Code civil. Si, par exemple, X, le *de cujus* dont on règle la succession, ne laisse à sa survivance que y (enfant de Y, tante paternelle du *de cujus*) et α (enfant de z, prédécédé, et petit-fils de Z, oncle paternel du *de cujus*) :

W	Y	Z
(père du *de cujus*)	(sœur de W)	(frère de W)
(prédécédé)	(prédécédée)	(prédécédé)
|	|	|
X	y	z
de cujus		(prédécédé)
		|
		α

La succession sera uniquement dévolue à y ; α n'obtiendra rien puisque la représentation ne joue pas et puisqu'il est, dans l'ordre des collatéraux ordinaires, plus éloigné, en degrés, du *de cujus* (α est au cinquième degré et y au quatrième degré). Il s'agit d'un choix du législateur tendant à limiter l'éparpillement des patrimoines familiaux.

– Les ascendants

149. L'article 752-1 du Code civil déclare que la représentation n'a pas lieu en faveur des ascendants (il n'y a pas de représentation "remontante"). Par exemple, si le *de cujus* X laisse uniquement à sa succession son grand-père maternel (a) et une arrière-grand-mère maternelle (β) :

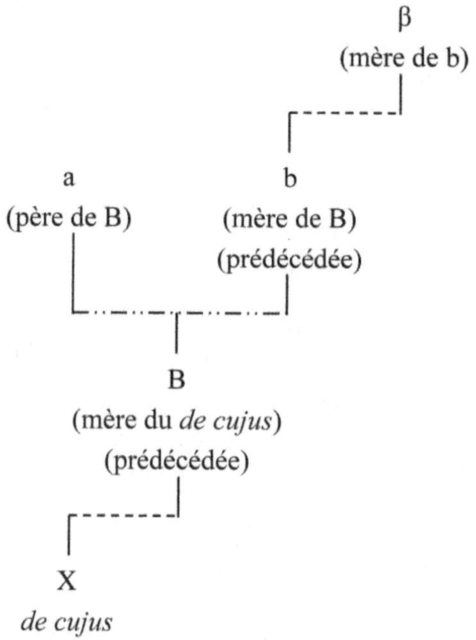

a obtiendra la totalité de la succession car, la représentation ne jouant pas, au sein des ascendants et dans la ligne (ou branche) maternelle (ici seule restante), il est plus proche en degrés du *de cujus* que β (a est au deuxième degré, alors que β est au troisième degré).

3. La fente

150. Afin de permettre plus aisément les comparaisons, on adoptera pour la fente un ordre identique à celui retenu pour la représentation, c'est-à-dire qu'après avoir procédé à une description générale, on présentera, successivement, des exemples d'application puis une liste de cas d'exclusion.

- ***La description générale du mécanisme***

151. On serait tenté de dire, dans une première approche, que la fente est un peu aux ascendants ce que la représentation est aux descendants. En réalité, les solutions sont, évidemment, plus complexes. On sait que la représentation ne joue pas seulement pour les descendants (cf. *supra* n° 143 et s.). Pareillement, la fente ne concerne pas uniquement les ascendants (cf. *infra* n° 154 et s.). Et, tandis que la représentation est liée à la notion de souche, la fente est rattachée à celle de ligne ou de branche (cf. *supra* n° 102).

152. Selon l'article 747 du Code civil, « *lorsque la succession est dévolue à des ascendants, elle se divise par moitié entre ceux de la branche paternelle et ceux de la branche maternelle* » ; et, selon l'article 749, « *lorsque la succession est dévolue à des collatéraux autres que les frères et sœurs ou leurs descendants, elle se divise par moitié entre ceux de la branche paternelle et ceux de la branche maternelle* ». Il s'agit donc d'un mécanisme qui conduit à scinder une succession en deux parts égales, lorsqu'elle est dévolue soit à des ascendants, soit à des collatéraux ordinaires, l'une revenant aux parents consanguins, l'autre aux parents utérins.

La fente divise donc une succession en deux. Mais le processus s'arrête là : alors que la représentation joue à l'infini, la fente ne joue qu'une fois ; on dit qu'il n'y a pas de "**refente**".

Le mécanisme de la fente va l'emporter, lui aussi, sur la règle du classement par degrés et sur celle de l'égalité des degrés. En revanche, en principe (sauf au profit du conjoint survivant, mais ce n'est pas une véritable exception puisque le conjoint ne constitue pas un ordre : cf. *supra* n° 133), le classement des ordres, des groupes de successibles, les uns par rapport aux autres, l'emporte sur le mécanisme de la fente (en principe la fente ne joue qu'à l'intérieur de chaque ordre).

153. Le **fondement** du mécanisme de la fente, comme celui de la représentation, ne doit probablement pas être recherché ailleurs que dans un choix technique du législateur.

• ***Les cas d'application***

154. Le mécanisme va s'appliquer aux ascendants (a) et aux collatéraux ordinaires (b). Il faut, en plus, évoquer deux situations particulières : celle issue de la présence d'un conjoint survivant (c) et celle liée à la qualité d'adopté simple du *de cujus* (d).

- *Les ascendants*

155. La fente va s'appliquer lorsque le *de cujus* laisse à sa succession des **ascendants** dans les deux lignes (ou branches). La ligne est fixée uniquement et une fois pour toutes au premier degré, c'est-à-dire au niveau des père et mère.

— Soit l'exemple le plus simple :

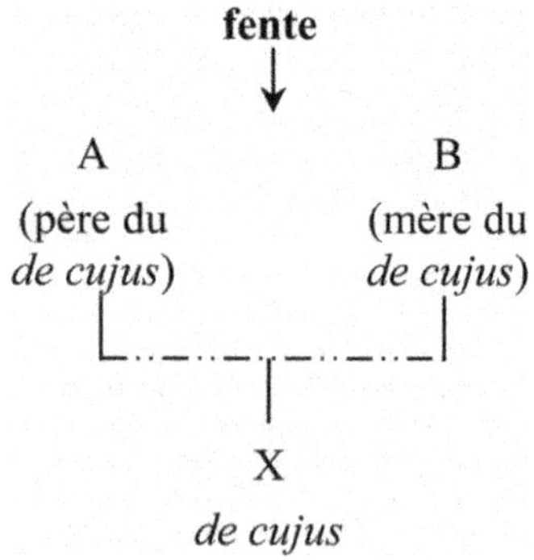

Dans cette hypothèse, où le défunt laisse à sa succession son père et sa mère, chacun reçoit la moitié de celle-ci.

— Si l'on prend une hypothèse un peu plus complexe :

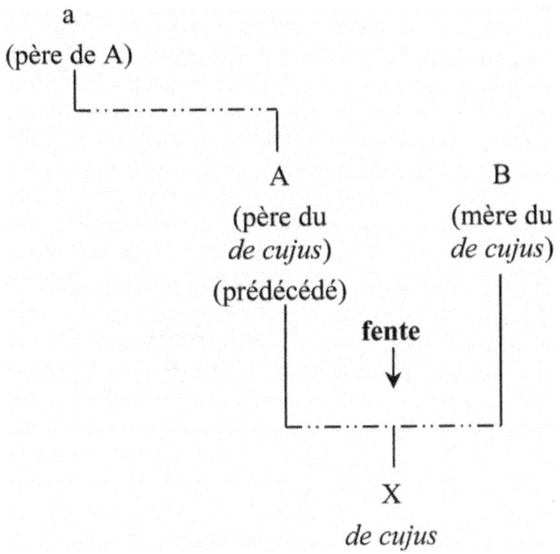

Le *de cujus* a pour successibles sa mère et son grand-père paternel. Chacun est dans une ligne différente. Dès lors, chacun va recevoir une moitié de la succession, bien que a soit au deuxième degré et B au premier degré par rapport au *de cujus*.

— Troisième exemple :

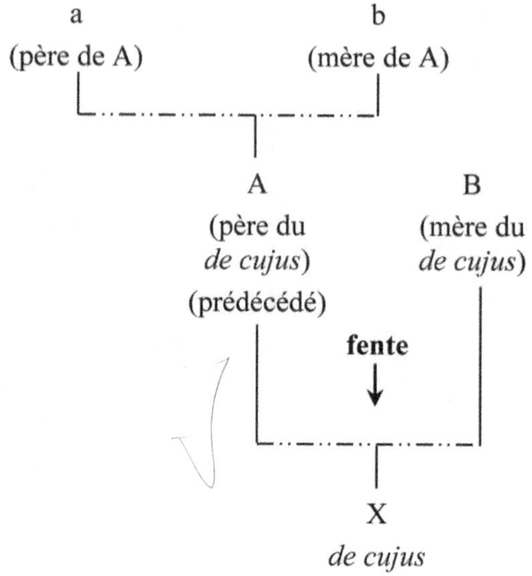

Le défunt laisse ici sa mère et ses grands-parents paternels. B reçoit 1/2 et a et b se partagent l'autre 1/2 (soit 1/4 chacun, car ils sont au même degré, et non par l'effet d'une refente).

— Si l'on suppose que le de cujus n'avait plus son grand-père paternel mais qu'il avait encore une arrière-grand-mère (β) dans la même ligne :

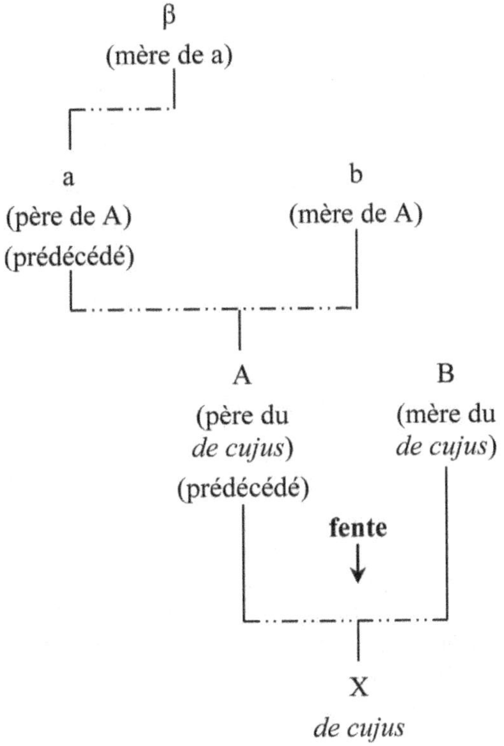

Dans la ligne maternelle, B est toujours présente et obtient 1/2 de la succession. Dans la ligne paternelle, se trouvent (au deuxième degré) b et (au troisième degré) β. Au sein de la ligne paternelle, le plus proche en degré va l'emporter : c'est b qui reçoit l'autre moitié de la succession (il n'y a pas de refente au sein d'une branche).

- Les collatéraux ordinaires

156. Lorsque le *de cujus* ne laisse à sa succession que des collatéraux ordinaires appartenant aux deux lignes, on partage en deux la succession, une moitié revenant à chaque ligne.

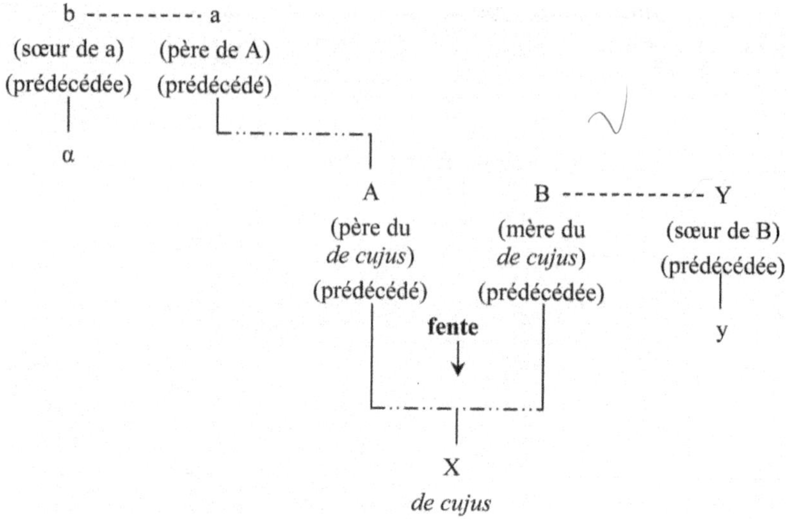

Ici, y est cousine de X au quatrième degré dans la ligne maternelle et α, cousin au cinquième degré dans la ligne paternelle. Pourtant, malgré la plus grande proximité de y en degrés, en application du mécanisme de la fente, y et α obtiennent chacun la moitié de la succession, puisqu'ils appartiennent à des lignes différentes. On voit que le mécanisme de la fente l'emporte sur la computation des degrés. On ne classe par degrés qu'à l'intérieur de chaque ligne.

— Il faut cependant prendre garde au décompte des degrés de successibilité. Ainsi, dans l'hypothèse suivante :

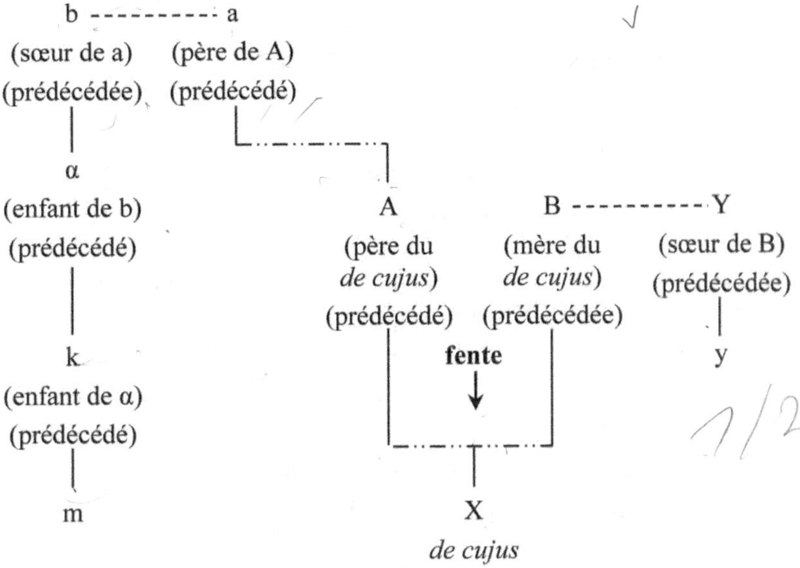

Sont successibles de X, une cousine y (fille de Y, tante maternelle du défunt) et un cousin éloigné m (dans la ligne paternelle de X) ; y est au quatrième degré ; m est au septième degré ; en application du mécanisme de la fente, y et m devraient obtenir chacun la moitié de la succession, puisqu'ils appartiennent à des lignes différentes. Mais la successibilité s'arrête, on l'a vu (cf. *supra* n° 101), au sixième degré : m n'aura rien, y obtiendra tout.

– La présence d'un conjoint survivant

157. Lorsque le *de cujus* laisse à son décès un conjoint survivant, en présence d'ascendants ou de collatéraux ordinaires, le mécanisme de la fente va trouver à s'appliquer de manière particulière. Depuis la loi du 3 décembre 1930, renforcée par celle n° 57-379 du 26 mars 1957 (cf. *infra* n° 177 et 206), au titre de l'article 757-1, alinéa 2, du Code civil, le conjoint survivant peut bénéficier de la défaillance d'une ligne.

— S'il le défunt a, comme successibles, ses deux ascendants privilégiés et son conjoint :

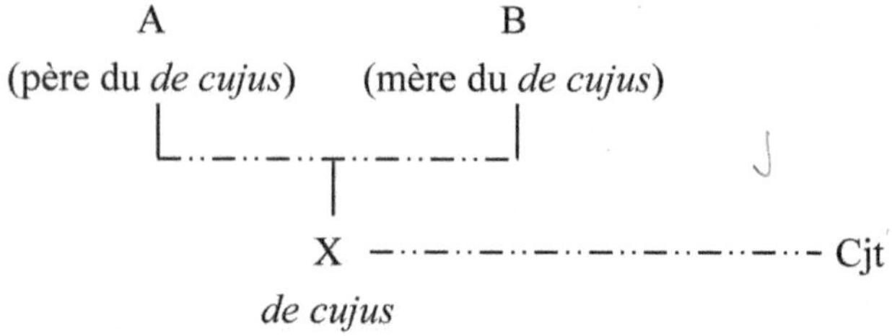

Dans ce cas, le conjoint reçoit la moitié de la succession et les deux ascendants se partagent l'autre moitié (1/4 chacun).

— Mais si l'un des ascendants privilégiés est prédécédé, « la part qui lui serait revenue échoit au conjoint survivant » :

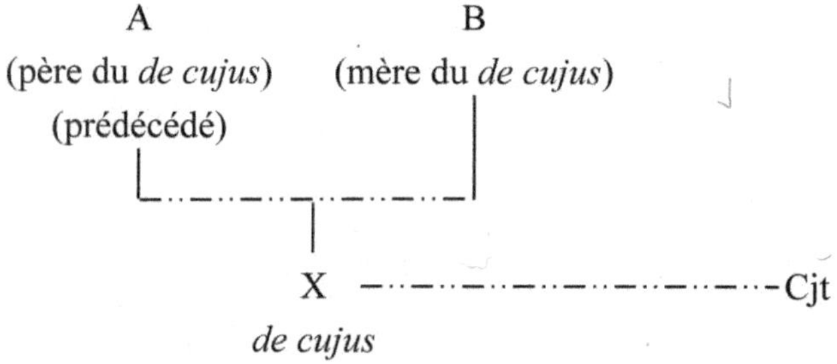

Cjt, le conjoint, obtient les trois quarts de la succession en pleine propriété parce qu'il profite de la défaillance de la ligne paternelle. Le quart restant revient à la ligne qui n'est pas défaillante (ici la ligne maternelle, représentée par B).

— Prenons un autre exemple :

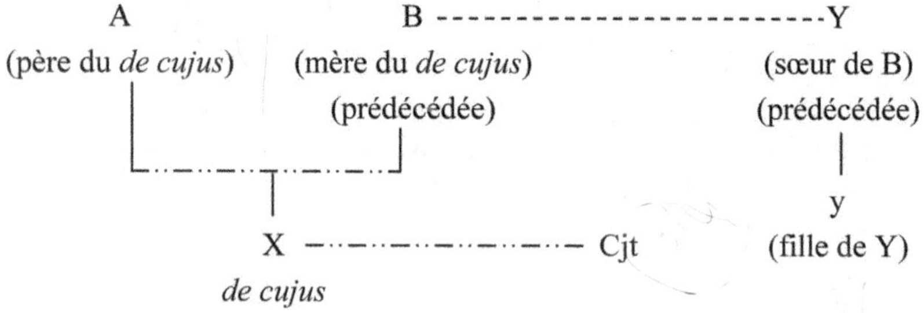

Sont successibles : Cjt, le conjoint survivant, A, le père de défunt, et y, une cousine (fille d'une tante maternelle du *de cujus*). Il y a des membres des deux lignes (A dans la ligne paternelle et y dans la ligne maternelle). Mais, depuis 1957, le conjoint survivant évince les collatéraux ordinaires. Or, y est un collatéral ordinaire. Cjt va primer y. Donc, ici encore, A obtiendra 1/4 de la succession et Cjt, le conjoint, en recevra les 3/4. On considère, en l'espèce, que la ligne maternelle est défaillante (par rapport au conjoint) dans la mesure où elle n'est plus représentée que par un collatéral ordinaire (et il n'y a pas de fente entre les ascendants privilégiés et l'ordre des collatéraux ordinaires).

– L'hypothèse particulière de l'adoption simple

158. On parle souvent, à son propos, de "**fente spéciale**". Il s'agit du cas où le défunt était un adopté simple et meurt sans descendance. Le mécanisme du retour des biens venus de la famille d'origine et de ceux venus de l'adoptant a déjà été évoqué et il avait alors été signalé qu'ensuite, le reste des biens du défunt adopté simple était partagé par moitié (cf. *supra* n° 94). En effet, les biens que le défunt avait pu obtenir d'une autre manière (et, principalement par ses propres acquisitions) reviennent pour une moitié à sa famille d'origine, pour l'autre moitié à sa famille adoptive (art. 368-1, al. 2, C. civ.). Il y a donc ici, en quelque sorte, possibilité d'une forme de "refente" (alors qu'en principe, l'on sait qu'elle est prohibée : cf. *supra* n° 152), puisqu'une fois que la fente spéciale de l'adoption simple aura joué, la fente normale (au sein de chaque famille et surtout de la famille par le sang) pourra éventuellement être mise en œuvre à son tour.

• Les cas d'exclusion

159. Trois hypothèses méritent d'être envisagées : pour rappel, celle des descendants, celle, désormais (depuis la réforme de 2001), des collatéraux privilégiés et, enfin, celle de l'ascendant dans une ligne en concours avec un collatéral ordinaire de l'autre ligne.

– Les descendants

160. La solution ici est dépourvue d'ambiguité : la fente ne trouve jamais à s'appliquer (cela n'aurait aucun sens) quand la succession est dévolue aux **descendants**, qu'ils soient de filiation biologique ou élective.

- Les collatéraux privilégiés

161. Lorsqu'une succession est dévolue uniquement à des **collatéraux privilégiés**, jusqu'à une époque assez récente, le mécanisme de la fente était applicable (la dévolution successorale au profit des collatéraux privilégiés obéissait donc, à la fois, au mécanisme de la fente et à celui de la représentation). Depuis 2001, l'article 749 du Code civil, écarte expressément les collatéraux privilégiés de la technique de la fente.

Dès lors, par exemple :

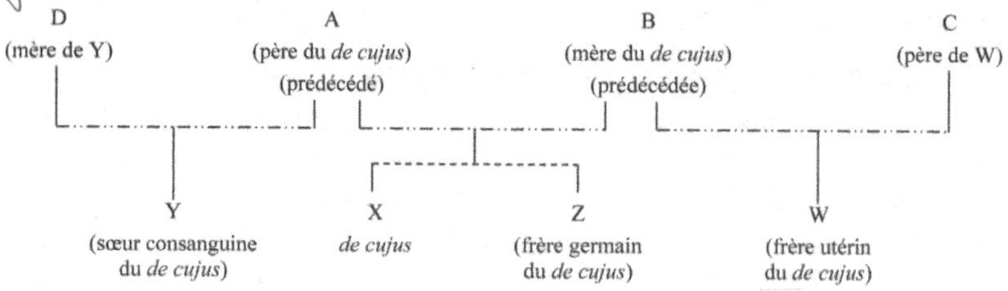

Soit un défunt laissant à sa succession : Z, son frère germain, W, un frère utérin (même mère : B) et Y, une sœur consanguine (même père : A). Avant 2001, le mécanisme de la fente s'appliquait : Z prenait dans les deux lignes et obtenait la moitié de la succession, Y et W, recevant respectivement 1/4. Depuis 2001, la fente ne joue plus : Y, Z et W obtiennent chacun 1/3 du patrimoine successoral (cf. également *infra* n° 207).

- Le cas de l'ascendant dans une ligne en concours avec un collatéral ordinaire dans l'autre

162. Depuis 1957, la fente ne s'applique plus en cas de **concours entre un ascendant dans une ligne et un collatéral ordinaire dans l'autre ligne**. Le mécanisme de la fente n'est mis en jeu qu'à

l'intérieur d'un ordre et non entre deux ordres différents. Ici, le classement se fait par ordre :

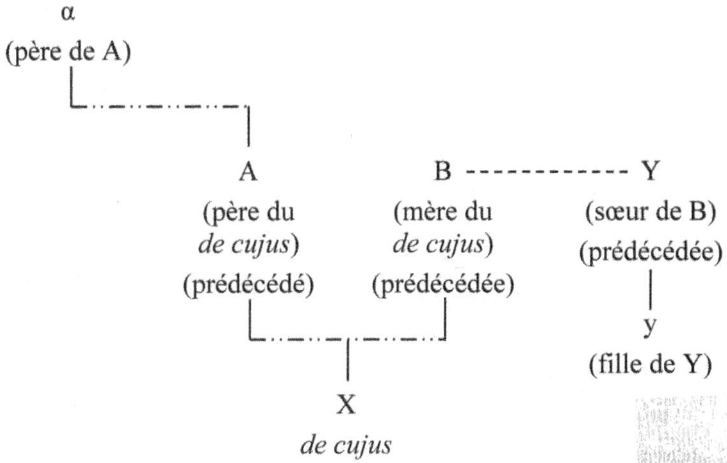

Sont ici successibles : α (grand-père paternel du défunt) et y (collatérale ordinaire dans la ligne maternelle). Comme on n'applique pas la fente, on retrouve le classement normal par ordres : les ascendants ordinaires priment les collatéraux ordinaires ; α obtient donc la totalité de la succession de X (un vieillard prime une jeune cousine...).

Ces différentes remarques montrent combien il est nécessaire, pour une meilleure compréhension, de présenter en détail le classement des successibles.

Chapitre 2
Les successibles

163. Les mécanismes principaux étant décrits, il est indispensable de présenter successivement la manière dont chacun des successibles peut, normalement, venir à la succession et ce, dans l'ordre de successibilité traditionnel : descendants (II), ascendants privilégiés et collatéraux privilégiés (III), ascendants ordinaires (IV), collatéraux ordinaires (V) et État (VI).

Le conjoint est membre de la famille en tant qu'allié et non en tant que parent. Il vient donc, en quelque sorte, "perturber" l'agencement de la dévolution au sein de la famille par le sang (ou sa fiction). Comme il détient, aujourd'hui, des droits concurrentiels avec les premiers parents successibles, il est nécessaire d'étudier ses droits en tout premier lieu (I).

Sont pour l'instant exclues les successions irrégulières, anormales, dites "anomales" (cf. *infra* n° 231 et s.).

I. Le conjoint survivant

164. Le conjoint survivant (ou "conjoint successible") n'est pas un "ordre" à lui tout seul (cf. *supra* n° 133). C'est **un allié** et non un parent (alors que dans certains pays son statut est assimilé à celui d'un descendant). L'article 731 du Code civil l'exprime fort bien lorsqu'il énonce, en séparant bien les deux situations, que « *la succession est dévolue par la loi aux parents et au conjoint successible du défunt...* ».

165. Malgré les avancées récentes, les droits du conjoint survivant sont encore, fréquemment, jugés insuffisants. Il ne faut pas cependant perdre de vue que les droits successoraux du conjoint peuvent être complétés par le bénéfice des droits venus des régimes matrimoniaux et des libéralités (quotité disponible élargie ; cf. *infra* n° 581) plus favorables.

166. Ceci étant, partout **en Europe** occidentale, les droits du conjoint s'accroissent et ce dernier parvient souvent à être

réservataire et à obtenir des droits successoraux en pleine propriété. Si la tendance générale est commune (cf. *supra* n° 15), une grande diversité règne encore au sein de l'Union européenne.

167. *De lege ferenda*, on peut augurer qu'en France, les prochaines **réformes** iront dans le sens d'une augmentation de la réserve du conjoint survivant qui vient de lui être (timidement) octroyée.

168. En France, les droits du conjoint survivant sont régis par les articles 756 et s. du Code civil. Vingt-quatre articles du Code leur sont consacrés, ce qui montre à la fois l'intérêt du législateur et son embarras dans l'organisation du mélange complexe de deux liens familiaux de nature différente.

169. Comme pour l'enfant né hors mariage, l'**histoire** des droits du conjoint survivant est celle d'une progression presque constante depuis le Code civil de 1804. C'est la loi n° 2001-1135 du 3 décembre 2001 qui a établi l'essentiel du Droit positif en la matière. La loi n° 2006-728 du 23 juin 2006 a peu modifié les droits du conjoint survivant. Un léger recul a pu être constaté (de nouveau, les libéralités reçues par le conjoint s'imputent sur sa part successorale : art. 758-6 C. civ.), mais, indirectement, sa part de réserve a été augmentée (cf. *supra* n° 133 et 165 et *infra* n° 580). Il faut distinguer l'étude des droits actuels du conjoint (A) de celle de leur liquidation (B).

A. Les droits actuels du conjoint survivant

170. Les droits successoraux du conjoint obéissent à un régime général dont il faut rappeler les grandes lignes (1). Au-delà, il est nécessaire de distinguer les situations suivantes : le concours avec des descendants (2), le concours avec des ascendants privilégiés (3), l'absence de descendants et d'ascendants privilégiés (4). De plus, le conjoint profite d'avantages spécifiques quant au logement (5) et d'un droit à aliments (6) ; il peut éventuellement bénéficier d'une créance de salaire différé (7) (cf. également *supra* n° 110).

1. Le régime général des droits successoraux du conjoint

171. Lorsqu'il vient à la succession (art. 756 et s. C. civ.), le conjoint survivant est un **successeur régulier** ; il succède à la personne du défunt : il dispose de la saisine ; il peut donc appréhender les biens successoraux, quelle que soit sa vocation successorale, donc même s'il n'obtient qu'un usufruit (Cass. civ. 1re 3 févr. 2004 : n° 02-19.077).

172. Le conjoint survivant hérite de l'actif comme du **passif**. Comme on l'a vu (cf. *supra* n° 108), il est redevable des dettes héréditaires à proportion de sa part successorale (sur la question des prestations compensatoires, cf. *supra* n° 109).

La règle s'impose aussi bien lorsqu'il obtient une pleine propriété que lorsqu'il succède en **usufruit**. Mais, dans ce dernier cas, le conjoint survivant est tenu, à proportion de sa vocation, des seuls **intérêts** de la dette successorale (*Arg.* art. 612 C. civ. ; Cass. civ. 1re 9 déc. 2003 : n° 99-17.576).

173. Il faut surtout se souvenir qu'en cas de **régime matrimonial** communautaire (et, principalement, en présence du régime matrimonial légal adopté par l'immense majorité des époux – art. 1400 et s. C. civ. – ; Cf. *supra* n° 96 et 165), le conjoint survivant, grâce à la liquidation matrimoniale qui précède la liquidation successorale, conserve ses biens propres, s'il en avait, et obtient la moitié des biens communs ; ce n'est que sur l'autre moitié de la communauté et sur les propres du prédécédé que se pose la question de ses droits successoraux. On ajoutera qu'il peut également bénéficier d'une réversion de la pension de retraite qui était versée au défunt.

174. En cas de **remariage**, le conjoint survivant conserve ses droits successoraux *ab intestat*. Le droit en usufruit est un droit réel, non un droit personnel ; ce n'est pas un droit de créance (comme le droit à aliments) ; il est donc maintenu même si le conjoint se remarie.

2. Le concours avec des descendants

175. Au titre de l'article 757, le conjoint survivant, en concours avec des enfants ou, plus généralement, des descendants du *de cujus*, a, en principe, la possibilité de choisir d'obtenir **soit la totalité** de la succession **en usufruit**, **soit le quart** de celle-ci **en pleine propriété**. Ces droits sont donc alternatifs. Les descendants, cohéritiers, peuvent inviter le conjoint à exercer son option. Faute de réponse dans un délai de trois mois, le conjoint est réputé avoir choisi l'usufruit (art. 758-3 C. civ.). Comme des auteurs ont pu l'écrire, la détermination de l'assiette de cet usufruit demeure sujet de controverses (peut-il porter sur les biens correspondant à la part de réserve des descendants et/ou sur des biens ayant fait l'objet d'un legs ?).

176. La loi a cependant prévu **un cas d'exception**, une hypothèse où le conjoint survivant n'a pas la licence de choisir la nature des

droits qui lui reviennent (art. 757, *in fine*, du Code civil). Il s'agit du cas où il y a en concours avec lui au moins un enfant du *de cujus* qui n'est pas issu du couple que le conjoint formait avec lui (enfant d'un premier lit, d'un premier mariage ou d'un précédent concubinage ou enfant adultérin né pendant le dernier mariage ; un problème demeure quant à savoir si l'on pourrait néanmoins considérer comme « *issu des deux époux* » l'enfant de l'un, adopté simple de l'autre).

Dans cette hypothèse, le conjoint n'a plus de choix : il reçoit un quart en pleine propriété. Cette solution peut éviter des conflits en ne permettant pas la survie de rapports juridiques entre des personnes susceptibles de ne pas s'entendre.

3. Le concours avec un ou des ascendants privilégiés

177. Nous sommes ici, par définition, en absence de descendants. Comme nous l'avons déjà vu (cf. *supra* n° 157), l'article 757-1 du Code civil distingue selon que les père et mère sont encore vivants ou que l'un d'entre eux est précédé.

— Si les deux ascendants privilégiés sont encore en vie, le conjoint survivant reçoit **la moitié en pleine propriété**. Les deux ascendants reçoivent l'autre moitié et se la partagent (1/4 chacun).

— Si un seul des ascendants privilégiés est survivant, le conjoint survivant bénéficie de la défaillance de la ligne paternelle. Il reçoit, en plus de sa part originelle, ce qu'aurait reçu le père du défunt s'il avait été encore en vie, soit 1/2 + 1/4. Il obtient donc **3/4 en pleine propriété**, l'ascendant encore vivant obtenant le quart restant.

Depuis 2006, les ascendants ne sont plus réservataires ; cette solution accroît encore les droits potentiels du conjoint survivant (mais les ascendants privilégiés bénéficient d'un droit de retour partiel pour les donations qu'ils avaient pu consentir au *de cujus* : cf. *infra* n° 237).

4. L'absence de descendants et d'ascendants privilégiés

178. S'il n'y a ni descendants, ni ascendants privilégiés, le conjoint survivant obtient **la totalité** de la succession **en pleine propriété** (art. 757-2 C. civ.). Il prime donc les ascendants ordinaires et les collatéraux privilégiés.

179. On a cependant voulu éviter que des biens familiaux (entendez : parentaux ou lignagers) puissent ainsi revenir au conjoint survivant, au détriment des frères et sœurs du défunt. C'est pourquoi, la loi de 2001 a introduit un tempérament à la règle.

L'article 757-3 du Code civil prévoit que, par dérogation, « *en cas de prédécès des père et mère, les biens que le défunt avait reçus de ses ascendants par succession ou donation et qui se retrouvent en nature dans la succession sont, en l'absence de descendants, dévolus pour moitié aux frères et sœurs du défunt ou à leurs descendants, eux-mêmes descendants du ou des parents prédécédés à l'origine de la transmission* » (cf. *infra* n° 236). Alors que l'on disait ce mécanisme anormal et en voie d'extinction, on a donc créé, au profit des collatéraux privilégiés, un nouveau **cas de retour légal** (originalité rééditée en 2006 avec la suppression de la réserve des ascendants : cf. *infra* n° 237), une hypothèse de succession anomale et un cas de distribution successive tenant compte de l'origine des biens, malgré les principes sus-évoqués, notamment celui de l'unité de la succession (cf. *supra* n° 118 et 120).

5. Le logement

180. Il reste aujourd'hui des occurrences où le conjoint survivant peut perdre la jouissance de son **cadre de vie habituel**. Lorsque le logement du couple appartenait au défunt, celui-ci peut en avoir évincé le conjoint survivant en en ayant légué la propriété à un tiers (Cass. civ. 1re 22 oct. 1974 : n° 73-12.402).

Mais, nombreuses sont les dispositions qui tendent à éviter que le conjoint survivant se trouve privé du logement qu'il occupait avec le défunt.

181. On peut citer les mesures suivantes :

— Le conjoint peut bénéficier du mécanisme de l'**attribution préférentielle** (cf. *supra* n° 95, 127 et 174 et *infra* n° 611 et s.) : au titre des articles 831-2 et 831-3 du Code civil, le conjoint survivant peut demander que lui soit attribué (comme en cas de divorce) préférentiellement la propriété ou le droit au bail du local lui servant effectivement d'habitation, s'il y avait sa résidence à l'époque du décès (mais le droit à attribution préférentielle est inapplicable pour des concubins : Cass. civ. 1re 9 déc. 2003 : n° 02-12.884, en l'espèce à l'occasion d'une séparation et non d'un décès).

— Par ailleurs, le Code civil (art. 821-1 et 822) accorde au conjoint survivant, s'il résidait dans les lieux à l'époque du décès, le droit de demander le **maintien de l'indivision** pour la propriété du local d'habitation dans lequel il vivait jusque-là.

— Si le conjoint s'y oppose, le juge ne peut pas ordonner la **conversion en rente de l'usufruit** du logement que le conjoint occupe à titre de résidence principale (art. 760, al. 3, C. civ.).

— L'article 763 du Code civil prévoit que le conjoint survivant qui occupe encore, à titre d'habitation principale, un logement relevant de la succession, dispose, de plein droit, d'un **droit de jouissance gratuite** de ce logement et des meubles le garnissant pendant une année.

— Les articles 764 et s. du Code civil permettent à l'époux survivant de demander, dans le délai d'un an à partir du décès, l'obtention d'un **droit d'habitation sur le logement** qu'il occupait effectivement (il ne saurait s'agir d'un bien occupé par sa fille : Cass. civ. 1re n° 12-21.569) lors du décès de son conjoint en tant qu'habitation principale (ainsi qu'un **droit d'usage** sur les meubles garnissant le logement). Toutefois, le conjoint perd cette prérogative, si le défunt avait exprimé une volonté contraire dans un testament (qui doit alors avoir pris la forme authentique).

— En complément des droits déjà évoqués, le conjoint survivant dispose, au titre de la **législation sur les baux** (et non à titre successoral), d'un droit exclusif sur le bail du local à usage d'habitation, dont les époux étaient, jusque-là, cotitulaires (art. 1751, al. 3, C. civ. ; Cf. *supra* n° 95). Or, ces baux, même conclus avant le mariage, sont censés « *appartenir à l'un et à l'autre des époux* », quel que soit leur régime matrimonial et ce, nonobstant toute clause contraire (art. 1751, al. 1er, C. civ.). Cette disposition est complétée par le contenu de l'article 14 de la loi n° 89-462 du 6 juillet 1989 relative aux baux à usage d'habitation qui prévoit une possible continuation du contrat de location au profit du conjoint survivant lorsque l'article 1751 du Code civil n'est pas applicable, c'est-à-dire lorsque qu'il n'y avait pas de cotitularité du contrat (et ce, même s'il n'habitait pas dans les lieux ; mais encore faut-il qu'il le demande : le bailleur ne peut lui imposer le transfert du bail : Cass. civ. 3e 10 avr. 2013 : n° 12-13.225).

— Depuis la loi de 2006, le **partenaire** (PaCS) survivant a le même droit de jouissance d'un an sur le logement commun que celui dont bénéficie le conjoint (art. 515-6, al. 3), il peut bénéficier d'une attribution préférentielle si un testament du partenaire défunt l'a prévu (art. 515-6, al. 2) et (comme le concubin notoire) des avantages de l'article 14 de la loi précitée, sur les baux à usage d'habitation, du 6 juillet 1989 (cf. *supra* n° 95 et 128). Depuis, la loi n° 2014-366 du 24 mars 2014, le partenaire survivant peut également profiter des dispositions de l'article 1751 du Code civil.

6. Le droit à aliments

182. Le **droit à l'obtention d'aliments** n'est pas un droit successoral et c'est un droit personnel. Dès lors, le conjoint survivant peut parfaitement (au moins en théorie) cumuler des droits successoraux et des aliments. Il ne s'agit pas ici de droits alternatifs. Ce droit alimentaire est, en quelque sorte, une prolongation artificielle du devoir de secours qui incombait au défunt. Ce droit, introduit dans notre législation en 1891, est actuellement visé par l'article 767 du Code civil. Il ne concerne que l'hypothèse où le conjoint survivant est dans le besoin.

C'est la succession elle-même qui doit les aliments et non la personne des héritiers. C'est le défunt (son patrimoine) qui est censé être le débiteur (Cass. civ. 1re 9 mars 1994 : n° 91-21.021). Cela signifie que, quelles que soient les ressources et la fortune personnelle de chaque héritier, le conjoint n'obtiendra rien si la succession est vide ou obérée. Ici, le défunt ne peut exhéréder le conjoint de son droit à aliments, puisqu'il ne s'agit pas d'un droit successoral, mais il peut laisser un patrimoine vide...

7. Le salaire différé

183. La technique a déjà été évoquée à propos du passif successoral (cf. *supra* n° 110). L'article 14 de la loi n° 89-1008 du 31 décembre 1989 a prévu que le conjoint survivant du chef d'une entreprise artisanale ou commerciale, qui peut justifier d'avoir participé directement et effectivement à l'activité de l'entreprise pendant au moins dix ans, sans être rémunéré, dispose d'une créance d'un montant égal à trois fois le SMiC annuel en vigueur au jour du décès et ce, dans la limite maximum de 25 % de l'actif successoral. Pour la liquidation des droits de succession, cette créance s'ajoute à la part successorale du conjoint. Une solution de même ordre existe s'il s'agit d'une exploitation agricole (art. L. 321-21-1 C. rur.).

B. La liquidation des droits en usufruit et en pleine propriété du conjoint survivant

184. On doit d'abord rappeler que, depuis 2006 et comme avant 2001, les libéralités reçues consenties par le *de cujus* au conjoint s'imputent sur sa part successorale (art. 758-6 ; cf. *infra* n° 194).

Accorder des droits en pleine propriété ou en usufruit est une chose. En réaliser l'exercice effectif en est une autre. La question se pose ainsi de savoir sur quels biens le droit va porter. Si le droit ne comporte qu'une quote-part, il faut également savoir comment évaluer le patrimoine concerné. Le plus simple, ici, est encore de distinguer selon que les droits sont octroyés en usufruit (1) ou en pleine propriété (2).

1. L'usufruit

185. Depuis la réforme de 2001, l'usufruit du conjoint survivant ne pouvant être que de la totalité. Il est nécessaire de savoir sur quoi porte cet usufruit et de comprendre les modalités de son éventuelle conversion en rente ou en capital.

- ***L'objet de l'usufruit***

186. L'article 757 du Code civil précise que l'usufruit doit porter sur des **biens existants**. Il est logique de considérer que les biens ayant fait l'objet de libéralités sont exclus. Il ne tient donc qu'au défunt de faire en sorte que sa succession soit "vide" pour que le conjoint survivant voie son droit d'usufruit annihilé.

- ***La conversion de l'usufruit***

187. Le plus souvent, il va s'agir d'une conversion en **rente viagère** (art. 759 et s. C. civ.). Elle peut être demandée par l'un des héritiers nus-propriétaires ou par le conjoint lui-même.

Le juge n'intervient qu'à défaut d'accord entre le conjoint et les autres héritiers (art. 760 C. civ.). La conversion peut être demandée jusqu'au partage définitif. L'usufruit n'étant plus exercé en nature, il faut ici calculer son montant probable (et ce que l'on va verser annuellement), compte tenu de l'espérance de vie de son titulaire.

188. On doit se garder de confondre la rente viagère, versée en conversion de l'usufruit, et la pension alimentaire, éventuellement accordée au titre des aliments (cf. *supra* n° 182). Cependant, la **nature juridique** de la rente reste, parfois, assez ambiguë. Avec la conversion, un droit successoral réel d'usufruit se métamorphose en droit personnel de créance. Cette transformation réduit la distance qui le sépare du droit à aliments du conjoint dans le dénuement.

189. Jusque-là refusée (Cass. civ. 1re 20 nov. 2001 : n° 00-10.136), l'article 761 du Code civil, depuis 2001, prévoit désormais également une possibilité de **conversion en capital**, « *par accord entre les héritiers et le conjoint* ».

2. Les droits en pleine propriété

190. Lorsque l'on obtient une quote-part d'une succession, il faut savoir comment calculer la valeur de celle-ci, par rapport à celle de la succession. Pour ce faire, il est nécessaire de fixer une masse de calcul (afin de savoir à partir de la valeur de quels biens, ayant appartenu au défunt, l'on calcule). Puis, ensuite, il faut tenir compte des biens effectivement présents pour savoir, en pratique, sur quoi va s'imputer la quote-part qui est octroyée (masse de liquidation, souvent encore appelée "masse d'exercice").

• ***La masse de calcul***

191. Selon l'article 758-5 du Code civil, la quote-part du conjoint doit être déterminée à partir de la valeur d'une **masse de calcul** composée des biens du *de cujus* existant à son décès, à laquelle on ajoute la valeur des biens donnés ou légués par le défunt à ses successibles, à condition qu'il s'agisse de libéralités rapportables (cf. *infra* n° 591).

Sont exclus de la masse de calcul les biens qui font l'objet d'un droit de retour conventionnel (cf. *infra* n° 238 et 449) ou d'un droit de retour légal (Cass. civ. 22 juill. 1903 : DP 1904 I 33, Concl. BAUDOUIN, note M. PLANIOL, S. 1905 I 177, note A. WAHL ; successions dites "anomales" ; cf. *supra* n° 94, 120, 177 et 179 et *infra* n° 235 et s.).

Une fois que l'on dispose de la valeur globale des biens entrant dans la masse de calcul, il suffit de lui appliquer la quote-part prévue par la loi (1/4) pour obtenir la valeur théorique des droits en pleine propriété du conjoint.

• ***La masse de liquidation***

192. L'article 758-5, alinéa 2, du Code civil précise que le conjoint ne pourra effectivement s'approprier au titre de ses droits successoraux en pleine propriété que les biens dont le *de cujus* n'aura pas disposé et ce « *sans préjudicier aux droits de réserve ni aux droits de retour* ». La **masse de liquidation** est donc constituée de l'ensemble des biens sur lesquels va effectivement porter le droit de propriété. La masse de liquidation est plus restreinte que la masse de calcul. Pour obtenir la masse de liquidation, on part de la masse de calcul ; on en retranche les biens qui étaient soumis au rapport (en effet, ce rapport n'était qu'une fiction ; il s'est fait en valeur ; les biens concernés ne sont pas physiquement revenus dans le patrimoine du défunt ; ils ne peuvent donc faire l'objet d'un droit au profit du conjoint). Plus généralement, le texte (art. 758-5, al. 2, C. civ.) indique que le

conjoint ne pourra exercer son droit sur les biens dont le *de cujus* aura disposé par acte entre vifs ou par testament (le conjoint survivant n'est réservataire qu'à défaut de descendants et d'ascendants ; cf. *infra* n° 580). On doit enfin retirer les biens qui vont revenir aux héritiers réservataires au titre de la réserve. En définitive, les droits en pleine propriété du conjoint survivant vont s'appliquer sur les biens que le *de cujus* a laissés, au titre de sa succession normale, amputés des biens affectés à la réserve héréditaire.

193. Les droits du conjoint ne peuvent donc dépasser une **double limite** : la limite, en valeur théorique, correspondant à la fraction légale de la masse de calcul et la limite, en montant effectif, établie en fonction du contenu de la masse de liquidation. Ainsi, si la masse de liquidation est plus faible que la valeur des droits (préalablement établie d'après la masse de calcul), le conjoint n'obtient qu'une part réduite, plafonnée à la valeur de la masse de liquidation. Supposons une masse de calcul de valeur 1 000 ; sachant que son droit est d'¼, le conjoint aura droit à une valeur 250. Mais si la masse de liquidation ne vaut que 150 (une fois ôtée la part de la réserve et les libéralités), son droit effectif ne sera que de 150 et non de 250.

194. Pendant une brève période (à partir de 2001), on a permis le cumul des droits successoraux du conjoint avec des libéralités à lui consenties. Comme il a été dit (cf. *supra* n° 184), l'article 758-6 du Code civil réimpose désormais (depuis la réforme de 2006) l'**imputation des libéralités** reçues du défunt sur les droits successoraux du conjoint. Il ne peut donc recevoir par libéralités plus que sa part successorale ni plus que la quotité disponible spéciale de l'article 1094-1 (cf. *infra* n° 581).

II. Les descendants

195. Les descendants constituent le premier "ordre" successoral (et ce, sans distinction de sexe, ni de primogéniture, et même s'ils sont issus d'unions différentes, selon la lettre de l'article 735 C. civ.). Les descendants sont donc les successibles qui viennent en première place. Il s'agit, en plus, d'héritiers réservataires (cf. *infra* n° 579). Mais, si les descendants priment tous les autres ordres, ils n'excluent pas totalement le conjoint survivant (qui va recevoir, en

leur présence, la totalité en usufruit ou ¼ en pleine propriété ; art. 757 C. civ. ; Cf. *supra* n° 175).

196. Parmi les descendants, s'il n'y a qu'une souche, le plus proche en degré hérite et, s'il y a plusieurs descendants au même degré, on partage par tête. S'il y a plusieurs souches, on applique le mécanisme de la représentation (au sein de chaque souche, le plus proche en degré hérite et, s'il y a plusieurs descendants au même degré, l'on partage par tête ; cf. *supra* n° 134 et s.).

Mais les successibles ici visés peuvent être de parenté biologique (issus d'un mariage ou nés hors mariage), par le sang ou par les gènes (ou considérée comme telle) (B), ou de parenté élective (adoption), par fiction juridique ou par artifice (A).

A. La filiation élective

197. La réforme du Droit de l'**adoption** par la loi n° 2005-744 du 4 juillet 2005 a principalement modifié le Code de l'action sociale et des familles ; ce sont surtout les adoptions internationales qui posent problème (la majorité des 5 000 enfants adoptés en France chaque année est d'origine étrangère). Le Droit civil, en la matière, lui, est relativement stable (art. 43 et s. C. civ.).

198. En cas d'**adoption plénière**, l'enfant adoptif est dans la même situation qu'un enfant biologique, même si le jugement d'adoption est prononcé après le décès de l'adoptant (Cass. civ. 14 juin 1932 : DP 1932 I 173, note H. LALOU). Si le défunt avait déjà déposé sa requête, la procédure ainsi entamée peut se poursuivre (Cass. civ. 1re 3 févr. 1981 : n° 79-10.923). Mais surtout, l'article 353, alinéa 3, du Code civil prévoit que si l'adoptant décède après avoir recueilli l'enfant en vue d'une adoption plénière, la requête en adoption peut être présentée par le conjoint ou l'héritier du décédé. Enfin, l'article 355 du Code civil dispose : « *L'adoption produit ses effets à compter du jour du dépôt de la requête en adoption* ». *Mutatis mutandis*, cette solution, par sa rétroactivité, est un peu à la filiation adoptive, ce que la règle dite de l'"*infans conceptus*" (cf. *supra* n° 79) est à la filiation par le sang. En cas d'adoption plénière, l'adopté n'hérite que de sa famille adoptive, puisque tout lien est rompu avec sa famille d'origine : sa nouvelle filiation se substitue à l'ancienne (art. 356 C. civ. ; sur le cas particulier de l'adoption de l'enfant du conjoint, V. art. 356, al. 2).

199. En cas d'**adoption simple**, l'adopté va, lui aussi, entrer dans la famille de l'adoptant, ainsi, aujourd'hui, que tous ses descendants

(art. 368 C. civ.). Les articles 353 et 355 (cf. *supra* n° 197) sont également applicables (art. 361 C. civ.). En revanche, avec l'adoption simple, l'adopté (art. 364, al. 1er et 368, al. 1er, C. civ.) hérite de ses deux familles : d'origine et adoptive (toutefois, il n'est pas réservataire à l'égard des ascendants de l'adoptant, qui peuvent donc l'exhéréder de leur propre succession : art. 368, al. 2, C. civ. ; Cf. *supra* n° 94). Plusieurs remarques doivent être faites :

— Le **Droit fiscal**, en principe, pour éviter les fraudes, ne tient pas compte des adoptions simples (art. 786 CGI, sauf si l'adopté a reçu de l'adoptant des secours pendant au moins cinq ans durant sa minorité ou dix ans durant sa minorité et sa majorité, sans qu'une prise en charge exclusive soit exigée : Cass. com. 6 mai 2014 : n° 12-21.835 ; les dispositions de l'article 786 ne sont pas inconstitutionnelles : Cons. const. 28 janvier 2014 : n° 2013-361 QPC) ;

— On ne peut être adopté simplement qu'une seule fois (pas d'adoption par plusieurs personnes, sauf deux époux ; pour une demande refusée d'adoption simple par la deuxième épouse du père d'un enfant déjà adopté par le deuxième mari de sa mère, V. Cass. civ. 1re 12 janv. 2011 : n° 09-16.527) ;

— On ne peut détourner la finalité de l'adoption simple qui est celle de consacrer un rapport filial (refus de l'adoption simple d'une concubine homosexuelle : Cass. civ. 1re 4 mai 2011 : n° 10-13.996) ;

— On ne peut adopter l'enfant mineur d'une concubine homosexuelle (Cass. civ. 1re 9 mars 2011 : n° 10-10.385 ; sur la constitutionnalité de l'art. 365 C. civ. qui réserve l'autorité parentale au « *conjoint* » de l'adoptant, V. Cons. const. 6 oct. 2010 : n° 2010-39 QPC ; sur la conformité de cette disposition à la Convention européenne des droits de l'homme, V. CEDH 15 mars 2012 : n° 25951/07).

B. La filiation biologique

200. Nous parlons ici de "filiation biologique", mais en réalité, c'est l'expression de "filiation juridiquement biologique" qu'il faudrait utiliser, car il va sans dire qu'il peut s'agir d'une fiction (enfant conçu par un autre que le père "officiel" de l'enfant). S'il a toujours été évident que les enfants nés dans le mariage devaient être des successibles, il n'en a pas été de même pour les enfants nés hors mariage (autrefois appelés "naturels"). Aujourd'hui, le principe est celui de l'égalité de statut quelle que soit l'origine de la naissance de l'enfant (dans le mariage, hors mariage, né d'un

adultère...). Cette solution est relativement récente et n'a été obtenue que peu à peu.

201. Au fil du temps, le sort successoral des enfants nés hors mariage s'est peu à peu amélioré. C'est la **loi** n° 72-3 du **3 janvier 1972** qui a profondément modifié le Droit français en posant le principe selon lequel l'enfant naturel a, en général, dans les successions, les mêmes droits qu'un enfant légitime. La **loi** n° 2001-1135 du **3 décembre 2001** a abrogé les dispositions discriminatoires qui demeuraient à l'encontre des adultérins (mais des héritiers peuvent décider, d'un commun accord, de continuer à les appliquer entre eux, l'enfant né hors mariage pouvant renoncer à son dû : Cass. civ. 1re 20 nov. 2013 : n° 12-23.118).

Aujourd'hui le Code civil (art. 733) n'utilise plus les adjectifs "naturel" et "légitime" en matière de filiation ; il ne parle plus de légitimation et se contente de séparer la filiation paternelle et la filiation maternelle.

Le statut des enfants nés hors mariage garde cependant encore quelques traces de l'ancien ostracisme.

202. En cas de **procréation médicalement assistée**, aucune filiation ne peut être établie entre les "donneurs" (de gamètes, d'ovocytes, d'embryons...) et les enfants nés de ces techniques (art. 311-19 C. civ. ; Cf. *supra* n° 202). Par ailleurs, la procréation *post mortem* (avec utilisation de sperme congelé ou implantation d'embryon congelé) demeure prohibée (loi n° 2011-814 du 7 juill. 2011), ainsi que les conventions de gestation pour autrui (cf. *infra* n° 281).

203. En matière d'**établissement de la filiation**, la dernière réforme date de l'ordonnance n° 2005-759 du 4 juillet 2005. Il est aisé de prouver la filiation d'un enfant né ou conçu de parents mariés (art. 3111 et 312 C. civ.).

L'enfant né hors mariage, lorsque sa filiation n'est pas prouvée, n'a évidemment pas droit à succession. Or, la filiation hors mariage reste plus délicate à établir, même si la situation s'est améliorée depuis qu'une loi de 1982 a permis que l'on ait recours à la possession d'état, dont la définition a été améliorée par l'ordonnance de 2005 (art. 310-3 et surtout 311-1 C. civ., développant le triptyque : *nomen, tractatus, fama*).

Pour la **recherche de paternité** (art. 327 C. civ.), tout indice peut-être utilisé (les analyses génétiques ayant apporté un grand progrès en ce domaine, même si, depuis la loi n° 2004-800 du 6 août 2004 (art. 16-11, al. 2, *in fine*, C. civ.), « *sauf accord exprès de la personne manifesté de son vivant, aucune identification par empreintes génétiques ne peut être réalisée après sa mort* », disposition conforme à la constitution : Cons. const. 30 sept. 2011 : n° 2011-173 QPC).

Pour la **recherche de maternité** (art. 325 C. civ.), en France, un individu est l'enfant de la femme dont il est accouché ; c'est l'accouchement qui fait la maternité et non les gènes (art. 325, al. 2, C. civ.). En principe, la filiation maternelle est établie par la désignation du nom de sa mère dans l'acte de naissance. L'article 326 du Code civil réserve cependant l'hypothèse de l'accouchement "sous X" (50 000 enfants par an environ), qui ne peut plus, néanmoins, faire obstacle à une action en recherche (la procédure d'accouchement avec préservation du secret de l'identité, prévue par les art. L. 147-6 et L. 222-6 CASF, est conforme à la constitution : Cons. const. 16 mai 2012 : n° 2012-248 QPC).

204. Il reste le cas des enfants nés de relations incestueuses. En cas de **filiation incestueuse** correspondant à un inceste absolu, c'est-à-dire à une hypothèse où le mariage entre les parents serait impossible même avec dispense accordée par le Président de la République (art. 161 et s. C. civ.), la filiation ne peut être établie qu'à l'égard d'un seul des deux parents. Si elle est déjà établie à l'égard de l'un d'eux, il est interdit de tenter de l'établir à l'égard de l'autre (art. 310-2 C. civ.). Dans ces circonstances, l'enfant né d'un inceste ne bénéficie que d'une succession et non de deux.

III. Les ascendants privilégiés et les collatéraux privilégiés

205. Ils constituent le deuxième "ordre". Ils viennent à la succession à défaut de descendants (art. 734, 2° C. civ.) et en l'absence de conjoint successible. La présence d'un conjoint survivant modifie en effet les droits des ascendants privilégiés (cf. *supra* n° 177 ; pour le cas où les ascendants privilégiés deviennent des ascendants ordinaires, cf. *infra* n° 206). Rappelons que les ascendants privilégiés sont les père et mère du défunt et les collatéraux privilégiés les frères et sœurs du *de cujus* et leurs propres descendants (neveux et nièces du défunt) venant de leur

chef ou par représentation. Il s'agit d'un ordre de compromis, d'**un ordre mixte**.

Il convient d'analyser séparément le cas d'un concours d'ascendants privilégiés entre eux (A), celui d'un concours de collatéraux privilégiés entre eux (B) et, enfin, celui d'une succession qui mettrait en concours à la fois des collatéraux privilégiés et des ascendants privilégiés (C).

A. Le concours entre ascendants privilégiés

206. Si le *de cujus* ne laisse à sa succession que des ascendants privilégiés, ou plus exactement s'il ne laisse que ses père et mère, ceux-ci perdent leur caractère de successeurs privilégiés, pour ne devenir que des ascendants ordinaires (ce n'est que lorsqu'ils sont en concours avec des collatéraux privilégiés ou, dans une certaine mesure, avec un conjoint que leur qualité de "privilégiés" prend un sens).

— Si **le père et la mère** du *de cujus* sont en concours, il s'agit d'un partage au sein des ascendants : la succession doit être scindée en deux puisque chaque ligne est pourvue. Dans chaque ligne, le plus proche en degré hérite : le père dans une ligne et la mère dans l'autre.

— Si seul **le père ou** seule **la mère** du défunt est encore vivant, il (ou elle) obtient la totalité de la succession.

Toutefois, si le père ou la mère est en concours avec des ascendants ordinaires de l'autre ligne, normalement, il (ou elle) n'est plus un ascendant privilégié (puisqu'il ne s'agit pas d'un concours avec des collatéraux privilégiés ou avec le conjoint ; cf. *supra* n° 133 et *infra* n° 209) ; l'ascendant de premier degré doit alors partager avec l'ascendant de degré plus éloigné de l'autre ligne ; une fois encore, on applique la technique de la fente : chaque ligne obtient sa part et, dans chaque ligne, le plus proche en degré hérite.

B. Le concours entre collatéraux privilégiés

207. Si le *de cujus* ne laisse pour lui survivre que des collatéraux privilégiés, ils obtiennent la totalité de la succession, de leur propre chef ou par représentation.

— Si les collatéraux privilégiés sont tous du même lit, on partage en parts égales. Ainsi, dans l'hypothèse où le *de cujus* laisserait une sœur (Y) et un frère (W) germains et deux neveux (z et z') venant par représentation de Z (frère germain prédécédé) :

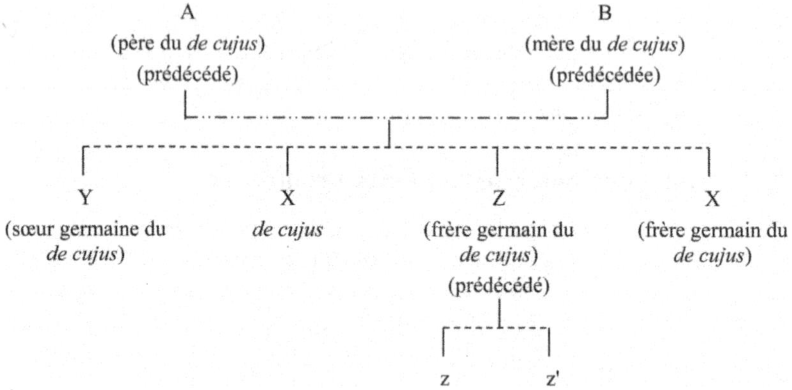

Chaque souche obtient une part égale : 1/3 pour Y, 1/3 pour W et 1/3 pour Z (soit 1/6 pour z et 1/6 pour z', puisque Z est prédécédé) ; pour un autre exemple, cf. *supra* n° 161).

— Si les collatéraux privilégiés sont de lits différents, avant la loi n° 2001-1135 du 3 décembre 2001, on appliquait la fente et on partageait par ligne. Depuis la réforme de 2001, la fente ne s'applique plus pour les collatéraux privilégiés (cf. *supra* n° 161). On n'a donc plus à distinguer selon qu'ils sont ou non tous du même lit. On a égalisé la situation des collatéraux privilégiés sans distinction selon leur qualité de germains, d'utérins ou de consanguins.

Dès lors, dans l'exemple suivant :

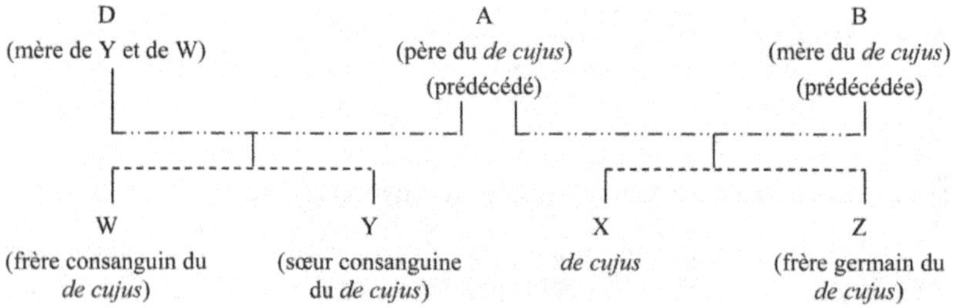

La fente ne joue plus. W, Y et Z, bien que n'étant pas tous du même lit, reçoivent chacun 1/3 de la succession. On a ainsi largement facilité les calculs.

— Bien entendu, si le *de cujus* était un **adopté simple**, on devra tout de même pratiquer la fente spéciale de l'adoption (frères et sœurs par le sang d'un côté et autres enfants de l'adoptant – eux aussi adoptés ou non – de l'autre ; cf. *supra* n° 94 et 158).

IV. La présence concomitante d'ascendants privilégiés et de collatéraux privilégiés

208. C'est là qu'apparaît véritablement le caractère "mixte" du deuxième ordre et l'un des cas où le terme de "privilégiés", accolé aux ascendants du premier degré, prend tout son sens. On doit distinguer le cas où les deux ascendants sont encore en vie, de celui où seul l'un d'entre eux est survivant.

— Si les père et mère sont tous deux survivants, l'article 738, alinéa 1er, du Code civil prévoit un partage de la succession en deux : une moitié pour les ascendants privilégiés et l'autre moitié pour les collatéraux privilégiés.

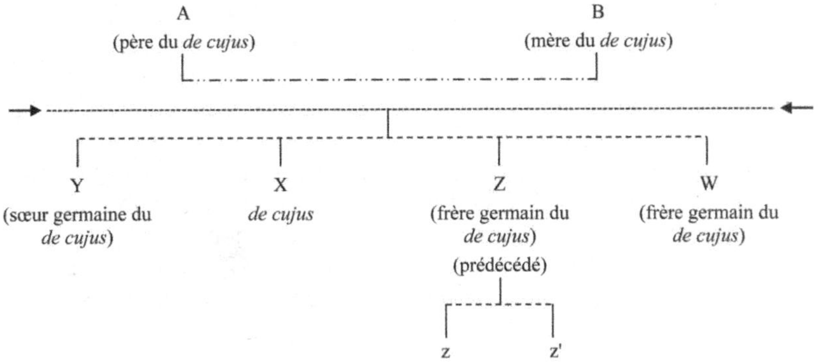

Dans cet exemple, les père et mère, A et B reçoivent 1/2 (soit 1/4 chacun). Les collatéraux privilégiés présents doivent se partager l'autre moitié ; or, ici, il y a trois souches ; chaque souche reçoit donc 1/3 de la moitié restante : Y et W obtiennent 1/6 chacun et z et z' 1/12 chacun (ils se partagent, par représentation, la part de Z, prédécédé ; cf. *supra* n° 145).

— Si le père ou la mère est seul(e) survivant(e), le législateur a choisi de favoriser les plus jeunes, les collatéraux. Ils vont bénéficier de la défaillance d'une ligne chez les ascendants. L'article 738, alinéa 2, du Code civil dispose en effet : « *Lorsqu'un seul des père et mère survit, la succession est dévolue pour un quart à celui-ci et pour trois quarts aux frères et sœurs ou à leurs descendants* ».

Soit, si l'on reprend l'exemple précédent, mais en supposant que l'un des ascendants privilégiés est prédécédé :

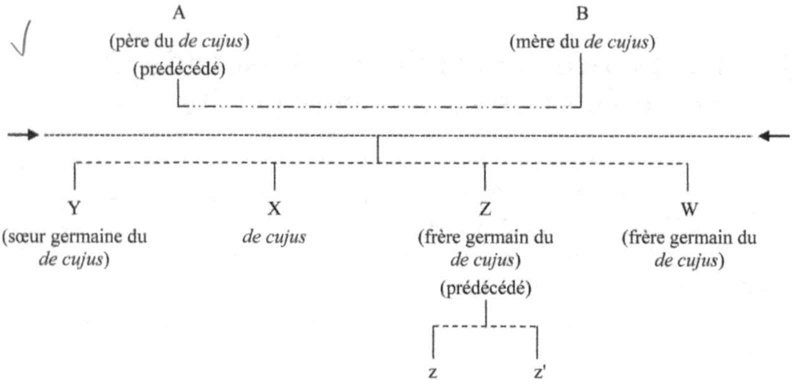

Dans ce cas, B, mère du *de cujus* ne reçoit que la moitié de la part normalement dévolue aux ascendants privilégiés : elle n'obtient donc qu'1/4. Le quart enlevé aux ascendants est dévolu aux collatéraux privilégiés qui vont se le partager. Il y a trois souches : en sus de sa part obtenue en tant que collatéral (un tiers de la moitié de la succession, soit 1/6), chaque souche obtient, en plus, 1/3 de 1/4 soit 1/12 (Y et W obtiennent donc chacun 1/6 + 1/12, soit 3/12, c'est-à-dire 1/4). On peut dire aussi, plus simplement, que les collatéraux privilégiés vont devoir se partager les 3/4 de la succession. Y et W recevront donc chacun 1/4. Z aurait dû obtenir aussi 1/4 ; z et z' auront chacun la moitié de ce quart, soit 1/8.

V. Les ascendants ordinaires

209. Les ascendants ordinaires constituent le troisième ordre (art. 734, 3° C. civ.). Ils viennent à la succession à défaut des deux ordres précédents et du conjoint, ce qui signifie qu'ils obtiennent la totalité de la succession s'il n'y a ni conjoint, ni descendants, ni ascendants privilégiés, ni collatéraux privilégiés (art. 739 C. civ.).

S'il reste le père ou la mère du *de cujus* (ascendant *a priori* privilégié) dans une branche et des ascendants ordinaires dans l'autre branche, comme la fente ne joue qu'à l'intérieur d'un ordre et non entre les ordres, l'ascendant privilégié devrait l'emporter. Mais, comme on l'a vu, l'ascendant privilégié, s'il n'est en concours ni avec des collatéraux privilégiés ni avec le conjoint survivant, perd sa nature de "privilégié" et devient un ascendant ordinaire (cf. *supra* n° 133 et 206). Dès lors, la fente joue et l'ascendant ordinaire vient pour moitié à la succession.

La dévolution ascendante se réalise quelle que soit la nature de la filiation considérée : biologique ou élective. Puisque le mécanisme de la fente s'applique, il faut distinguer selon qu'il y a des ascendants dans les deux lignes ou branches (A) ou seulement dans une seule (B). Lorsqu'ils sont évincés par le conjoint survivant, les ascendants ordinaires peuvent bénéficier d'une créance alimentaire (C).

A. La présence d'ascendants dans les deux branches

210. S'il ne reste que le père et la mère du défunt (sans concours avec des collatéraux privilégiés), on peut considérer qu'ils deviennent des ascendants ordinaires (cf. *supra* n° 133, 206 et 209). Mais, même si l'on fait abstraction de cette considération, la solution est identique : chacun obtient une moitié de la succession (art. 747 C. civ.).

Plus généralement, pour les ascendants ordinaires, dans chaque ligne, le plus proche en degré évince le plus éloigné et, s'il y a deux ascendants au même degré, ils partagent à égalité la part dévolue à leur ligne (art. 748 C. civ.).

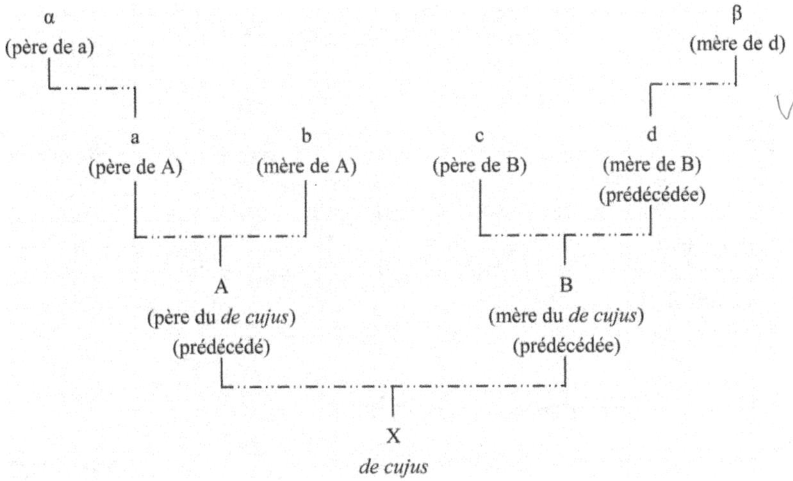

Dans cet exemple, dans la ligne maternelle, le grand-père (c) obtient la moitié de la succession dévolue à sa ligne, β étant d'un degré plus éloigné ; dans la ligne paternelle, a et b de même degré vont se partager la part de leur ligne (ils reçoivent donc 1/4 chacun) et évincent α qui est d'un degré plus éloigné (on rappellera qu'il n'y a pas de refente ni de représentation remontante).

B. La présence d'ascendant(s) dans une seule branche

211. Lorsqu'il ne reste que des ascendants dans une seule ligne ou branche, la totalité de la succession est dévolue aux membres de cette branche (art. 748, al. 3, C. civ.). Plus exactement, elle revient au plus proche en degrés dans cette branche et si, au niveau le plus proche en degrés, il y a deux ascendants de même degré, ils se partagent à égalité la succession (art. 748, al. 1 et 2, C. civ.).

S'il reste des ascendants dans une ligne et des collatéraux ordinaires dans l'autre ligne, la totalité de la succession est dévolue aux ascendants, la fente ne s'applique pas (depuis 1957, la fente ne bénéficie plus aux collatéraux ordinaires dans cette hypothèse), c'est le classement des ordres qui prévaut (le troisième ordre prime le quatrième, celui des collatéraux ordinaires ; cf. *supra* n° 162).

C. Les aliments

212. Quand le défunt laisse à sa succession un conjoint survivant et des ascendants ordinaires, le conjoint obtient la totalité de la succession. Lorsque l'on est en présence d'un conjoint survivant, d'un ascendant privilégié dans une ligne et d'ascendants ordinaires, le conjoint survivant obtient les 3/4 de la succession et l'ascendant privilégié 1/4 (cf. *supra* n° 177). Dans les deux hypothèses, les ascendants ordinaires sont évincés. L'article 758 du Code civil dispose toutefois que, dans ces cas, les **ascendants ordinaires** présents (le texte ne précise pas "dans l'autre ligne") ne pouvant venir à la succession ont néanmoins, s'ils sont dans le besoin, la possibilité de réclamer des aliments à la succession (dans le délai d'un an à compter du décès ou jusqu'au partage en cas de maintien de l'indivision).

VI. Les collatéraux ordinaires

213. Il s'agit du quatrième ordre de successibles (art. 734, 4° et 740 C. civ.), mais qui ne vient aujourd'hui qu'en cinquième position,

après le conjoint survivant, dans l'ordre de successibilité. Les collatéraux ordinaires ne viennent à une succession qu'à défaut de tous les précédents et seulement jusqu'au sixième degré (cf. *supra* n° 101). Au sein des collatéraux ordinaires, on applique le mécanisme de la fente (cf. *supra* n° 156 et 162 : chaque ligne obtient une moitié de succession et, dans chaque ligne, le plus proche en degré hérite ; s'il y a, dans une ligne, plusieurs héritiers de même degré, on partage entre eux, à égalité, la part dévolue à leur ligne). Le mécanisme de la représentation ne joue pas pour les collatéraux ordinaires (cf. *supra* n° 148). S'il n'y a plus qu'une seule ligne, le plus proche en degré hérite et s'il y a plusieurs collatéraux de même degré, on partage à égalité. Il s'ensuit que la part dévolue à la ligne défaillante leur revient : la fente ne profite pas à l'État.

Soit l'exemple suivant :

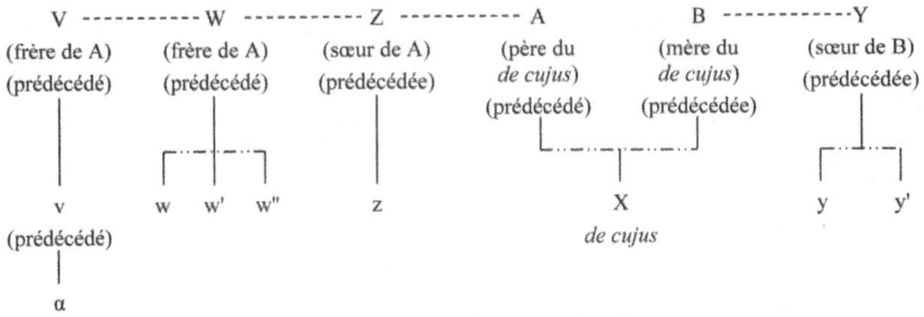

y et y' reçoivent chacun 1/4 (ils ou elles partagent la moitié dévolue à la ligne maternelle, y et y' étant au même degré dans la même ligne) ; z, w, w' et w'' reçoivent ensemble la moitié dévolue à la ligne paternelle, soit 1/8 chacun (il n'y a pas de représentation) ; α ne vient pas en représentation de v : il est évincé par z, w, w' et w'', car il ne peut venir que de son chef et, à ce titre, il est plus éloigné en degrés.

VII. L'État

214. L'article 539 du Code civil dispose : « *Les biens des personnes qui décèdent sans héritiers ou dont les successions sont abandonnées appartiennent à l'État* ». L'État n'est concerné que par défaut (il y a en France environ 10 000 successions en déshérence, vacantes ou non réclamées chaque année). Depuis la loi du 23 juin 2006, ce sont les articles 811 et suivant qui régissent précisément la matière.

L'État vient à une succession *ab intestat* (il est évident que l'État sera écarté si un legs universel a été prévu au profit d'un tiers), lorsqu'il n'y a plus d'héritier par parenté ou par alliance, lorsqu'il n'y a que des collatéraux ordinaires à un degré trop éloigné (au-delà du sixième degré) ou si les successibles présents sont indignes ou renonçants.

Il est nécessaire d'analyser successivement la nature des droits de l'État (A), les conséquences de cette nature (B), les cas dans lesquels l'État est détenteur ou possesseur d'une succession et la procédure qui doit alors être suivie (C) et, enfin, un problème non strictement successoral mais déterminant, celui de l'imposition des transmissions à cause de mort (D).

A. La nature des droits de l'État

215. Deux explications sont possibles pour justifier le droit successoral de l'État : l'idée selon laquelle l'État serait une seconde famille (1) et celle sous-tendant que l'État dispose d'un droit de souveraineté et de police (2). La seconde l'emporte très nettement actuellement.

1. La seconde famille

216. Selon cette analyse, l'on serait en présence d'ensembles inclus avec application d'une subsidiarité : la famille constituerait pour les individus le cercle relationnel le plus étroit et l'État le cercle le plus large.

Si l'on adopte cette interprétation, l'État est bien un véritable successible, une sorte de **parent par défaut**.

Mais si l'on fonde les règles de la dévolution successorale sur l'idée d'une volonté présumée du *de cujus*, l'on peut douter que l'intention implicite de la majorité des français soit bien en ce sens.

2. Le droit de souveraineté et de police

217. La première justification des droits de l'État n'étant pas pleinement satisfaisante, une autre a été suggérée.

L'idée sous-jacente est ici plus prosaïque : il est indispensable qu'il y ait **un relais**, que la chaîne de l'appropriation des biens ne soit pas interrompue, pour échapper à un vide juridique (fiction de la perpétuité de la propriété) et pour éviter, dans l'intérêt de l'économie nationale, que des biens cessent d'être exploités. Le droit de l'État, dans cette perspective, devient un droit de souveraineté et même un droit de police lui permettant d'appréhender les successions en déshérence. Cette justification est aujourd'hui la plus souvent professée.

B. Les conséquences de la nature des droits de l'état

218. Si l'on admet que les droits de l'État ne sont pas seulement des droits successoraux mais aussi, au moins pour partie, l'expression de sa souveraineté, quatre séries de conséquences peuvent être relevées : en matière d'exhérédation (1), en matière internationale (2), à propos de la contribution au passif (3) et quant à l'effet de l'envoi en possession (4).

1. L'exhérédation

219. Puisque l'État n'est pas un successible "normal", on ne va pas pouvoir l'exhéréder comme on pourrait le faire pour un autre successible (dans la limite de la quotité disponible pour les descendants et le conjoint).

Certes, l'État n'est pas réservataire. Le *de cujus* peut donc procéder à une exhérédation indirecte, en léguant ses biens à un tiers (cf. *supra* n° 214).

Mais **il est interdit d'exhéréder** directement **l'État**. Toute clause qui, dans un testament, tend à écarter spécialement l'État est nulle. Une clause exhérédant tout successible potentiel est également nulle, mais elle n'est invalidée qu'en ce qu'elle exhérède l'État ; l'État obtient la succession et les héritiers n'ont rien (Cass. civ. 3 mars 1965 : D. 1965, 428, note J. MAZEAUD, JCP 1965 II 14280, obs. P. SPITÉRI).

2. Les effets en Droit international privé

220. Traditionnellement, en France, les biens immobiliers étaient régis, en matière successorale, par la loi du pays de situation de l'immeuble (cf. *supra* n° 122) et les biens mobiliers devaient, eux, obéir à la loi successorale du pays du lieu d'ouverture de la succession, qui était celui du dernier domicile du défunt (cf. *supra* n° 73 et 122). Il avait été jugé que, même lorsque le *de cujus* était **un étranger**, s'il décédait en France sans héritier, sa succession mobilière devait revenir à l'État français (Cass. req. 28 juin 1852 : D. 1852 I 284, S. 1852 I 537). Il s'agissait déjà d'une extension des règles fondamentales ; celle-ci pouvait cependant se comprendre si l'étranger avait son dernier domicile en France. Mais certains auteurs avaient cru pouvoir aller plus loin en affirmant que

la solution devait être identique pour un *de cujus* étranger, dont le dernier domicile aurait été situé à l'étranger. Ces extensions trouvaient bien leur justification dans l'idée que l'État dispose d'un droit souverain de police (les lois de police sont territoriales ; elles s'appliquent aux objets ou aux actes situés ou réalisés sur le territoire de l'État qui les a édictées).

Mais la question ne devrait plus se poser, à l'avenir, avec le règlement européen n° 650/2012 du 4 juillet 2012 (cf. *supra* n° 46 et n° 73), qui doit entrer en vigueur le 17 août 2015, et qui dispose que la loi applicable aux successions, sans plus distinguer entre le sort des biens mobiliers et celui des biens immobiliers, doit être (en principe) celle de l'État dans lequel le défunt avait sa résidence habituelle au moment de son décès. Désormais, ce ne sera que si un étranger, mourant sans descendance, avait sa résidence habituelle en France que la loi française sera applicable et que son actif net reviendra à l'État français.

3. La question du passif successoral

221. En tant qu'héritier, en tant que successeur à la personne, l'État devrait payer les dettes successorales. Mais en tant que titulaire d'un droit de souveraineté, on considère qu'il n'a pas à le faire au-delà de la valeur de l'actif qu'il recueille. Cette solution est logique : l'État (donc l'ensemble de la communauté française et surtout celle des contribuables) n'a pas à supporter le poids de l'inconséquence du défunt. Il est donc compréhensible que les créanciers ne soient pas désintéressés au-delà du montant de l'actif en cas d'absence d'héritier au degré successible. C'est aussi en cela que l'État est un successeur irrégulier. C'est, enfin, ce qui explique que la procédure à suivre ne soit pas si éloignée de celle prévue en cas d'acceptation à concurrence de l'actif net (cf. *infra* n° 535 et s.).

4. La nécessité et les effets de l'envoi en possession

222. Malgré la réforme, s'il y a déshérence, l'État demeure tenu d'obtenir un envoi en possession pour obtenir le droit d'accéder à la succession. Cet envoi en possession lui donne la saisine. L'État n'est donc pas placé dans la même situation que les successibles ordinaires.

C. Les procédures applicables

223. La question demeure posée de savoir quel pourrait être le seul effet de l'écoulement du temps sur une succession non réclamée par quiconque, pas même l'État. Il a été jugé que, dans ce cas, le bien visé « *appartient à l'État même en l'absence de tout envoi en possession* » (Cass. civ. 1re 22 mai 1970 : n° 68-12.797 ; *Rappr.* Cass. civ. 3e 26 nov. 2008 : n° 07-17.836). Toutefois, depuis 2004, les biens sans maître reviennent aux communes (art. 713 C. civ.) et un bien (immobilier) d'une succession en déshérence pourrait devenir sans maître au bout de trente ans (Rép. Min. n° 23056, P. Girod, JO Sénat, 26 oct. 2006, p. 2715).

Pour le reste, il convient de distinguer les successions vacantes, où l'État est assimilé à un simple **détenteur** (art. 809 et s.) (1), des successions en déshérence, où l'État va devenir véritable **possesseur** (art. 811 et s.) (2).

1. La vacance

224. Il s'agit d'une situation provisoire. Le nouvel article 809 du Code civil donne trois cas où il y aura vacance successorale :

— il n'y a pas d'héritier connu et nul ne réclame la succession ;

— tous les héritiers connus sont renonçants ;

— il y a des héritiers connus, mais ils n'ont pas opté dans les six mois écoulés depuis la date de l'ouverture de la succession.

Dans ces trois occurrences, tout intéressé (y compris le parquet) peut demander au juge de confier, par ordonnance sur requête, la curatelle de la succession à l'administration des domaines (art. 809-1). Même si le vocabulaire choisi est emprunté au Droit des majeurs protégés ("curateur"), c'est plutôt vers le Droit des procédures collectives qu'il faut se tourner si l'on veut chercher un modèle du mécanisme ici mis en place. Le curateur doit faire dresser un inventaire. Une publicité est organisée pour informer les créanciers. Les créanciers doivent déclarer leur créance auprès du curateur (art. 809-3). Pendant les six premiers mois après l'ouverture de la succession, le curateur n'a que des pouvoirs de conservation, de surveillance et d'administration provisoire. Passé ce délai, il peut vendre des biens successoraux. Il doit dresser un "projet de règlement du passif" et payer les créanciers.

La curatelle prend fin si tout l'actif a été réalisé, si la succession a finalement été restituée à des héritiers ou si l'État a été envoyé en possession. L'État est envoyé en possession lorsque la succession est en déshérence.

2. La déshérence

225. Une succession est en déshérence, selon l'article 811 du Code civil, lorsqu'une personne décède sans héritier ou quand une succession est abandonnée. S'il prétend à cette succession, l'État doit en demander l'envoi en possession au tribunal. S'il n'a pas encore été fait, il fait procéder à l'inventaire (811-1). L'article 811-2 précise que la déshérence prend fin si un héritier se manifeste finalement et accepte la succession. C'est la confirmation que l'État n'est, en quelque sorte, qu'un successible fragile (cf. *supra* n° 222).

D. L'imposition

226. Parler des droits de l'État sans évoquer le Droit fiscal aboutirait à oublier que l'État, s'il vient en dernier dans l'ordre des successibles, vient, en réalité, financièrement, en premier, par le biais de la fiscalité.

Cette fiscalité est en général **mal ressentie** et comporte de nombreux détracteurs. Mais, ceux qui en soutiennent le bien-fondé rappellent que c'est aussi un moyen de redistribution des richesses.

227. L'imposition des successions est **l'une des plus anciennes** qui soit. Elle existait déjà à Rome. Elle fut reprise par les pouvoirs féodaux puis par le pouvoir royal et, dès 1798, par le Directoire.

L'impôt sur les successions n'a obtenu, en France, sa forme contemporaine (proportionnelle) qu'au début du XXe siècle (1901).

228. Il s'agit d'un droit de mutation, d'un **droit d'enregistrement** (relevant du juge judiciaire), portant sur le capital transmis (et non d'un impôt sur le revenu des héritiers, qui relèverait du juge administratif).

Le Droit fiscal appréhende, pour l'essentiel, de même manière successions et libéralités (pour les particularités relatives aux libéralités, cf. *infra* n° 282 et s.). La Commission européenne entend lever les obstacles transfrontaliers liés aux droits de succession au sein de l'Union européenne (Communication du 15 déc. 2011).

Un régime fiscal général fort lourd a été mis en place (1), mais des avantages divers, dérogatoires, ont été admis pour en gommer les effets trop sévères ou pour favoriser certaines catégories de transmissions ; on en donnera quelques exemples (2).

1. Le régime fiscal normal

229. Celui-ci est prévu par les articles 764 et s. du Code général des impôts. Le taux de cette imposition progresse, le plus souvent, par tranches en fonction de la valeur des biens transmis. Les tranches sont désormais revalorisées chaque année.

Ainsi, en ligne directe (**ascendante et descendante** - donc y compris quand les ascendants héritent ; art. 777 CGI), le **taux** varie de 5 à 45 %.

Il variait identiquement pour les successions dévolues au **conjoint survivant**, mais avec des tranches différentes ; depuis la loi TEPA n° 2007-1223 du 21 août 2007, le conjoint survivant est exonéré (mais non le concubin).

Les personnes ayant conclu un **pacte civil de solidarité** (art. 515-1 et s. C. civ. ; art. 777 bis CGI) sont également exonérées de tout droit de succession. Mais les partenaires ne sont pas successibles l'un par rapport à l'autre sauf s'ils ont un lien de parenté.

Les **concubins**, en tant que tels, ne sont pas successibles l'un par rapport à l'autre (ils ne le sont que s'ils ont, par ailleurs, un lien de parenté : ils sont alors imposés selon la proximité de ce lien).

Entre **frères et sœurs**, il n'y a que deux taux et donc seulement deux tranches (35 ou 45 %).

Pour tous les **autres héritiers**, il n'y a pas de progression par tranche ; pour eux, l'imposition est restée à taux fixe : 55 % jusqu'au quatrième degré inclus, 60 % au-delà du quatrième degré.

Le **retour légal** au profit des ascendants donateurs (cf. *supra* n° 120, 177 et 191 et *infra* n° 237) ne fait pas l'objet de droits à payer (art. 763 bis CGI), alors que ceux prévus en matière d'adoption (cf. *supra* n° 94, 120 et 191 et *infra* n° 235) et au profit des collatéraux privilégiés (cf. *supra* n° 120, 179, 191 et 207 et *infra* n° 236) sont imposables.

Tout héritier ou légataire, est tenu de faire une **déclaration** fiscale dans un délai de six mois à compter du jour du décès, sous peine de devoir payer des pénalités de retard voire un impôt majoré en cas de mauvaise foi (art. 641 et 798 et s. CGI). La déclaration peut toutefois être évitée si l'actif brut est de faible valeur.

C'est l'héritier qui doit, normalement, **s'acquitter des droits** de succession (art. 1712 CGI : en cas de "translation" (sic) de propriété ou d'usufruit, c'est le nouveau possesseur qui doit supporter les droits à payer). Mais l'article 1016, alinéa 3, du Code civil et l'article 1712 du Code général des impôts permettent au *de cujus* de prévoir, dans son testament, une disposition différente.

Les héritiers sont tenus solidairement au paiement des droits de mutation (art. 1709 CGI).

L'**évaluation** des biens successoraux est une source constante de litiges avec l'administration. Les articles 758 et s. du Code général des impôts donnent les critères que retient le fisc pour ces évaluations. Il faut ajouter la valeur des donations antérieurement consenties à un héritier si elles datent de moins de six ans (art. 784 CGI ; rapport fiscal).

Le Droit fiscal prévoit la **déductibilité des dettes** successorales du montant de l'actif à déclarer (art. 768 CGI). Les dettes consenties par le défunt au profit de ses propres héritiers ne sont déductibles que si elles ont été constatées par un acte authentique ou ont obtenu date certaine avant la date d'ouverture de la succession (art. 773-2° CGI).

2. Les avantages admis

230. La loi fiscale accorde des **abattements**, sortes de franchises d'imposition, principalement au profit des descendants, ascendants, frères et sœurs, neveux et nièces.

— Malgré le principe budgétaire de non-affectation des recettes et celui du paiement de l'impôt en monnaie ayant cours légal, une loi n° 68-1251 du 31 décembre 1968 (art. 1716 bis CGI et décr. n° 2012-1241 du 7 nov. 2012) a prévu la possibilité de payer son impôt successoral autrement qu'en argent, sous forme de **dation** d'œuvres d'art mobilières (tableaux, objets, meubles meublants...).

— Le bénéfice des **assurances-vie** échappe à l'impôt successoral. Toutefois (cf. *supra* n° 129), depuis 1999, l'article 990, I, CGI prévoit que le capital versé au titre d'une assurance à cause de mort doit être imposé (droits d'enregistrement) à un taux forfaitaire de 20 %, diminué d'un abattement (non revalorisable) de 152 500 €.

— Des **délais de paiement** peuvent être accordés pour l'acquittement des droits fiscaux de succession. Dans ce cas, la somme due est porteuse d'intérêts.

— Les immeubles classés **monuments historiques** ou inscrits à l'inventaire supplémentaire des monuments historiques (et, dans certains cas, les meubles conservés dans ces immeubles) sont exonérés du paiement des droits de mutation à titre gratuit (art. 795 A CGI et art. 281 bis de l'annexe III).

— Des exonérations partielles sont prévues pour les **transmissions d'entreprises** (art. 787 B et 787 C CGI)

— Depuis 2003, l'article 788 du Code général des impôts prévoit la possibilité d'un abattement, sur la part de tout héritier, équivalant à la valeur des biens reçus remis à une fondation ou une **association** reconnue d'utilité publique.

— Depuis l'arrêté Miot du 21 prairial an IX, le délai de six mois, imposé ailleurs pour faire la déclaration fiscale (cf. *supra* n° 229), n'était pas applicable pour les successions ouvertes en **Corse**, ce qui revenait à une exonération de fait des droits de mutation. La loi n° 2002-92 du 22 janvier 2002 (art. 1135 bis CGI) a prévu de réintroduire progressivement le Droit commun dans les deux départements concernés, le statut dérogatoire devant totalement disparaître en 2018. Une nouvelle prorogation envisagée dans la loi de finances pour 2013 a été considérée comme inconstitutionnelle (Cons. const. 29 déc. 2012 : n° 2012-662 DC).

Chapitre 3

Les successions irrégulières

231. On parle, le plus souvent, de **successions "anomales"**.

Dans ce bref chapitre, après avoir tenté de définir ce que sont les successions anomales (I), en seront présentés les cas légaux (II), avant que ne soient faites quelques remarques à propos de la possible intervention de la volonté des disposants en la matière (III).

I. Notion et nature des successions anomales

232. Au sens du langage courant, on pourrait dire que diverses dévolutions successorales sont irrégulières (État, conjoint survivant).

Mais le Droit positif donne ici à l'irrégularité des sens plus étroits. On peut ainsi, plus justement, qualifier une succession d'"anormale" (anormalité) lorsque, malgré le principe de l'unité du patrimoine, certains biens n'obéissent pas au régime juridique commun de la dévolution successorale *ab intestat* et sont dévolus spécifiquement à certains des héritiers. Il peut en être ainsi en raison de la nature des biens transmis : attribution préférentielle (cf. *infra* n° 611 et s.), souvenirs de famille, lettres missives, œuvres littéraires et artistiques, sépulture (cf. *supra* n° 121 et s.), voire dévolution mobilière au profit des établissements hospitaliers (cf. *supra* n° 78 et 126). Il ne s'agit pas de successions séparées, mais de modes irréguliers de transmission successorale.

Mais, probablement, faut-il aller encore plus loin dans la rigueur de la définition. En effet, *stricto sensu*, une succession n'est vraiment dite "anomale" (anomalie) que lorsque les biens successoraux sont distribués en tenant uniquement compte, non pas de leur nature, mais de **leur origine**. Le "**droit de retour**" ne constitue qu'un exemple de succession anomale entendue *stricto sensu*, mais c'est le seul que le Droit positif connaît encore.

233. Les biens faisant l'objet d'une succession anomale ont un **régime propre**. Ils ne sont pas pris en compte dans le cadre de la succession régulière.

On considère qu'il s'agit bien là aussi d'une succession, mais d'une succession distincte (Ch. réunies 2 juill. 1903 : DP 1903 I 353, Rapp. ROULIER, Concl. BAUDOUIN, S. 1904 I 65, note Ch. LYON-CAEN).

Il est indispensable que les biens se retrouvent en nature (il n'y a pas de retour possible pour une indemnité d'assurance versée en raison de la destruction du bien, ni pour le prix du bien obtenu en cas de vente) et les biens font retour en l'état.

S'agissant d'un droit successoral, le bénéficiaire du retour perd son droit s'il est indigne ou renonçant (ou encore, évidemment, prédécédé). Il bénéficie des trois volets de l'option successorale (cf. *infra* n° 515 et s.). Étant un successible, il doit supporter sa part des dettes successorales, à proportion de ce qu'il reçoit.

La prohibition des pactes sur succession future (même si elle est de plus en plus écornée : cf. *infra* n° 563 et s.) s'applique en la matière : le bénéficiaire ne peut renoncer par avance à son droit, sauf dans les cas où la loi le permettrait.

Enfin, il est admis que le droit de retour (légal ou conventionnel) en cas de prédécès du donataire (cf. *infra* n° 237 et n° 238) peut être invoqué lorsque l'absence d'autres héritiers, condition du retour, est due à leur renonciation et non à leur prédécès (« *un descendant renonçant ne peut faire obstacle au droit de retour [...] au cas de prédécès du donataire* » : Cass. civ. 1re 23 mai 2012 : n° 11-14.104).

II. Les cas légaux

234. On a longtemps cru que le procédé du retour légal était un mécanisme en voie d'extinction. Jusqu'à la réforme de 2001, ses cas d'application ne cessaient de se réduire (plusieurs hypothèses avaient été supprimées, notamment en 1972). Au début du troisième millénaire, il ne restait que le cas des enfants faisant l'objet d'une adoption simple (A). La loi n° 2001-1135 du 3 décembre 2001 a inversé le sens de l'Histoire, en introduisant une nouvelle hypothèse de retour légal, celle du retour au profit des collatéraux privilégiés en cas de succession dévolue au conjoint survivant (B). La loi n° 2006-728 du 23 juin 2006 a, à son tour, ajouté le cas du retour légal des ascendants privilégiés, contrepartie de la perte de leur réserve héréditaire (C).

A. Le décès de l'adopté simple

235. Le droit de retour accordé en cas d'adoption simple constitue le premier cas en Droit positif (art. 368-1 C. civ.), situation déjà évoquée à plusieurs reprises (cf. *supra* n° 90, 120 et 191), mais dont il faut préciser le régime.

Si l'adopté simple meurt sans postérité et sans conjoint survivant, les biens que l'adoptant lui a donnés (et les biens que l'adopté a pu recueillir de la succession de l'adoptant) font retour **à l'adoptant** ou à ses descendants. Les biens que l'adopté avait obtenus, à titre gratuit, de son **père** ou de sa **mère par le sang** font retour à celui-ci ou à celle-ci ou à ses descendants.

Il est nécessaire que l'adopté n'ait pas lui-même de descendants (ou qu'ils soient prédécédés, renonçants ou indignes) et qu'il ne laisse pas de conjoint survivant à sa succession (c'est un ajout de 2006). Depuis la réforme de 2006, si l'adopté simple laisse un conjoint survivant à sa succession, le retour légal est paralysé.

B. Les collatéraux privilégiés en cas de succession dévolue au conjoint survivant

236. L'article 757-3 du Code civil prévoit désormais que lorsque le *de cujus* n'a plus ses père et mère et n'a pas de descendants et donc, lorsque le conjoint survivant (quand il y en a un) obtient la totalité de sa succession en pleine propriété, « *les biens que le défunt avait reçus de ses ascendants par succession ou donation et qui se retrouvent en nature dans la succession sont, en l'absence de descendants, dévolus pour moitié* ***aux frères et sœurs du défunt*** *ou à leurs descendants, eux-mêmes descendants du ou des parents prédécédés à l'origine de la transmission* » (cf. *supra* n° 120, 179, 191 et 207 ; le retour d'une seule moitié des biens conduit souvent à les vendre, contrairement à l'esprit du texte, et un problème de répartition peut survenir lorsque les collatéraux ne sont pas du même lit).

Il y a donc bien deux successions distinctes : la succession "normale" et le droit de retour.

C. Les ascendants privilégiés

237. Depuis 2006 (art. 738-2 C. civ.), les ascendants ne sont plus réservataires ; en contrepartie, les ascendants privilégiés (les père et mère du défunt et eux seuls) bénéficient d'un droit de retour **pour les donations** qu'ils avaient pu consentir au *de cujus* (cf. *supra* n° 120,

177, 191 et 229 ; avec un inévitable problème probatoire s'il s'agissait de dons manuels ou de donations indirectes). Ce droit n'est envisageable qu'en l'absence de descendant(s) et de conjoint survivant (l'article 738-2 appartient à une section intitulée « *Des droits des parents en l'absence de conjoint successible* »). Il est dû sur l'actif successoral (les héritiers ne peuvent être poursuivis au-delà pour son exercice). Il s'exerce en principe en nature, sinon, en valeur. Le père et/ou la mère du défunt ne peuvent exercer ce droit de retour que dans la limite de ce qu'ils peuvent recevoir lorsqu'ils sont en concours avec des collatéraux privilégiés (à savoir, s'ils sont tous les deux survivants : 1/4 chacun, et si un seul survit : 1/4 pour lui-même), et la valeur des biens reçus s'impute en priorité sur leurs droits successoraux.

III. L'intervention de la volonté

238. Un donateur peut toujours prévoir, en cas de prédécès du donataire, un droit de **retour conventionnel** qui constitue alors une sorte de condition résolutoire. Il est ainsi possible, par exemple, de réintroduire contractuellement un des mécanismes de retours légaux aujourd'hui disparus (cf. *supra* n° 234). Mais il ne s'agit plus alors d'un droit successoral.

Il est aussi envisageable d'aménager conventionnellement le droit de retour légal existant, par exemple en prévoyant une clause d'inaliénabilité des biens (mais il faut alors respecter les conditions posées à l'article 900-1, al. 1er, C. civ. relatives à ce type de stipulation ; cf. *infra* n° 323).

239. Ces possibilités, pour un disposant, de prévoir autre chose que la règle légale conduit, tout naturellement, à évoquer, de manière beaucoup plus générale, le rôle de l'intervention de la volonté dans les transferts intra et intergénérationnels, à savoir la question des libéralités.

Partie II
LES LIBÉRALITÉS

240. Les libéralités sont visées, dans le Code civil, aux articles 893 et suivant. L'article 893 en donne une **définition** : « *La libéralité est l'acte par lequel une personne dispose à titre gratuit de tout ou partie de ses biens ou de ses droits au profit d'une autre personne. Il ne peut être fait de libéralité que par donation entre vifs ou par testament* ». Il faut distinguer l'*intrumentum* (le testament, p. ex.) de l'acte juridique lui-même (le legs). Pour les libéralités entre vifs, une certaine confusion est entretenue dans la mesure où, en principe, le même mot de "donation" est utilisé pour les deux (cf. *supra* n° 47).

Les libéralités recèlent un certain nombre de points communs qui justifient leur regroupement sous une même dénomination (Chap. 1). Au-delà, chacun des trois types de libéralités existant en Droit français, les donations (Chap. 2), les legs et leur contenant les testaments (Chap. 3) et les institutions contractuelles (Chap. 4), comportent des particularités qu'il faut analyser séparément.

Chapitre 1
Les points communs

241. La dévolution légale n'est que **supplétive** (à quelques règles près, mais récemment atténuées : réserve obligatoire – cf. *infra* n° 571 et s. –, interdiction des pactes sur succession future – cf. *infra* n° 563 et s. –…). Tout individu a donc la possibilité de modifier les principes relatifs aux transferts intra et intergénérationnels par des actes de volonté, en vue de favoriser certains successibles ou au profit de tiers (ne faisant pas partie de la famille *mortis causa* ; cf. *supra* n° 93 et s.).

Il est évidemment d'abord nécessaire de tenter de définir ce que peut-être une libéralité (I). Ensuite, il est possible de présenter les conditions communes à toutes les libéralités (II) en réservant une place spéciale au problème de la capacité (III) et une autre à celui des stipulations particulières (IV).

I. Notions générales

242. Le Droit français connaît les actes unilatéraux, les contrats unilatéraux, les actes à titre gratuit, les contrats en principe gratuits (gage, nantissement, cautionnement), les contrats de bienfaisance (mandat, dépôt, commodat), voire altruistes… mais aucune de ces notions ne peut être synonyme de libéralité.

Le Droit définit la libéralité par la réunion de deux éléments : un élément matériel, objectif (A) et un élément intentionnel, subjectif (B). La question la plus délicate qui s'est posée a été de savoir s'il y avait encore libéralité en présence d'un simple intérêt moral (C). Mais on s'est aussi demandé quelle solution retenir en cas de libéralités rémunératoires (D) et dans quelle mesure il y avait encore libéralité avec les cadeaux d'usage (E).

A. L'élément matériel

243. L'élément matériel est dual : une libéralité suppose un enrichissement (1) et un appauvrissement corrélatif (2). Les deux

exigences sont d'ailleurs étroitement liées. "Les libéralités de manques à gagner" (3) ont pu constituer une difficulté particulière.

1. L'enrichissement

244. Le bénéficiaire d'une libéralité doit obtenir un **enrichissement**, fût-il modeste (Cass. civ. 1re 19 sept. 2012 : n° 11-15.460). Si le montant des charges imposées au bénéficiaire dépasse la valeur des biens reçus, il n'y a pas libéralité (Cass. civ. 28 nov. 1938 : DH 1939 17, S. 1939 I 55). Il en va de même, car une concomitance absolue n'est pas requise, si la pseudo-libéralité n'est que la contrepartie d'avantages qui viennent d'être consentis par le prétendu bénéficiaire au prétendu auteur de l'acte généreux (Cass. civ. 1re 9 juill. 1991 : n° 89-20.686 ; Cass. civ. 1re 20 janv. 2004 : n° 01-03.799 legs rémunératoire ; *Rappr. supra* n° 110, 111 et 183 et *infra* n° 252 et Cass. civ. 1re 4 mai 2012 : n° 11-14.617). Il n'y a pas libéralité faute d'enrichissement du bénéficiaire, mais aussi, faute de véritable appauvrissement de l'autre partie...

2. L'appauvrissement

245. Il y a libéralité quand l'auteur de l'acte s'appauvrit (même si une charge est stipulée à son profit : Cass. req. 25 févr. 1913 : S. 1920 I 220). Si certains contrats unilatéraux à titre gratuit ne sont pas des libéralités (cf. *supra* n° 242), c'est parce qu'ils ne comportent pas de véritable appauvrissement de l'initiateur de l'acte.

— Certaines libéralités apparentes sont ainsi requalifiées **faute d'appauvrissement** du stipulant (Cass. civ. 6 déc. 1909 : D. 1910 I 281, note H. CAPITANT ; Cass. civ. 19 juill. 1894 : D. 1895 I 125, S. 1894 I 439 ; Cass. civ. 1re 1er févr. 2012 : n° 10-25.546 : frais d'entretien représentant l'expression d'un devoir familial n'entraînant pas appauvrissement significatif du disposant ; Cass. com. 18 déc. 2012 : n° 11-27.745).

— Inversement, la **présence d'un appauvrissement** de l'auteur de l'acte peut conduire à requalifier en libéralité ce qui apparaissait initialement comme une vente (Cass. civ. 16 juill. 1959 : D. 1960 185, note R. SAVATIER : vente à prix modique ; cf. *infra* n° 464 et 468).

3. Les "libéralités de manques à gagner"

246. Sauf texte contraire, la **renonciation à un droit** peut ou non, selon l'intention du renonçant, être constitutive de libéralité (cf. *infra* n° 468, à propos des donations indirectes ; *Comp. infra* n° 470, à propos des dons manuels).

Mais il semble toujours acquis qu'il n'y a pas de don de service, ni de don de crédit (au sens de considération liée à la solvabilité), ce qui peut expliquer (cf. *supra* n° 242) que les contrats de bienfaisance (p. ex. le commodat) et les contrats en principe gratuit (p. ex. le cautionnement) ne soient pas des libéralités. L'idée sous-jacente (discutable) est qu'il n'y a pas d'appauvrissement effectif.

247. Pendant longtemps, les juges ont été encore plus exigeants en estimant qu'un appauvrissement en capital, en principal, était requis pour qu'il y ait libéralité.

Puis, la jurisprudence a admis qu'il puisse y avoir **don d'usufruit** (Cass. civ. 16 déc. 1940 : D.C. 1943 104, note J. FLOUR, JCP 1941 II 1655, obs. P. VOIRIN), ce qui était logique s'agissant aussi d'un droit réel démembré. Plus récemment, elle a assimilé les **dons de fruits et revenus** à des libéralités (Cass. civ. 1re 14 janv. 1997 : n° 94-16.813 ; Cass. civ. 1re 25 févr. 1997 : n° 94-22.022).

B. L'élément intentionnel

248. La question de l'élément intentionnel rejoint celle de la cause (cf. *infra* n° 277 et s.). D'ailleurs l'élément intentionnel peut être assimilé à une "cause qualification".

Pour tout type de libéralité, il faut une intention : une libéralité est **un acte de volonté**. La "mauvaise affaire", l'appauvrissement involontaire ne constituent pas des libéralités. L'exécution d'une obligation, fût-elle une simple obligation naturelle, n'est pas une libéralité.

Mais, cet élément intentionnel est plus que la simple volonté (en cas d'acte unilatéral), plus que le consentement et même plus que l'*animus contrahendi* (en cas de contrat). Il s'agit d'une sorte d'***animus donandi*** (ou ***testandi***).

Mais il n'est pas indispensable que l'on soit en présence d'un altruisme parfait (à propos de l'intérêt moral, cf. *infra* n° 251 ; la pure gratuité ne pouvant être, pour certains, que d'essence divine : cf. *supra* n° 27).

L'intention libérale se situe entre deux extrêmes, la jurisprudence naviguant dans un improbable chenal, au-delà de la volonté (ne pas réclamer un paiement n'est pas suffisant pour établir une intention libérale : Cass. civ. 1re 19 mars 2014 : n° 13-14.795) et en deçà de l'altruisme (sur l'absence d'intention libérale dans le fait de loger gratuitement un de ses enfants : V. Cass. civ. 1re 18 janv. 2012 : n° 09-72.542, n° 10-25.685, n° 10-27.325 et n° 11-12.863).

249. Quant à la charge de la **preuve**, c'est à celui qui se prévaut de l'existence d'une libéralité de prouver la réalité de l'intention libérale (Cass. civ. 1re 3 mai 2006 : n° 04-20.423) et ce, par tous les moyens (Cass. civ. 1re 19 mars 2014 : n° 13-14.139).

Malgré les incertitudes qui demeurent quant à sa définition, **les tribunaux** tiennent souvent compte de l'existence ou de l'absence de l'intention libérale pour juger qu'il y a ou non libéralité (V., p. ex., Cass. req. 9 déc. 1913 : D. 1919 I 29, note H. L. ; Cass. civ. 1re 30 sept. 2009 : n° 08-17.919). Comme on a pu le faire remarquer, il est d'ailleurs parfois plus aisé de plaider l'absence d'élément intentionnel que celle de l'élément matériel (Cass. com. 19 déc. 2006 : n° 05-17.086). La Cour de cassation exige qu'il y soit fait référence lorsque les juges du fond requalifient en libéralité une opération qui avait reçu une autre appellation ou lorsqu'ils refusent la qualification de libéralité (Cass. civ. 1re 3 févr. 1969 : n° 67-12.667 ; Cass. civ. 1re 8 juill. 2010 : n° 09-12.491 ; jurispr. constante).

C. La question de l'intérêt moral

251. On se place ici, évidemment, du côté de l'auteur de l'acte prétendument généreux.

La seule présence constatée d'un intérêt moral peut-elle suffire à détruire la libéralité apparente ?

Selon les époques, on a admis que l'intérêt moral pouvait suffire pour détruire l'idée de libéralité (Cass. req. 14 avr. 1863 : D. 1863 I 402, S. 1863 I 362 ; Cass. civ. 1re 1er mars 1988 : n° 86-13.158) ou, inversement, qu'une libéralité pouvait être maintenue même en présence d'un intérêt moral spécifié (Cass. civ. 8 nov. 1911 : D. 1912 I 389 ; Cass. com. 5 oct. 2004 : n° 03-15.709).

Les solutions entreprises sont, en réalité, contingentes et circonstancielles. L'intérêt moral paraît, en définitive, constituer pour les juges du fond un moyen d'opportunité, leur permettant, selon les besoins, de "découvrir" ou non la présence d'une libéralité.

D. Les libéralités rémunératoires

252. Il s'agit de l'hypothèse où le bénéficiaire de la libéralité a, en parallèle, fourni un service à son auteur. Le problème est alors celui de savoir si la libéralité ne constituait pas, en réalité, **une rémunération**. La question s'est souvent posée dans l'hypothèse des libéralités consenties à un membre de son personnel

(employés de maison...). Si la prestation de travail a déjà été, au préalable, convenablement rémunérée, il y a bien libéralité (Cass. req. 7 janv. 1862 : D. 1862 I 188). En revanche, s'il n'y a pas eu rémunération normale de la prestation de services fournie par l'employé, l'apparente libéralité constitue, en réalité, un acte à titre onéreux (Cass. civ. 3 févr. 1846 : S. 1846 I 502 ; *Rappr. supra* n° 244 et, quant au salaire différé ou à l'action pour enrichissement sans cause, *supra* n° 110, 111, 183 et 246 ; au demeurant, l'article 1023 C. civ. contient une présomption simple de libéralité en ce qu'il présume que le legs fait à un domestique n'est pas censé être réalisé en compensation de ses émoluments : *Rappr. infra* n° 419 ; sur la question de la rémunération des médecins, cf. *infra* n° 310). La difficulté tient au fait que la jurisprudence accepte que les libéralités soient partiellement rémunératoires (« *le caractère excessif [d'une] libéralité par rapport au service rendu ne lui fait pas perdre son caractère rémunératoire* » : Cass. civ. 1re 8 juill. 2010 : n° 09-67.135 : legs, d'une valeur de 59 730 €, rémunératoire jusqu'à 39 000 €, valeur des services rendus).

E. Les cadeaux d'usage

253. Le cadeau (ou présent) d'usage obéit à un régime propre. Il s'agit d'un "cadeau", mais non d'une "libéralité" au sens juridique du terme. On considère que l'existence d'un usage, contraignant moralement l'auteur de l'acte, enlève une grande part de l'intention libérale. On avance aussi parfois qu'il pourrait s'agir d'une sorte de libéralité rémunératoire ou même d'une obligation naturelle. En conséquence, le cadeau d'usage échappe à la plupart des effets du régime juridique des libéralités (fiscalité des donations, rapport successoral, réduction pour atteinte à la réserve héréditaire, révocation pour ingratitude...).

— Pour qu'il y ait cadeau d'usage, il faut naturellement qu'il y ait un **usage** mondain (au sens large) voulant que l'on offre un présent dans une circonstance précise (mariage, anniversaire, départ à la retraite... ; V., p. ex., Cass. civ. 1re 6 déc. 1988 : n° 87-15.083 : le juge doit préciser à quelle occasion le cadeau a été remis). Il faut aussi, à l'évidence, que le présent ait été offert pour une telle occasion.

— Il est, ensuite, nécessaire que le cadeau soit d'une **valeur raisonnable**, non excessive. Pour apprécier le caractère raisonnable de la valeur du présent, la jurisprudence a estimé que l'on devait tenir compte des ressources de son auteur et apprécier les circonstances *in concreto* (Cass. civ. 1re 30 déc. 1952 : D. 1953 161,

JCP 1953 II 7475, obs. J. MIHURA, Gaz. Pal. 1953 I 148, RTD civ. 1953, 360, obs. R. SAVATIER).

— Enfin, c'est au **moment** où le cadeau est offert qu'il faut se placer pour rechercher si sa valeur n'est pas excessive (Cass. civ. 1re 10 mai 1995 : n° 93-15.187, à propos d'aquarelles ayant pris, ultérieurement, énormément de valeur).

Depuis 2006, ces dernières solutions sont été consacrées par la loi ; le second alinéa de l'**article 852 du Code civil** énonce à présent : « *Le caractère de présent d'usage s'apprécie à la date où il est consenti et compte tenu de la fortune du disposant* ».

II. Les conditions communes générales

254. Comme tout acte juridique, une libéralité ne peut intervenir qu'entre des personnes physiques ou morales existantes (A) et doit comporter au moins l'expression initiale d'un consentement non vicié (B). La lésion et l'imprévision ne peuvent en principe être admises (C). Enfin, les conditions de cause (D) et d'objet (E) prennent ici un sens assez particulier. Quelques mots seront dits, *in fine*, à propos de l'imposition (F). On rappellera que la question de la capacité, étant ici assez spécifique, est présentée séparément (cf. *infra* n° 286 et s.). La réforme du Droit des contrats et, dans une moindre mesure, du Droit des obligations actuellement sur le point d'être mise en œuvre en 2015 devrait avoir une influence sur les conditions de fond des libéralités (p. ex. en ce qu'elle supprimerait la notion de "cause").

A. L'existence juridique des parties

255. Il est évident qu'une personne juridiquement inexistante **ne peut consentir des libéralités** (V., cependant, le cas des libéralités graduelles, *infra* n° 269).

En revanche, il peut se faire qu'une libéralité soit, volontairement ou non, consentie à une personne inexistante. La question posée ici est celle d'une **impossibilité de recevoir**. Il faut éviter, dans ces hypothèses, une vacance dans l'appropriation des biens. On peut distinguer selon que le bénéficiaire inexistant est une personne physique (1) ou une personne morale (2). Les textes prévoient enfin un régime particulier pour ce que l'on nomme les "substitutions" (3).

1. Les personnes physiques inexistantes

256. Il est tout d'abord évident qu'une libéralité ne peut être consentie à un être vivant qui ne serait pas une **personne humaine**. Ainsi ne peut-on envoyer des dons d'argent à un animal (Lyon 20 oct. 1958 : D. 1959, 111, note R. NERSON, Gaz. Pal. 1959 II 59 ; en l'espèce, un chien méritant).

257. La deuxième question qui se pose est ici celle des **personnes futures**. L'article 906 du Code civil prévoit qu'une libéralité peut être accordée à un sujet de droit simplement conçu (à condition qu'il naisse ensuite vivant et viable ; pour un parallèle avec le Droit successoral, cf. *supra* n° 79). Pour les donations, il suffit que le donataire soit conçu au jour de la donation (ce qui pose, néanmoins, un problème de représentation...). Pour les legs, il suffit que le légataire soit conçu au jour du décès du testateur.

Au-delà, peut-on consentir une libéralité à une véritable personne physique future (non conçue) ? Pour les donations, la réponse est nécessairement négative. En revanche, il est permis de prévoir un legs au profit d'enfants à naître (dans la mesure où seuls les enfants existants au jour de l'ouverture de la succession en bénéficieront).

258. Il est ensuite nécessaire que la personne désignée comme bénéficiaire d'une libéralité soit aisément **identifiable** (ex. "à mon frère" pourrait être admis si le défunt n'avait qu'un frère). On ne peut consentir une libéralité à une personne incertaine.

Mais les juges du fond peuvent utiliser des moyens de preuve extrinsèques pour se déterminer et les tribunaux sont souvent fort généreux, sauvant l'acte pour respecter la volonté libérale du défunt (V., p. ex., Cass. req. 21 févr. 1934 : DP 1934 I 69, Rapp. PILON : oubli... du nom du bénéficiaire !). La Cour de cassation, plus généralement, avait affirmé : « *les libéralités faites aux pauvres ne peuvent être considérées comme faites à des personnes incertaines* » (Cass. civ. 1re 25 mai 1960 : Bull. n° 289) ; mais les articles 910 et 937 du Code civil ne prévoient plus expressément les libéralités faites à des pauvres, comme c'était le cas autrefois.

259. Si l'on souhaite réaliser un acte généreux au profit d'une personne indéterminée, on a toujours la possibilité de le faire de manière indirecte, sous forme de **charge** : il suffit d'imposer aux héritiers ou à un légataire la charge de réaliser tel acte généreux au bénéfice, par exemple, d'enfants futurs non encore conçus, d'un animal ou des bonnes œuvres (Cass. civ. 28 juill. 1903 : S. 1904 I 87).

2. Les personnes morales inexistantes

260. Il est indispensable que le groupement ou l'entité bénéficiaire d'une libéralité ait la personnalité morale et la **personnalité morale adéquate** (art. 910 et 937 C. civ. ; pour un parallèle avec les successions, cf. *supra* n° 78 ; sur les dons et legs faits à l'État, V. art. L. 1121-1 et s. CGPPP et, pour ceux attribués aux communes, V. art. L. 2242-1 et s. CGCT).

Il ne suffit pas toujours d'avoir la personnalité juridique. Ainsi, si toute **association** n'a pas la pleine liberté d'accepter une libéralité. Une association simplement déclarée ne peut normalement recevoir que des dons manuels (art. 6 de la loi du 1er juill. 1901 ; cf. *infra* n° 469 et s.). Pour les autres associations, des réformes récentes ont assoupli les règles en vigueur (suppression de l'autorisation préfectorale préalable ; simple déclaration en préfecture, l'absence d'opposition dans les quatre mois valant admission : décr. n° 2010-395 du 20 avr. 2010).

261. Il est ensuite nécessaire que l'entité bénéficiaire dispose de la personnalité juridique **au bon moment**, c'est-à-dire lors de l'acceptation de la donation ou lors du décès du testateur (il en va de même pour la capacité des personnes physiques : cf. *infra* n° 287 et s.). En principe, sauf texte particulier (permettant une rétroactivité de l'apparition de la personnalité juridique), si, lors du décès du disposant, un groupement légataire est dépourvu de la personnalité, il ne peut recevoir son legs, même s'il obtient la personnalité postérieurement (Cass. civ. 7 févr. 1912 : D. 1912 I 433, S. 1914 I 305, note L. HUGUENEY).

262. Cependant, les **juges** acceptent souvent de valider des libéralités consenties à des personnes inexistantes en interprétant de manière très extensive la volonté des disposants (Cass. civ. 1re 13 mai 1985 : n° 84-13.481 : legs au « *Comité de soutien des amis de la transfiguration* », groupement dépourvu de la personnalité morale mais composé de seulement cinq personnes identifiables, pouvant être, finalement, bénéficiaires ; Cass. civ. 1re 30 juin 1993 : n° 91-18.620 et n° 91-18.737 : legs consenti à la « *Ligue de recherche contre le cancer* », association inexistante mais pouvant désigner les deux associations nationales ayant un but de cette nature ; Cass. civ. 1re 12 déc. 2000 : n° 97-17.984).

263. Enfin, ici encore (cf. *supra* n° 259), bien entendu, on peut contourner l'exigence relative à l'existence du bénéficiaire, en prévoyant une libéralité destinée à un sujet de droit existant, mais

assortie d'une **charge** stipulée au profit d'une personne morale future ou en imposant cette charge à un héritier.

3. La question des substitutions

264. Il convient de rappeler les principes généraux, avant de voir les cas actuellement admis.

- ***Les principes généraux***

265. Des disposants souhaitent souvent faire une opération de "ricochet" : faire en sorte qu'une personne reçoive des biens avec l'obligation pour elle de les transmettre ensuite à une autre. C'est ce que l'on nomme une "substitution". Celle-ci était traditionnellement **prohibée**. En effet, pour établir un tel montage, il faut soit interdire au premier bénéficiaire d'aliéner les biens, soit suspendre l'attribution pendant la durée de la vie de celui-ci. Si l'on interdit l'aliénation, on se heurte au principe selon lequel une **inaliénabilité** doit rester temporaire (art. 900-1, al. 1er, C. civ. ; sur le régime des clauses d'inaliénabilité : cf. *infra* n° 323). Si l'on suspend l'attribution des biens, les **biens** restent un temps **inappropriés** et la désignation du bénéficiaire est laissée au libre arbitre d'un tiers, ce qui ne peut, normalement, être admis (**legs avec faculté d'élire** ; Cass. civ. 12 août 1863 : DP 1863 I 356, S. 1863 I 446 ; Cass. civ. 1re 8 nov. 2005 : n° 02-21.177). Les substitutions étaient donc déclarées nulles par l'ancien article 896 du Code civil.

Depuis la réforme de 2006, le nouvel article 896 prévoit, de manière atténuée : « *La disposition par laquelle une personne est chargée de conserver et de rendre à un tiers ne produit d'effet que dans le cas où elle est autorisée par la loi* ». Sans totalement inverser le principe, le texte nouveau ouvre plus largement la porte aux substitutions, notamment parce qu'il remplace une nullité de principe par une simple absence d'effet.

Par exception, il existait déjà des procédés considérés, par la jurisprudence et par la loi, comme licites. La réforme de 2006 a ajouté à la liste.

- ***Les cas actuellement admis***

266. Selon la jurisprudence, certains montages ne constituaient pas de véritables mécanismes de substitution. Dans ces occurrences, les solutions retenues sont toujours acceptables depuis la réforme, d'autant que certaines ont été légalement entérinées. Toutefois, pour les cas repris dans la loi, il faut désormais se plier aux nouvelles conditions légales.

Ainsi, tout était et est encore possible (ou presque) si la volonté de transmettre les biens à un tiers exprimée par le disposant, n'est qu'un simple vœu (avec toutes les ambiguités du verbe "souhaiter"... Cf. *infra* n° 339). C'est ce que l'on nomme le "**legs précatif**" : il ne s'agit que d'une prière, en quelque sorte d'une simple obligation morale ; le légataire initial est libre de s'y soumettre ou non. Il est évident que cette jurisprudence n'a aucune raison d'être remise en cause par les textes récents.

De plus, il était et est encore possible de recourir à l'**assurance-vie** en prévoyant qu'une personne (souvent le conjoint survivant de l'assuré) sera usufruitière du capital versé et qu'une autre en sera nue-propriétaire (souvent l'enfant du souscripteur). Dans ce cas, l'usufruitier des fonds doit les conserver jusqu'à sa mort pour qu'ils reviennent au nu-propriétaire.

267. Une hypothèse était déjà légalement admise avant 2006 : il s'agit de ce que l'on appelle une "**substitution vulgaire**" (art. 898 C. civ.) : le disposant donne ou lègue des biens à un bénéficiaire et désigne un autre donataire ou légataire, pour le cas où le premier ne pourrait recueillir sa libéralité. Le second est, en quelque sorte, un légataire de "substitution", mais celle-ci est permise, car il s'agit d'un légataire subsidiaire. L'article 898 a été maintenu en 2006 et étendu aux donations (et même aux successions).

268. **La réforme de 2006**, tout en assouplissant les règles en matière de *votum mortis* (cf. *infra* n° 563 et s.) a apporté une innovation importante, en matière de substitutions, en créant deux mécanismes appelés "libéralités graduelles" et "libéralités résiduelles" (Chap. VI, du Titre II du Livre troisième du Code civil). Il est déjà évident, qu'en employant le terme général de "libéralités", la loi a voulu étendre aux donations des procédés jusque-là, le plus souvent, en pratique, limités aux legs.

269. Était considérée comme valide, en jurisprudence, la technique consistant à instituer un véritable légataire (pas de coupure dans l'appropriation des biens), à **charge** pour lui de remettre, à l'issue d'un terme, lors de la réalisation d'une condition, voire lors de son propre décès, la totalité ou partie du legs à une autre personne. Ce mécanisme a été repris en 2006 par la loi, avec l'avènement des libéralités graduelles et, par ailleurs, la technique générale du recours aux charges n'est pas remise en question. Avec **les libéralités graduelles**, les biens objets de la libéralité vont être inaliénables, indisponibles, un certain temps. L'article 1048 nouveau du Code civil dispose : « *Une libéralité peut*

être grevée d'une charge comportant l'obligation pour le donataire ou le légataire de conserver les biens ou droits qui en sont l'objet et de les transmettre, à son décès, à un second gratifié, désigné dans l'acte ».

Les libéralités graduelles sont donc des donations ou des legs comportant une charge impliquant pour le bénéficiaire l'obligation de conserver les biens ou les droits cédés afin de les transmettre à son tour à son décès à un autre gratifié désigné dans l'acte. S'il s'agit d'une donation, le premier bénéficiaire doit manifester son acceptation du vivant du donateur initial. Le premier gratifié a la jouissance des biens et droits (*usus* et *fructus*), mais il n'a pas *l'abusus*, il n'a pas le droit de les détruire ou de les aliéner, ni à titre onéreux, ni à titre gratuit. Le gratifié final est censé tenir ses droits du disposant initial (art. 1051 C. civ.), ce qui signifie que les droits et biens concernés sont alors considérés comme n'ayant jamais fait partie du patrimoine du premier gratifié.

Normalement, pour qu'une donation soit valide, il faut que le donateur et le donataire échangent leurs consentements ; il faut donc qu'ils soient tous deux vivants. Ici, si la libéralité graduelle est une donation, le législateur a été contraint d'introduire une exception à la règle : la donation graduelle peut être acceptée par le second gratifié après le décès du donateur initial (art. 1055, al. 2, C. civ.). Il s'agit donc d'un contrat conclu entre deux personnes dont l'une est décédée... (alors qu'une personne inexistante ne peut, en principe, consentir une libéralité : cf. *supra* n° 255).

270. On connaissait déjà le "legs de *residuo*", par lequel un testateur lègue des biens à *Primus*, à charge pour lui de transmettre ce qu'il en restera à son propre décès, à *Secondus*, prédésigné ; le premier bénéficiaire a la possibilité de dilapider de son vivant les biens légués : s'il ne reste plus rien, le second n'aura rien. Le Code donne aujourd'hui à cette ancienne exception jurisprudentielle un cadre légal et un ressort élargi (extension aux donations) en organisant **les libéralités résiduelles** (art. 1057 et s. C. civ.).

L'article 1057 du Code civil dispose : « *Il peut être prévu dans une libéralité qu'une personne sera appelée à recueillir ce qui subsistera du don ou legs fait à un premier gratifié à la mort de celui-ci* ». Ici, les biens objets de la libéralité demeurent en principe aliénables ; il n'y a pas d'obligation de conservation de la part du premier gratifié (art. 1058). Le premier gratifié peut aliéner à titre onéreux, comme bon lui semble, les biens et droits concernés, mais il a interdiction de les léguer (art. 1059, al. 1er, C. civ.). Il peut en principe les donner, sauf si la libéralité première lui en a fait interdiction (art. 1059, al. 2, C. civ.). Pour le reste, l'article 1061 fait renvoi aux dispositions régissant les libéralités graduelles (cf. *supra* n° 269).

B. L'absence de vice du consentement

271. À défaut de consentement, une libéralité serait inexistante (sur l'insanité, cf. *infra* n° 296 et s.). Mais c'est surtout la question de l'imperfection du consentement qui est fréquemment évoquée. Autrefois, on se référait aux textes du Droit commun (art. 1108 et s. C. civ.). Depuis la réforme de 2006, l'article 901 du Code civil dispose spécifiquement pour les libéralités : « *La libéralité est nulle lorsque le consentement a été vicié par l'erreur, le dol ou la violence* ».

272. On admet, à l'évidence ici, l'**erreur** sur la personne, compte tenu du fort *intuitus personæ* que recèle toute libéralité. L'erreur sur la substance peut aussi être plaidée, y compris l'erreur de droit (p. ex. : erreur sur les droits successoraux potentiels ; V. Cass. civ. 1re 21 juin 1960 : Bull. n° 339).

273. Les libéralités sont surtout l'occasion de plaider le **dol**. La manœuvre la plus fréquemment relevée ici est le "chambrage", procédé qui consiste à tenir une personne isolée de son entourage pour mieux l'influencer, voire la circonvenir (V., p. ex., Cass. civ. 1re 30 oct. 1985 : n° 84-15.922). On se situe ici à la limite de la violence morale. Le silence dolosif a pu ici être admis plus tôt qu'il ne le fut dans d'autres domaines (Cass. civ. 1re 21 juin 1960 : Bull. n° 339, *précit.*). La jurisprudence admet, systématiquement, pour les libéralités, le dol émanant d'un tiers qu'il s'agisse de donations ou de legs (Cass. req. 16 mars 1875 : DP 1876 I 491 ; Cass. req. 2 janv. 1878 : D. 1878 I 136) ; il est d'ailleurs fréquent que le bénéficiaire d'un legs et l'auteur des faits dolosifs soient deux personnes différentes.

274. La **violence** est aussi parfois invoquée. Il est toutefois souvent malaisé de distinguer ici les faits de dol de ceux de violence (V., p. ex., Cass. req. 19 juin 1877 : D. 1878 I 160 ; Rappr. Cass. civ. 3 e 13 janv. 1999 : n° 96-18.309, à propos d'une vente consentie à une secte). On notera qu'une libéralité extorquée peut être poursuivie pénalement au titre de l'abus frauduleux d'un état de faiblesse, en tant qu'acte gravement préjudiciable à une personne vulnérable (art. 223-15-2 C. pén. ; Cass. crim. 15 nov. 2005 : n° 04-86.051 ; Cass. crim. 21 oct. 2008 : n° 08-81.126).

C. La lésion et l'imprévision

275. On sait qu'en principe la **lésion** (rescision d'un contrat en raison d'une disproportion trop importante entre la valeur des obligations de chacune des parties au moment de l'acte) n'est pas admise en Droit français (art. 1118 C. civ.). Mais, pour les libéralités, la solution est encore plus évidente ; en effet, toute libéralité, par définition, est totalement lésionnaire ; qui plus est, il s'agit d'une lésion consciente et volontaire (toutefois, à propos de la sauvegarde de justice, cf. *infra* n° 301).

276. L'**imprévision** (remise en cause d'un contrat à exécution successive en raison d'une disproportion, trop importante et initialement imprévisible, apparaissant au fil du temps, entre la valeur des obligations de chacune des parties) n'est pas non plus acceptée, en principe, en Droit privé. Toutefois, outre la possibilité d'introduire des clauses d'imprévision (cf. *infra* n° 326), le principe de la révocabilité des testaments (cf. *infra* n° 429 et s.), la possibilité de révoquer les libéralités pour ingratitude (cf. *infra* n° 484 et s.), le principe de libre révocabilité des donations de biens à venir entre époux réalisées pendant le mariage (cf. *infra* n° 444) et le droit pour le juge de modifier certaines clauses des libéralités en fonction de l'évolution des circonstances (art. 900-1 et s. C. civ. ; Cf. *infra* n° 326) constituent autant de manières abâtardies ou indirectes d'admission de l'imprévision. La réforme prochaine du Droit des obligations pourrait apporter une plus grande prise en compte de l'imprévision.

D. La cause

277. Il s'agit ici de la cause susceptible d'invalider un acte et non de la cause qualifiante (cf. *supra* n° 248). La prochaine réforme du Droit des obligations devrait conduire à profondément remanier le Droit positif en la matière. Actuellement, la différence entre cause proche et cause lointaine est assez aisée à appréhender dans un contrat synallagmatique (l'obligation due par chaque partie est une cause proche, les motifs de chacune une cause lointaine). Dans un contrat unilatéral la distinction est déjà plus délicate ; elle devient presque ésotérique dans une libéralité, où il conviendrait de distinguer la conscience de l'absence de contrepartie évaluable, la conscience objective de se dépouiller (cause proche), de la volonté libérale ou altruiste (cause lointaine). On retrouve donc la difficile question de l'intention libérale et le problème de l'intérêt moral (cf. *supra* n° 248 et 251). Mais, ici, il ne s'agit plus d'une cause

permettant de qualifier l'acte de libéralité, mais d'**un mobile** risquant de le détruire. La cause d'une libéralité (ainsi entendue et sans faire de distinction entre *causa proxima* et *causa remota*) doit **exister** et **être licite**.

Les textes évoquent les exigences relatives à la cause à propos des "conventions" (art. 1131 et s. C. civ.), mais on admettait qu'une transposition était possible, même pour les libéralités issues d'un acte unilatéral. Les textes récents n'ayant pas prévu, ici, de disposition spécifique pour les libéralités (à l'inverse de ce qui a été fait pour les vices du consentement : cf. *supra* n° 271), il faut donc, pour la cause des libéralités, continuer d'appliquer les textes du Code civil prévus pour les conventions.

278. Quant à la licéité de la cause, la question la plus fréquemment soulevée a été celle des **libéralités consenties à un concubin**. Après avoir longtemps annulé, pour cause illicite, les libéralités consenties entre concubins, la Cour de cassation a finalement estimé que la cause de la libéralité, dont l'auteur entend maintenir la relation adultère qu'il a avec le bénéficiaire, n'était pas contraire aux bonnes mœurs (Cass. Ass. plén. 29 oct. 2004 : n° 03-11.238). Il résulte, *a fortiori*, de cette position que les libéralités consenties entre concubins non adultères ont désormais une cause licite.

279. Une libéralité peut également risquer d'être annulée pour **absence de cause**, si la cause absente avait été déterminante dans la conclusion de l'acte (Cass. civ. 1re 11 févr. 1986 : n° 84-15.513 : acte réalisée en considération d'un avantage fiscal supprimé ensuite rétroactivement ; Cass. civ. 1re 15 déc. 2010 : n° 09-70.834 et Cass. civ. 1re 15 févr. 2012 : n° 10-23.026 : actes néanmoins maintenus, leurs auteurs, capables et dûment informés, ne les ayant pas modifiés).

E. L'objet

280. À l'inverse du constat fait en matière de cause (cf. *supra* n° 277), la notion d'objet est plus simple à appréhender dans les libéralités que dans les contrats synallagmatiques. Il n'y a pas lieu de distinguer ici l'objet du contrat de l'objet de chacune des obligations, puisqu'il n'y a qu'une seule obligation : l'objet de la libéralité, c'est ce sur quoi elle porte.

Le législateur, ici non plus, n'a prévu aucun texte spécifique pour les libéralités (cf. *supra* n° 277) ; bien que le Code civil n'évoque donc l'objet qu'à propos des "contrats" (art. 1126 et s.), on accepte d'appliquer (et d'adapter) ces règles légales aux libéralités même contenues dans des actes unilatéraux.

L'objet doit donc exister et être licite (sur l'impossibilité d'avoir un crédit ou un service comme objet d'une libéralité, cf. *supra* n° 246). On ne peut, en principe, disposer des choses hors commerce et notamment des éléments du corps humain (art. 16-1, al. 3, C. civ. ; art. II-63-2 de la Charte européenne des droits fondamentaux ; on y inclut désormais les cellules du cordon ombilical et le placenta : loi n° 2011-814 du 7 juill. 2011, art. 18 ; il existe des tempéraments : V. art. L. 1245-2 et R. 1211-49 C. santé publ.).

L'**interdiction** de disposer de choses hors commerce se fait cependant **moins rigoureuse** lorsqu'il s'agit d'actes à titre gratuit (cornée, cadavre pour la science, lait maternel, sang, organe, tissus, gamètes - spermatozoïdes ou ovocytes - moelle osseuse, greffon osseux, embryon...). On signalera, cependant, que si le "don" d'embryon surnuméraire est possible, en revanche, le double don de gamètes, étrangers aux deux membres d'un couple, demeure prohibé (art. L. 2141-3 C. santé publ. : un embryon « *ne peut être conçu avec des gamètes ne provenant pas d'un au moins des membres du couple* »).

281. Toutefois, la convention dite de "**mère porteuse**" (encore appelée "gestation pour autrui" - GPA) demeure prohibée en France, qu'il s'agisse d'une maternité de substitution ou d'un simple prêt (ou d'une location) d'utérus (art. 16-7 C. civ. ; ce qui a conduit la Cour de cassation à considérer qu'il y avait fraude à la loi à tenter d'établir en France la filiation d'enfants nés par ce procédé à l'étranger : Cass. civ. 1re 6 avr. 2011 : n° 10-19.053 ; Cass. civ. 1re 13 sept. 2013 : n° 13-30.138 et n° 12-18.315 ; Cass. civ. 1re 19 mars 2014 : n° 13-50.005 ; Cons. const. 17 mai 2013 : n° 2013-669 ; mais ce refus a été condamné par la Cour européenne des droits de l'homme : CEDH 26 juin 2014 : n° 65192/11 et n° 65941/11). Mais il s'agit d'une donation de services (don de gestation ; cf. *supra* n° 246) et l'on n'est donc plus en présence d'une véritable libéralité (encore moins, évidemment, si le service a été rendu contre rémunération).

F. L'imposition

282. Là encore, face à une fiscalité de principe lourde (cf. *supra* n° 228) (1), la législation multiplie les "niches" et dérogations en tous genres, pouvant tenir au type de bien transmis,

à la qualité de la personne bénéficiaire ou au lien de famille existant entre le stipulant et le bénéficiaire ; on se contentera, là encore, de donner quelques exemples de ces dérogations et exceptions (2).

1. Le régime fiscal normal

283. C'est ici que le risque de requalification d'un acte à titre onéreux en acte à titre gratuit est le plus patent. En effet, manifestation de la méfiance qui s'exerce à l'égard du don (cf. *supra* n° 28), et, sans doute, symbole d'une société essentiellement matérialiste, la fiscalité est souvent plus lourde lorsqu'elle porte sur un acte généreux que quand elle concerne un acte intéressé. Le régime fiscal des libéralités est, *a priori*, le même que pour les successions (cf. *supra* n° 226 et s.), les droits d'enregistrement devant en général être perçus pour toutes « *mutations à titre gratuit* ». Mais la loi fiscale tend à séparer le régime des libéralités entre vifs de celui des mutations à cause de mort (rapprochant ainsi, successions, legs et donations à cause de mort).

Les taux d'imposition et les tranches sont les mêmes qu'en matière successorale (cf. *supra* n° 229). Par exemple, les **tiers**, étrangers à la famille (le concubin, par exemple), s'ils reçoivent des libéralités, sont imposables au taux fixe de 60 %. Le **conjoint** survivant est exonéré pour les libéralités à cause de mort reçues de son époux. En revanche, pour les donations consenties entre époux, il n'y a pas d'exonération. Le conjoint est imposé par tranches successives (de 5 % à 45 % : art. 777 CGI). Les **partenaires** (art. 777 CGI) ont un régime calqué sur celui des époux : pour les libéralités entre vifs qu'ils se consentent (donations), ils sont imposés identiquement (mêmes tranches que pour le conjoint).

284. C'est, en principe, le bénéficiaire de la libéralité qui doit s'acquitter du **paiement** des droits d'enregistrement (art. 1016, al. 2 C. civ. pour les legs). Mais, l'acte peut contenir des dispositions contraires (art. 1712 CGI et, pour les legs, art. 1016, al. 3, C. civ. ; *Comp. supra* n° 229 ; le paiement par le donateur des droits de mutation constitue un supplément de donation : Cas. civ. 1re 25 févr. 2009 : n° 07-20.010).

2. Les avantages admis

285. Les cas ci-après cités ne sont que des exemples, au demeurant changeant au gré des lois de finances annuelles (et devant répondre à diverses conditions, non spécifiées ici).

— Des **abattements** nombreux (parfois cumulables) sont consentis (ce sont en général les mêmes que pour les successions : cf. *supra* n° 230 ; pour les donations entre époux ou entre partenaires, V. art. 790 E et 790 F CGI).

— Il est prévu, quel que soit le bénéficiaire d'une **donation** et même s'il ne s'agit pas d'un partage, une réduction d'imposition, variable selon l'âge du donateur (art. 790 CGI).

— Les donations consenties aux **petits-enfants** bénéficient d'un abattement (actualisable) particulier (art. 790 B CGI). Les donations au profit des **enfants**, petits-enfants ou arrière-petits-enfants (ou, à défaut au profit de collatéraux privilégiés) sont partiellement exonérées, si le donateur a moins de quatre-vingts ans s'il s'agit d'une donation à des petits-enfants et moins de soixante-cinq ans dans les autres cas (790 G CGI ; montant révisable annuellement). Un abattement actualisable sur la part de chacun des arrière-petits-enfants est également prévu (art. 790 D CGI).

— Les dons faits aux **associations** reconnues d'utilité publique (art. 200 CGI) permettent d'obtenir une réduction d'impôt sur le revenu.

— Depuis 2003 (sous réserve que diverses conditions soient remplies), en cas de donations de **fonds de commerce**, de fonds artisanaux ou de clientèles libérales, il est possible d'obtenir un abattement sur la valeur de l'entreprise (art. 790 A CGI). Les dons d'argent consentis à un descendant ou (à défaut) à un neveu ou une nièce sont partiellement exonérés si les sommes sont affectées au capital d'une PME (art. 790 A bis CGI)...

III. La capacité

286. L'article 902 du Code civil énonce : « *Toutes personnes peuvent disposer et recevoir, soit par donation entre vifs, soit par testament, excepté celles que la loi en déclare incapables* ». Il est donc nécessaire que le donateur et le testateur aient la capacité de jouissance de donner et que le donataire et le légataire aient celle de recevoir. S'ils subissent simplement une incapacité d'exercice, il faut

vérifier que l'acte a bien été accompli avec l'assistance ou la représentation requise.

Il est tout d'abord nécessaire de s'interroger sur le moment auquel il faut se placer pour apprécier l'état de capacité ou d'incapacité des personnes en présence (A). Il est ensuite utile de rechercher si l'application du Droit commun des incapacités ne comporte pas ici un certain nombre de spécificités (B). En sus, on doit décrire les incapacités spéciales, qui existent pour les libéralités en raison de la défiance qu'elles inspirent et qui n'ont pas leur équivalent pour les autres actes (C). Enfin, on peut s'interroger sur le régime général des sanctions applicables en cas d'incapacité dans une libéralité (D).

A. Le moment de l'appréciation de l'incapacité

287. C'est, le plus souvent, à propos de la capacité que l'on présente la question du moment auquel on doit se placer pour vérifier qu'un individu est en état d'agir juridiquement. Mais on peut développer un raisonnement voisin quand il s'agit de s'interroger sur l'existence même de la personne (cf. *supra* n° 255 et s.). Il faut distinguer selon que l'on est en présence d'un legs (1) ou d'une donation (2).

1. Les legs

288. **Du côté du testateur**, la capacité est exigée, évidemment, au moment où il rédige le testament.

— S'il est incapable lors de la rédaction, peu importe si, ensuite, il (re)devient capable. Le testament rédigé demeure nul (Cass. req. 27 nov. 1848 : D. 1848 I 225 ; alors pourtant que l'on pourrait avancer que le silence de l'auteur, redevenu capable, vaut ratification tacite).

— Inversement, un testament rédigé par une personne capable, devenue ensuite incapable avant son décès, demeure valide (Cass. req. 19 janv. 1937 : DP 1937 I 33, Rapp. PILON, note R. SAVATIER ; cf., toutefois, *infra* n° 304, à propos de la tutelle) ; alors pourtant que l'on pourrait arguer que, si elle était restée capable, elle aurait pu le modifier).

Ces deux solutions, imparfaitement satisfaisantes pour l'esprit, constituent cependant des choix simplificateurs salutaires.

289. **Du côté du légataire**, il est évident que peu importe sa situation lors de la rédaction du testament (il est fréquent que des

testaments soient rédigés au profit de mineurs). C'est après le décès du testateur que la question va se poser. Si le légataire subit alors une incapacité de jouissance (cf. *infra* n° 305 et s.), il ne peut rien obtenir. S'il n'est affecté que d'une incapacité d'exercice, c'est au moment où il reçoit le legs que l'on doit se placer pour rechercher qui doit l'assister ou le représenter.

2. Les donations

290. Dans la mesure où l'on est en présence d'un contrat, donc d'un échange de consentements entre vifs, c'est au moment de la rencontre des deux volontés, qu'il faut se placer pour apprécier à la fois la capacité du donateur et celle du donataire.

Dans le cas des contrats dits conclus "**entre absents**" (c'est-à-dire des contrats dont les parties sont spatio-temporellement éloignées l'une de l'autre), avec logique, la capacité du donataire s'apprécie au moment où il formule son acceptation ; mais, la capacité du donateur, elle, doit exister à la fois lors de la rédaction de son offre et lors de l'acceptation de celle-ci par le donataire et ce, jusqu'au jour où l'acceptation du donataire lui est notifiée (art. 932, al. 2, C. civ.).

B. L'application aux libéralités du Droit commun des incapacités

291. Le régime habituel des incapacités des mineurs (1) et celui des majeurs (réformé par la loi n° 2007-308 du 5 mars 2007) (2) sont applicables. Mais ils comportent, pour les libéralités, quelques particularités.

1. Les mineurs

292. Ce sont les articles 388 et s. du Code civil qui traitent de la minorité. Pour appliquer le Droit de la minorité aux libéralités, il convient de distinguer selon que le mineur consent ou reçoit des libéralités.

- ***Les libéralités consenties***

293. Il est nécessaire de faire plusieurs départs, selon que le mineur est ou non émancipé (par mariage ou judiciairement) et selon le type de libéralités visé.

— Si **le mineur est émancipé**, il dispose de la capacité de consentir une libéralité (sauf pour les donations par contrat de mariage où il faut l'accord des personnes devant consentir au mariage : incapacité d'exercice ; art. 148, 413-6, al. 2, 1095 et 1398 C. civ.).

— Si **le mineur n'est pas émancipé**, il subit une incapacité de jouissance ; il ne peut consentir une libéralité, sauf pour les cadeaux d'usage (cf. *supra* n° 253), sauf pour les donations par contrat de mariage où il faut l'accord des personnes devant consentir au mariage (art. 1095 C. civ. : incapacité d'exercice) et, enfin, sauf s'il a plus de seize ans, car il peut alors tester, mais seulement pour la moitié de ce dont il aurait pu disposer s'il eut été majeur (art. 904 C. civ.).

• ***Les libéralités reçues***

294. Il est, là encore, utile de séparer les situations selon qu'il y a ou non émancipation.

— - Si **le mineur est émancipé**, il dispose de la pleine capacité (il peut accepter seul une libéralité).

— - Si **le mineur n'est pas émancipé**, il subit une incapacité d'exercice (la libéralité doit être acceptée par le ou les représentant (s) du mineur, en son nom : art. 935 C. civ.).

2. Les majeurs

295. Le nombre des majeurs autrefois qualifiés d'"incapables" et désormais désignés sous l'expression de "majeurs protégés" est en constante augmentation. La **loi** n° 2007-308 du **5 mars 2007** a réformé le régime la protection juridique des majeurs pour éviter les abus qui avaient pu être constatés. Ce texte a entendu privilégier l'autonomie des personnes concernées. Il convient de distinguer selon que le majeur a fait l'objet d'une protection (3) ou non (1), même si, dans ce dernier cas, on est plus proche d'une absence de consentement que d'une incapacité proprement dite. Depuis la réforme de 2007, il existe, en quelque sorte, une situation intermédiaire, concrétisée par le mandat de protection future (2).

• ***Les majeurs non protégés***

296. L'article 901 du Code civil, reprend, pour les libéralités, ce que l'article 414-1 prévoit pour les actes en général : « *Pour faire une libéralité, il faut être sain d'esprit* ». La jurisprudence prend soin de distinguer la simple perte de mémoire de la sénilité, la simple vieillesse de l'**insanité** (Cass. req. 12 févr. 1868 : D. 1868 I 389 ; Cass. civ. 7 mars 1864 : D. 1864 I 168).

297. C'est normalement à celui qui prétend que l'auteur de la libéralité était insane au moment de l'acte de le démontrer

(art. 414-1 C. civ.). Après la mort de l'auteur de l'acte, l'action peut être entreprise (sans condition, s'agissant de libéralités) par ses héritiers (art. 414-2 C. civ. ; ce texte est conforme à la Constitution : Cons. const. 17 janv. 2013 : n° 2012-288 QPC). La jurisprudence a considéré que cette expression comprenait aussi les héritiers par la volonté du défunt, c'est-à-dire les légataires universels (Cass. civ. 1re 14 juin 2005 : n° 02-19.038 ; Cass. civ. 1re 4 nov. 2010 : n° 09-70.276).

— Si l'on entend prouver l'insanité d'une personne décédée, il faut normalement, en Droit commun, un élément de preuve intrinsèque, dans l'acte lui-même (art. 414-2, al. 2, 1° C. civ.). Mais, pour les libéralités, comme il est trop grave qu'un acte de dépouillement ne soit pas éclairé, on facilite la démonstration de l'insanité : l'article 414-2 du Code civil permet que l'on se contente ici de **preuves extrinsèques**, notamment d'indices ou de témoignages (V., p. ex., Cass. civ. 1re 15 mars 1977 : n° 75-14.642 ; mais il n'en va pas de même pour un contrat d'assurance-vie qui n'est pas une libéralité : Cass. civ. 1re 1er juillet 2009 : n° 08-13.402). La jurisprudence admet même que l'insanité puisse être démontrée alors que l'acte ne présente aucune anormalité (Cass. civ. 5 déc. 1949 : D. 1950 I 57).

— Il est très difficile de prouver qu'une personne n'avait pas toute sa lucidité juste au moment d'un acte. La jurisprudence a choisi de faciliter cette preuve pour éviter les captations. Si celui qui veut démontrer l'insanité parvient à prouver que, peu avant et peu après l'acte, l'auteur n'avait pas toute sa lucidité, l'**insanité** est **présumée** (Cass. req. 1er mars 1904 : DP 1905 I 47 ; Cass. civ. 1re 6 mars 2013 : n° 12-17.360). La preuve contraire peut cependant être rapportée (Cass. civ. 4 févr. 1941 : DA 1941, p. 113 ; Cass. civ. 1re 6 juill. 2000 : n° 98-22.654).

298. L'insanité entraîne une **nullité** de l'acte. Bien qu'il s'agisse d'une forme d'absence de consentement, l'on n'est en présence que d'une sorte nullité relative, car établie dans un but de protection (Cass. civ. 3 mars 1969 : n° 67-10.903 ; Cass. civ. 1re 11 janv. 2005 : n° 01-13.133 ; l'action en nullité d'un testament, pour insanité de son auteur, ne peut être introduite, par un héritier, qu'après le décès du testateur, et, dès lors, la prescription ne commence à courir qu'à compter de cette date et non à partir de la date du testament : Cass. civ. 1re 20 mars 2013 : n° 11-28.318).

• ***Le mandat de protection future***

299. La loi n° 2007-308 du 5 mars 2007, portant réforme de la protection juridique des majeurs a institué le "**mandat de**

protection future" (art. 477 et s. C. civ. ; pas moins de dix-neuf articles y sont consacrés, ce qui peut se comprendre s'agissant d'un mandat donné à l'avance pour un temps où le mandant ne sera plus apte à en comprendre le sens ; sur les différents autres "mandats" susceptibles d'être liés à une succession : cf. *infra* n° 420 et s., 426 et s. et 557 et s.).

Tout individu peut prévoir la (ou les) personnes qui serai(en)t chargée(s) de le représenter pour le cas où une altération de ses facultés corporelles empêchant l'expression de sa volonté ou une altération de ses facultés mentales viendrait à se manifester. On entend ainsi alléger le nombre des tutelles et curatelles (*Rappr.* le "testament de fin de vie", *infra* n° 338 ; sur la possibilité pour un majeur hospitalisé de désigner une personne susceptible d'être consultée pour le cas où il ne serait plus en état d'exprimer sa volonté, V. art. L. 1111-6 C. santé publ.).

Le mandat prend effet sur présentation, par le mandataire, d'un certificat médical. Les pouvoirs du mandataire sont plus ou moins importants selon que le mandat a été établi sous seing(s) privé(s) ou par acte authentique. Le mandat prend fin par le décès du mandant ou par celui du mandataire, par une révocation judiciaire à la demande de tout intéressé ou par la production d'un certificat médical attestant d'un « *rétablissement des facultés personnelles de l'intéressé* » (il peut également prendre fin par le placement en curatelle de la personne concernée : Cass. civ. 1re 29 mai 2013 : n° 12-19.851).

Malgré son intérêt, ce mécanisme semble encore trop peu utilisé.

• ***Les majeurs protégés***

300. Le nombre des majeurs protégés a été multiplié par six en trente ans et représente actuellement plus de 1 % de la population totale.

Pour le Code civil de 1804, le tuteur s'entendait comme devant être une personne proche. Au fur et à mesure que les personnes âgées ont été accueillies dans des établissements spécifiques et non plus hébergées par leur famille, les gérants de tutelle sont devenus des organismes spécialisés dans cette tâche. Une réforme est intervenue avec la loi n° 2007-308 du 5 mars 2007 donnant plus de liberté aux majeurs concernés et plus de souplesse dans l'aménagement de leur protection ; elle a également organisé la profession de mandataire judiciaire à la protection des majeurs (MJPM).

L'article 425 du Code civil donne une **définition** du majeur susceptible de bénéficier d'une protection juridique ; il s'agit de « *Toute personne dans l'impossibilité de pourvoir seule à ses intérêts en raison d'une altération, médicalement constatée, soit de ses facultés mentales, soit de ses facultés corporelles de nature à empêcher l'expression de sa volonté* ». Le principe de subsidiarité doit être ici respecté : on doit privilégier l'autonomie du majeur ; à défaut, on usera des règles du Droit commun de la représentation ou du mariage ; à défaut on prévoira une assistance et, encore à défaut, une représentation (art. 428 et 440 C. civ.).

Pour appliquer le Droit de la protection des majeurs (art. 415 et s. C. civ.) au Droit des libéralités, le plus simple est de distinguer selon le type de protection envisagé, en commençant par le moins contraignant, la sauvegarde de justice ; après avoir présenté des éléments de leur régime commun, quelques remarques seront faites sur la curatelle puis sur la tutelle.

- La sauvegarde de justice

301. La sauvegarde de justice est régie par les articles 433 et s. du Code civil. C'est une protection temporaire (un an renouvelable une fois : art. 439, al. 1er, C. civ.) et souple puisque le majeur, en principe, conserve l'exercice de ses droits, sauf désignation d'un mandataire spécial par le juge. La sauvegarde est compatible avec un mandat de protection future déjà activé (art. 436, al. 1er, C. civ. ; Cf. *supra* n° 299).

— Pour les libéralités reçues, il n'y a donc aucune restriction : le majeur sous sauvegarde de justice est totalement capable de recevoir.

— Pour les libéralités consenties, en principe, il en va de même, puisque le majeur n'est même pas nécessairement informé de la protection qui lui est apportée. Mais l'article 435, alinéa 2, du Code civil prévoit que les actes passés par un majeur placé sous sauvegarde de justice peuvent être rescindés pour lésion ou réduits en cas d'excès. Or, il est évident, que toute libéralité, par définition est lésionnaire... (Cf. *supra* n° 275). Mais ici, la rescision peut être admise, dans la mesure où la lésion risque de ne pas être pleinement consentie. Les juges doivent tenir compte de l'état de fortune du majeur, de la bonne (ou mauvaise) foi du cocontractant et du point de savoir si l'acte a ou non été finalement utile pour le majeur,

— Cependant, un mandataire spécial peut avoir été désigné par le juge (art. 437, al. 2, C. civ.). Ce mandataire est chargé d'accomplir des actes spécifiques, y compris de disposition. Dans ce cas, le majeur en sauvegarde ne peut passer les actes indiqués, à peine de nullité (art. 435, al. 1er, C. civ.). La sauvegarde se rapproche alors des autres modes de protection.

- Le régime commun à la tutelle et à la curatelle

302. Ce sont les articles 440 et suivant du Code civil qui rapprochent les deux systèmes de protection en prévoyant des éléments de régime communs. La durée de la protection est en principe de cinq ans, renouvelables. Une publicité est organisée pour l'opposabilité de la décision de protection (art. 444 C. civ.). Les membres des professions médicales et de la pharmacie ne peuvent être tuteurs ou curateurs d'un de leurs patients (art. 445, al. 2, C. civ.). La désignation des titulaires des fonctions tutélaires ou curatélaires est particulièrement encadrée (art. 446 et s. C. civ. ; on a créé, à cet effet, comme il a été dit - cf. *supra* n° 300 -, la profession de mandataire judiciaire à la protection des majeurs). Il peut à présent y avoir plusieurs tuteurs ou curateurs pour une même personne, y compris l'un chargé de la partie patrimoniale de cette gestion et l'autre de la protection extrapatrimoniale de la personne (art. 447 C. civ. ; ou plutôt du domaine "personnel") et non seulement un subrogé tuteur, mais aussi un subrogé curateur (art. 454 C. civ.). La constitution, en sus, d'un conseil de famille est facultative (art. 456 C. civ.). Un système de "période suspecte" a été instauré : dans les deux ans qui précèdent une mise sous tutelle ou sous curatelle, les actes passés par le majeur peuvent être rescindés (art. 464 C. civ.). Une nullité peut être demandée si le majeur concerné a subi un préjudice. Une fois la procédure de protection ouverte, les actes que le majeur protégé a le droit de passer seul sont néanmoins rescindables ou réductibles. Les actes passés par le majeur seul alors qu'il aurait dû être assisté sont annulables s'il a subi un préjudice. Les actes passés par le majeur seul alors qu'il aurait dû être représenté sont nuls de plein droit (art. 465 C. civ.).

- La curatelle

303. La curatelle est un mécanisme d'**assistance**. Outre les articles 440 et s., communs à la tutelle et à la curatelle, la curatelle est elle-même régie par les articles 467 et s. du Code civil. L'assistance du curateur est requise pour tous les actes qui, en cas de tutelle, requièrent une autorisation du juge ou du conseil de famille (art. 467, al. 1er, C. civ.). Les **cas particuliers** peuvent être nombreux dans la mesure où une curatelle renforcée peut être

ordonnée (art. 472 C. civ.) et où le juge des tutelles a une grande liberté pour moduler les mesures prises, en fonction de la situation de la personne concernée (art. 471 et s. C. civ.).

— C'est ce régime souple qui sera appliqué pour les libéralités reçues (le bon sens commandant de faire varier la protection en fonction du danger encouru par le majeur : charges, legs universel...).

— Pour les libéralités consenties, il faut distinguer selon qu'il s'agit de legs ou de donations :

Pour les **legs**, l'article 470, alinéa 1er, du Code civil dispose : « *La personne en curatelle peut librement tester, sous réserve des dispositions de l'article* 901 » (l'article 901 visant l'insanité et les vices du consentement). L'aspect très personnel de la rédaction d'un testament justifie une telle règle.

Pour les **donations**, où le risque est plus grand, l'assistance du curateur est requise (art. 470, al. 2, C. civ.).

- La tutelle

304. La tutelle est un mécanisme de **représentation**. Outre les articles 440 et s., communs à la tutelle et à la curatelle, la tutelle est elle-même régie par les articles 473 et s. du Code civil. Ici encore, on se dirige vers un système où chaque majeur protégé pourrait avoir un **régime particulier** adapté à sa situation. L'article 473, alinéa 2, du Code civil dispose, en effet, que le juge peut énumérer des actes que la personne pourra effectuer avec seulement l'assistance du tuteur, voire seule.

— Pour les libéralités reçues, là encore, la logique commande de moduler les solutions en fonction des risques financiers qui pèsent sur le majeur en tutelle.

— Pour les libéralités consenties, le majeur en tutelle était autrefois sous le coup d'une incapacité de jouissance ; celle-ci s'est plus ou moins muée en incapacité d'exercice (avec les réformes successives de 2006 et de 2007).

Pour les **legs**, compte tenu de l'aspect très personnel de la confection d'un testament (cf. *supra* n° 303 et *passim*), le Code rappelle (art. 476, al. 2, C. civ.) qu'il ne peut y avoir de testament rédigé par représentation et que le tuteur ne peut assister le majeur à cette occasion. Il permet au majeur en tutelle de rédiger seul son testament à condition d'y avoir été préalablement autorisé par le juge ou par le conseil de famille s'il y en a un. Le texte de l'article 476 ajoute, ce qui peut être critiquable, que la personne en tutelle «*peut seule révoquer le testament fait avant ou après l'ouverture de la tutelle*». Par ailleurs, «*Le testament fait antérieurement à l'ouverture de la tutelle reste valable à moins qu'il ne soit établi que, depuis cette ouverture, la cause qui avait déterminé le testateur à disposer a disparu*», (art. 476, al. 4, C. civ. ; Cf. *supra* n° 288).

Pour les **donations** (art. 476 C. civ.), le majeur en tutelle peut aujourd'hui consentir ce type de libéralités à toute personne (et non, comme avant, juste à ses proches). Une autorisation préalable du juge ou du conseil de famille est requise. Le majeur protégé consentira lui-même cette donation avec l'assistance du tuteur ou le tuteur pourra la consentir par représentation, au nom et pour le compte du majeur protégé.

C. Les incapacités propres aux libéralités

305. Il est indispensable de faire quelques remarques générales explicatives (1), avant de présenter les cas d'incapacités expressément prévus par la loi (2).

1. Remarques générales

306. Il s'agit de nullités de **défiance** (à l'encontre de celui qui va s'enrichir) et de protection (de celui qui va s'appauvrir). Ce sont des nullités "**corrélatives**" : elles ne se rencontrent qu'en raison de la spécificité de la relation pouvant exister entre le disposant et le bénéficiaire. L'un a une incapacité de recevoir, l'autre une incapacité de disposer, mais uniquement parce que ce sont ces deux catégories particulières de personnes qui se rencontrent. L'incapacité n'existe pas isolément pour chacune des deux parties en présence, mais n'apparaît que parce que ces personnes sont confrontées. On considère que la liste légale est **limitative** (il n'y donc pas d'incapacité hors des cas légaux : Cass. req. 12 mai 1931 : DH 1931 348, RTD civ. 1931, p. 630, n° 6, obs. R. SAVATIER : avocat ; Cass. civ. 1re 25 sept. 2013 : n° 12-25.160 : aide ménagère).

2. Les cas légaux

307. Pour les **tuteurs**, l'article 907, alinéa 1er, du Code civil dispose que le mineur non émancipé, même de plus de seize ans, ne peut disposer au profit de son tuteur (par donation, c'est évident, puisqu'il ne peut pas en consentir – cf. *supra* n° 293 –, mais aussi par testament). Le troisième alinéa prévoit une exception si le tuteur est un ascendant. S'agissant d'une nullité relative, celle-ci n'est

encourue que dans les rapports entre le mineur et son tuteur (Cass. civ. 1re 13 mai 1958 : Bull. n° 242 ; sous réserve de ce qui sera dit des interpositions de personnes : cf. *infra* n° 317). Une incapacité de même nature n'est pas prévue pour la tutelle des majeurs. Pour les **curateurs**, l'article 470, alinéa 3, du Code civil dispose que « *Le curateur est réputé en opposition d'intérêts avec la personne protégée lorsqu'il est bénéficiaire de la donation* ». Depuis la loi n° 2007-308 du 5 mars 2007, portant réforme de la protection juridique des majeurs, un alinéa a été ajouté à l'article 909 du Code civil (al. 2) : « *Les* ***mandataires judiciaires à la protection des majeurs*** *et les personnes morales au nom desquelles ils exercent leurs fonctions ne peuvent pareillement profiter des dispositions entre vifs ou testamentaires que les personnes dont ils assurent la protection auraient faites en leur faveur quelle que soit la date de la libéralité* ». L'adverbe "pareillement" fait ici renvoi au cas des membres du corps médical (cf. *infra* n° 309).

308. **Les officiers de navires** de la marine marchande ne peuvent être les bénéficiaires de legs contenus dans des testaments rédigés pendant une traversée maritime (art. 995 C. civ. ; sur le pouvoir d'instrumenter, cf. *infra* n° 405). La règle reçoit exception si l'officier concerné est un parent ou un allié du disposant.

309. Un malade ne peut disposer au profit de **son médecin, de son pharmacien ou d'un auxiliaire médical** (*a priori* : infirmiers, kinésithérapeutes, orthophonistes, orthoptistes, podologues et pédicures), car le législateur redoute l'influence qu'il pourrait avoir sur lui (art. 909 C. civ.). L'incapacité vise aussi bien les **donations** que les **legs**. Il faut que plusieurs conditions soient réunies.

— L'article 909 du Code civil ne vise que les personnes ayant « ***prodigué des soins*** » aux patients (autrefois l'on parlait de "traitants" ; V. Cass. civ. 1re 15 janv. 2014 : n° 12-22.950). Le médecin concerné n'est pas forcément un médecin généraliste (Cass. civ. 1re 4 nov. 2010 : n° 07-21.303).

— Il faut, en sus, que la libéralité ait été réalisée pendant le cours de la **dernière maladie** du patient : « *pendant la maladie dont [il] meurt* ».

Par ailleurs, les membres des professions médicales et de la pharmacie, ainsi que les auxiliaires médicaux, ne peuvent être tuteurs ni curateurs de leurs patients (art. 445, al. 2, C. civ. ; Cf. *supra* n° 302 et 307).

310. Le troisième alinéa de l'article 909 prévoit deux **exceptions**.

— Il admet, tout d'abord, les "**dispositions rémunératoires**" (car il ne s'agit pas de libéralités : cf. *supra* n° 252).

— L'article 909 accepte ensuite les legs universels consentis, par un patient sans héritier en ligne directe, au médecin lui ayant prodigué des soins, s'il y a un lien de parenté (et non d'alliance) entre eux (jusqu'au quatrième degré inclusivement).

311. L'alinéa 4 de l'article 909 du Code civil, après la présentation des incapacités frappant les médecins et les pharmaciens, dispose que « *Les mêmes règles seront observées à l'égard du* ***ministre du culte*** ». Il faut probablement aujourd'hui lire "tout ministre d'un culte", dans la mesure où l'unité cultuelle n'est plus de mise dans notre pays. Il semble qu'ici aussi, si l'on suit la lettre du texte, il faille que l'on soit en présence d'une « *maladie dont la personne meurt* » : le religieux doit donc avoir "prodigué des soins" spirituels au disposant pendant une maladie dont il est mort...

On ajoutera qu'existe, quant aux libéralités consenties par l'accueilli, une incapacité de même nature pour les personnes appartenant à une **famille d'accueil** (le couple d'accueil ou l'accueillant, son conjoint, son partenaire ou son concubin, ses ascendants et descendants : art. L. 443-6 CASF).

312. Pour le **personnel des établissements de soins** deux textes sont susceptibles d'être appliqués (pour les « *auxiliaires médicaux* », visé à l'article 909, cf. *supra* n° 309).

— Il s'agit, tout d'abord, de l'article L. 331-4 CASF visant des **membres des établissements hébergeant, à titre gratuit ou onéreux, des mineurs, des personnes âgées, des adultes infirmes, des indigents valides ou des personnes accueillies en vue de leur réadaptation sociale**. Sont concernés, les personnes physiques ou morales propriétaires, les administrateurs et les employés de ces établissements, les bénévoles qui interviennent en leur sein et les associations auxquelles ces derniers adhèrent. Ces personnes ne peuvent être bénéficiaires de donations ou de testaments consentis par des personnes hébergées dans les établissements visés. Le texte renvoie, lui aussi, à l'article 909 du Code civil. Il faut donc, comme pour les médecins, qu'il s'agisse de la "dernière maladie" et que les bénéficiaires aient "prodigué des soins" au malade disposant.

— Il s'agit, ensuite, de l'article 1125-1 du Code civil qui évoque le cas des **personnels des établissements pour personnes âgées ou malades mentaux** (et qui, lui, ne fait pas renvoi à l'article 909). Tout individu, exerçant une fonction ou occupant un emploi dans un de ces établissements, ne peut « *se rendre acquéreur d'un bien ou cessionnaire d'un droit appartenant à une personne admise dans l'établissement* ».

313. Le cas des **notaires** est un peu différent ; il s'agit d'une sorte d'incapacité d'instrumenter. Ils ne peuvent, en effet, recevoir un acte dont ils seraient bénéficiaires (ou dans lequel seraient parties ou intéressés leurs parents ou alliés, à tous les degrés en ligne directe et jusqu'au degré d'oncle et tante, nièce et neveu en ligne collatérale ; art. 2, al. 1er, du décr. nº 71-941 du 26 nov. 1971).

D. Le régime des sanctions

314. La sanction traditionnelle en cas d'incapacité est une **nullité relative** de l'acte (ou une rescision). C'est, ici aussi, la solution de principe ; comme ailleurs, seule la personne protégée ou son représentant peut l'invoquer et une confirmation de l'acte est possible.

315. Il se peut cependant que l'on rencontre en matière d'incapacité (*lato sensu*) dans les libéralités des cas de **nullité absolue** (voire d'inexistence de l'acte). Il peut en être ainsi lorsque le bénéficiaire est une personne physique ou morale inexistante ou lorsqu'il n'y a pas eu consentement (Cass. civ. 1re 8 juin 1966 : Bull. nº 348). Il peut se faire aussi que, malgré une incapacité d'exercice, une libéralité ait été consentie sans respecter les règles de protection d'un majeur protégé qui sont autant de conditions de forme. Or, une nullité de forme est une nullité absolue (Cass. req. 15 juill. 1889 : DP 1890 I 100, S. 1889 I 412 ; cf. *infra* nº 317, 361 et 461).

L'article 1340 du Code civil dispose toutefois : « *La confirmation ou ratification, ou exécution volontaire d'une donation par les héritiers ou ayants cause du donateur, après son décès, emporte leur renonciation à opposer soit les vices de forme, soit toute autre exception* » ; une jurisprudence de même portée s'est développée à propos des legs (cf. *infra* nº 361, 453 et 461).

316. Il faut ajouter, enfin, que la sanction d'une incapacité dans une libéralité peut être une **réduction**, lorsque le mineur de plus de seize ans a légué par testament plus de la moitié de ce dont il aurait pu disposer s'il avait été majeur (art. 904 C. civ. ; Cf. *supra* nº 293), en cas d'excès pour les actes passés par un majeur en sauvegarde de justice (art. 435 C. civ. ; Cf. *supra* nº 301) ou, enfin quand un majeur

en tutelle ou en curatelle peut agir seul (art. 465 C. civ. ; Cf. *supra* n° 302).

317. La question s'est posée de savoir quelle devait être la sanction en cas de **déguisement** de l'acte ou en cas d'**interposition** de personnes. Pour éviter le risque d'une invalidation en raison de l'incapacité du bénéficiaire, on a déguisé la libéralité en acte à titre onéreux ou on a fait mine de l'accorder à une autre personne. Le premier alinéa de l'article 911 du Code civil, dans sa rédaction de 2006, énonce : « *Toute libéralité au profit d'une personne physique, frappée d'une incapacité de recevoir à titre gratuit, est nulle, qu'elle soit déguisée sous la forme d'un contrat onéreux ou faite sous le nom de personnes interposées, physiques ou morales* ».

Donc, lorsque l'on se trouve en présence d'une personne ne disposant pas du droit de recevoir, on ne peut tenter de tourner l'interdiction par un déguisement ou une interposition. Le second alinéa de l'article 911, dans sa rédaction de 2006, pose des présomptions légales d'interpositions : « *Sont présumés personnes interposées, jusqu'à preuve contraire, les père et mère, les enfants et descendants, ainsi que l'époux de la personne incapable* ». La Cour de cassation avait considéré que ces présomptions étaient irréfragables (Cass. civ. 22 janv. 1884 : D. 1884 I 117). Le nouveau texte les a transformées en présomptions simples.

IV. Les stipulations particulières

318. Les libéralités naissent de la volonté humaine. Il est donc possible que le disposant précise sa volonté et assortisse sa libéralité de stipulations particulières (sur les clauses de retour conventionnel : cf. *supra* n° 232 et 238 et *infra* n° 441 et s. ; sur le caractère potestatif de la condition : cf. *infra* n° 445). Seules les clauses les plus spécifiques aux libéralités seront ici présentées (A). Ensuite, sera étudiée la question de la révision des stipulations particulières (B).

A. Description des stipulations particulières

319. En se limitant aux stipulations ayant fait l'objet de la jurisprudence la plus abondante, on peut évoquer les charges (1) la clause pénale (2), la clause d'inaliénabilité (3) et les conditions relatives à la vie privée du bénéficiaire (4).

1. Les charges

320. L'on a déjà évoqué, ça et là, le recours aux charges (cf. *supra* nº 244, 263, 266, 269 et *passim*). Une charge est une obligation que le stipulant impose au bénéficiaire de la libéralité (qui peut donner à la libéralité un certain aspect onéreux ; cf. *supra* nº 243 et s.). Une charge peut aussi être imposée à un héritier. La charge peut être stipulée au profit du disposant, d'un tiers, du bénéficiaire de la libéralité lui-même (il s'agit alors plutôt d'une clause d'affectation spéciale), voire de personnes indéterminées ou d'animaux (cf. *supra* nº 263 ; sauf interposition de personnes prohibée : cf. *supra* nº 317). Il est évident que le montant de la charge ne saurait être tel qu'il équivaille à celui de la libéralité elle-même (cf. *supra* nº 244).

2. Les clauses pénales

321. Il s'agit de clauses qui imposent la perte du bénéfice de la libéralité si le gratifié fait ou ne fait pas quelque chose (en général, s'il n'exécute pas une charge qui lui est imposée). Il est aussi possible qu'un testament prévoie une exhérédation (la perte de la succession ; cf. *infra* nº 342) si, cette fois, un héritier fait ou ne fait pas quelque chose.

L'on est donc en présence de clauses prévoyant la perte d'une libéralité ou la perte de la succession. On comprend ainsi que l'expression de clause pénale n'a pas ici exactement le même **sens** qu'en Droit des obligations (art. 1226 C. civ.) où elle consiste, le plus souvent, à prévoir une indemnisation forfaitaire en cas d'inexécution de l'obligation.

322. Il reste à s'interroger, plus globalement, sur la **validité** des clauses pénales (exhérédantes ou non) dans les libéralités.

Il peut y avoir des textes spéciaux prévoyant expressément une circonstance dans laquelle elles sont réputées non écrites (p. ex. : art. 900-8 C. civ. ; Cf. *infra* nº 323). Sinon, la solution jurisprudentielle générale est claire.

— Si la clause pénale ne tend pas à empêcher l'application d'un texte d'ordre public, elle est licite (Cass. civ. 10 juill. 1849 : DP 1849 I 253, S. 1849 I 547 ; jurispr. constante).

— En revanche, si la clause pénale tend à empêcher une action (le plus souvent une demande en justice de nullité d'une libéralité) ou une inaction, en vue de protéger une stipulation contraire à l'ordre public, elle est alors illicite (Cass. req. 29 juin 1910 : D. 1911 I 49, note H. CAPITANT, S. 1913, I, 33, note L. HUGUENEY ; jurispr.

constante ; toutefois, sur la possibilité de renoncer à la réduction pour atteinte à la réserve, *Comp. infra* n° 574).

3. Les clauses d'inaliénabilité

323. L'occasion s'est déjà rencontrée d'évoquer l'existence de ces clauses, notamment pour dire qu'elles permettaient de garantir l'efficacité d'un droit de retour (cf. *supra* n° 238). Sauf quand la loi autorise expressément le mécanisme de l'inaliénabilité (cf. *supra* n° 269), les clauses d'inaliénabilité ne sont valides que si elles sont temporaires et justifiées par un intérêt sérieux et légitime (art. 900-1, al. 1er, C. civ.).

— En ce qui concerne le **caractère temporaire** de la clause, il est évident que ne peut être admise une clause imposant une inaliénabilité pour la durée de la vie du donataire (Cass. civ. 1re 29 mai 2001 : n° 99-15.776). En revanche, on a pu estimer qu'une inaliénabilité pour la durée de la vie du donateur pouvait être considérée comme temporaire (Cass. civ. 22 juill. 1896 : DP 1898 I 17, note M. PLANIOL ; Cass. civ. 1re 8 janv. 1975 : n° 73-11.648 ; c'est, en effet, l'aliénation du donataire que l'on entend éviter).

— Quant à l'**intérêt légitime**, il a été jugé que l'intérêt requis pouvait éventuellement consister... dans le droit de retour lui-même (Cass. civ. 1re 18 oct. 1978 : D. 1979, IR, 256). Il pourrait aussi s'expliquer par l'existence d'une réserve d'usufruit au profit de l'auteur de la libéralité. Il appartient à celui qui se prévaut d'une clause d'inaliénabilité de justifier de l'intérêt sérieux et légitime qu'il allègue (Cass. civ. 1re 15 juin 1994 : n° 92-12.139).

— Pour que le principe ne soit pas ruiné, la **clause pénale**, qui viendrait compléter une clause d'inaliénabilité (le disposant prévoyant qu'en cas de contestation de ladite clause ou en cas de demande en justice d'autorisation de disposer du bien, le bénéficiaire perdrait la libéralité), est réputée non écrite (art. 900-8 C. civ.).

4. Les conditions relatives à la vie privée du bénéficiaire

324. On s'est aussi interrogé sur la possibilité de mentionner des **clauses de célibat ou de viduité** dans un testament ou une donation. Il s'agit de dispositions interdisant au bénéficiaire de se marier ou de se remarier (mais non de celles prévoyant qu'un légataire ne devra pas être marié au jour du décès du testateur). La stipulation inverse exigeant qu'un mariage ait perduré jusqu'au décès de l'auteur de la libéralité ne pose aucun problème de licéité s'il s'agit de biens à venir (Cass. civ. 1re 13 déc. 2005 : n° 02-14.135) ; en revanche, s'il

s'agit de biens présents, la clause ne peut être admise (Cass. civ. 1re 14 mars 2012 : nº 11-13.791).

— Le **principe de validité** date du XIXe siècle. Un arrêt ancien a, ainsi, validé le principe des clauses de viduité (Cass. req. 18 mars 1867 : D. 1867 I 332). On justifie ce type d'atteinte à la liberté des individus par la volonté de protéger ceux-ci contre eux-mêmes ou par celle de maintenir des biens dans une famille. La solution de principe est identique pour les clauses de célibat (Cass. req. 11 nov. 1912 : D. 1913 I 105, note G. RIPERT, Rapp. Lardenois).

— Le XXe siècle a apporté de sérieuses **atténuations** au principe. La jurisprudence a, en effet, précisé que les clauses considérées ne devaient pas être abusives, c'est-à-dire être dictées par une motivation critiquable (Cass. req. 24 oct. 1939 : DH 1939, p. 1 : « *pensée répréhensible de jalousie posthume de la part du disposant* »). La solution est identique pour les clauses de célibat (Cass. req. 8 avr. 1913 : D. 1915 I 29, note G.R. ; Cass. civ. 1re 8 nov. 1965 : Gaz. Pal. 1966 I 55, où le testateur entendait assouvir des rancœurs personnelles).

325. Même si la politique jurisprudentielle en la matière est très proche que celle retenue pour les clauses de célibat et de viduité, une place un peu particulière doit être réservée aux **clauses imposant** au bénéficiaire de la libéralité **un lieu de résidence**, généralement l'immeuble objet de la libéralité. On estime qu'elles sont valides dans la mesure où elles sont limitées dans le temps et dictées par un intérêt légitime (Cass. req. 17 mars 1925 : DP 1928 I 176 ; pour une espèce où un testament comprenait une clause stipulant la condition d'une conversion à une religion désignée pour obtenir un legs et où la Cour de cassation demande à une Cour d'appel de vérifier sa conformité à l'ordre public interne, V. Cass. civ. 1re 21 nov. 2012 : nº 10-17.365).

B. La révision des stipulations particulières

326. L'imprévision n'est pas, en principe, admise, en matière de libéralités (cf. *supra* nº 276). Toutefois, de même que, pour les contrats, l'article 1152, alinéa 2, du Code civil permet au juge de modifier (même d'office) le contenu des clauses d'indemnisation forfaitaire, les textes permettent des modifications des stipulations particulières contenues dans les libéralités.

— Ce sont les articles 900-1 et s. du Code civil qui doivent retenir ici l'attention. En cas de stipulation d'une **clause d'inaliénabilité** admise (cf. *supra* nº 323), l'article 900-1 prévoit que le donataire ou le légataire peut être judiciairement autorisé à disposer du bien, objet de la clause, si l'intérêt légitime qui avait justifié sa stipulation a disparu ou si un intérêt supérieur le commande (sans que la validité de la clause elle-même en soit affectée).

— L'article 900-2, plus généralement, que « *Tout gratifié peut demander que soient révisées en justice les conditions et charges grevant les donations ou legs qu'il a reçus, lorsque, par suite d'un changement de circonstances, l'exécution en est devenue pour lui soit extrêmement difficile, soit sérieusement dommageable* ». La demande est formulée contre les héritiers ou, en l'absence d'héritiers connus, contre le ministère public (art. 900-3).

— Il semble qu'il soit possible, comme dans les contrats d'affaires, de prévoir une clause d'imprévision (encore appelée de "*hardship*" ou de "réversibilité").

— En cas de **don ou legs attribué à l'État** avec charge ou sous condition, les articles L. 2222-12 et L. 2222-13 du Code général de la propriété des personnes publiques prévoient la possibilité de réviser, avec l'accord de l'auteur de la libéralité ou avec celui de ses ayants droit, les modalités des charges et conditions quand « *par suite d'un changement de circonstances· [leur exécution devient] soit extrêmement difficile soit sérieusement dommageable* ». Les textes ajoutent qu'à défaut d'accord du disposant ou de ses héritiers, « *la révision est autorisée dans les conditions prévues aux articles 900-2 à 900-8 du Code civil* ».

Chapitre 2
Les testaments et les legs

327. L'article 895 du Code civil énonce : « *Le testament est un acte par lequel le testateur dispose, pour le temps où il n'existera plus, de tout ou partie de ses biens ou de ses droits et qu'il peut révoquer* ». La **définition** retenue par le Code civil est très contestable (cf. *supra* n° 47). Elle confond en effet le contenu et le contenant, l'acte et l'*instrumentum*, même si le legs n'existe que parce qu'il est prévu dans un testament. Il s'agit, en quelque sorte, d'une vision laïque et patrimonialisée du testament. Certes, le plus souvent aujourd'hui, un testament ne comprend qu'un ou plusieurs legs. Mais ce n'est là qu'une vérité statistique, non une vérité juridique : un testament peut contenir autre chose que des libéralités (des dispositions extrapatrimoniales et, par exemple, religieuses).

328. Les dispositions contenues dans un testament constituent l'illustration la plus paroxystique de la théorie de **l'autonomie de la volonté**. Ce n'est pas seulement une offre, même si un legs doit être accepté par son bénéficiaire. En effet, une offre est en principe caduque en cas de décès du pollicitant ; or, ici c'est l'inverse qui se produit : le legs ne devient exigible et irrévocable qu'en raison de la mort du disposant. Le testament constitue un **acte unilatéral** qui peut être réalisé sans publicité et sans l'intervention d'autres personnes et qui, pourtant, est créateur de droits (au profit des légataires) et d'obligations (p. ex. quant aux dernières volontés relatives aux funérailles – cf. *infra* n° 339 – ou en cas de testament-partage – cf. *infra* n° 607 et s. –).

329. Dans la société contemporaine, à l'inverse de ce qui se passait à Rome (cf. *supra* n° 41), le testament est un acte relativement **mal aimé** (la peur de provoquer la mort en rédigeant ses dernières volontés demeurant fréquente).

Les Français affirment en grand nombre qu'ils ont l'intention de rédiger un testament ; mais on avance que seuls 10 % d'entre eux, environ, le feraient effectivement.

330. Pourtant, il est admis que la rédaction d'un testament peut être **bénéfique**. Elle peut éviter à l'héritier plus ou moins lointain –

devenu légataire – ce sentiment, qu'il a parfois, de s'emparer d'un bien qui ne lui appartient pas (cf. *supra* n° 33). Le testament permet aussi de réaliser un habile compromis entre l'avoir et l'être. Le testament peut enfin être un moyen d'éviter les conflits (testament-partage).

331. Pour faciliter les comparaisons, une présentation très proche pour l'étude des donations et pour celle des testaments a été choisie : après une description des conditions de fond (I) et de forme (II), est abordée la question de l'exécution de la libéralité contenue dans le testament (III) et celle de son éventuelle révocation (IV).

I. Les conditions de fond des testaments et des legs

332. Si le testament contient bien un legs, les conditions de fond générales communes à toutes les libéralités (cf. *supra* n° 254 et s.) sont déjà autant de conditions de fond des testaments.

333. Au-delà, pour connaître les conditions de fond à respecter, il faut s'interroger sur le contenu de l'acte considéré. Sachant que le legs n'est que l'un des objets possibles des testaments, on peut distinguer la question du contenu des testaments (A) de celle du contenu des legs (B).

A. Le contenu des testaments

334. Le contenu le plus fréquent des testaments est aujourd'hui purement patrimonial et prosaïque : il s'agit des legs. Mais un testament peut contenir des dispositions extrapatrimoniales ou mixtes (1). Il peut aussi receler des dispositions négatives ce qui renvoie au problème de l'exhérédation (2).

1. Les dispositions extrapatrimoniales ou mixtes

335. Le testament, au moins depuis le XIIIe siècle et jusqu'au XVIIIe, était surtout le moyen d'exprimer des volontés ou opinions diverses et principalement religieuses. S'il y avait des dispositions relatives aux biens, ce n'était que pour obéir à un souhait spirituel et, principalement, pour réaliser un legs pieux. Ce n'est qu'à partir du XVIIIe siècle que les dispositions intrinsèquement patrimoniales font leur (ré)apparition dans les actes testamentaires, avant de devenir,

aujourd'hui, tellement prégnantes que le mot "testament" en est arrivé à être employé comme synonyme de "legs" (cf. *supra* n° 327).

336. Même si, statistiquement, la chose est rare, un testament peut ne comporter que des **dispositions extrapatrimoniales** (ou qu'une exhérédation générale : cf. *supra* n° 219 et *infra* n° 342). Il est plus fréquent qu'il contienne à la fois des dispositions extrapatrimoniales (reconnaissance un enfant, désignation d'un tuteur pour un descendant, d'un exécuteur testamentaire – cf. *infra* n° 420 et s. –, opposition à prélèvement d'organe – cf. *supra* n° 64 –, legs d'organes – cf. *supra* n° 280 –, pardon à un indigne – cf. *supra* n° 90 –...) et des dispositions patrimoniales.

337. La réforme issue de la loi n° 2006-728 du 23 juin 2006 a entériné la possibilité de prévoir la désignation d'un (ou plusieurs) **mandataire**(s) **posthume**(s) (art. 812 et s. C. civ. ; Cf. *infra* n° 426 et s. ; on ne confondra pas avec le mandat de protection future : cf. *supra* n° 299). L'hypothèse principale est celle du testateur parent d'un enfant handicapé et désirant s'assurer de son devenir après son propre décès.

Mais le mandat posthume doit être accepté par le mandataire du vivant du mandant. **Il ne peut donc s'agir d'un testament**. De plus, ce mandataire est chargé de l'administration, en tout ou partie, d'une succession ; sa mission est donc essentiellement patrimoniale.

338. La loi n° 2005-370 du 22 avril 2005, relative aux droits des malades et à la fin de vie, a créé ce que l'on nomme, de manière critiquable, le "**testament**" **de fin de vie** (art. L. 1111-11 C. santé publ. : « *Toute personne majeure peut rédiger des directives anticipées pour le cas où elle serait un jour hors d'état d'exprimer sa volonté. Ces directives anticipées indiquent les souhaits de la personne relatifs à sa fin de vie concernant les conditions de limitation ou l'arrêt de traitement. Elles sont révocables à tout moment* ». Ce document doit être écrit, daté et signé par son auteur. Sa durée de validité est, en principe, de trois ans. Il est évident, en fait, que cet acte concerne une période de la vie de l'intéressé qui sera, le plus souvent, proche de son décès. Mais, par définition, cette période est antérieure à sa mort. Dès lors, **ces directives** ne peuvent être qualifiées de testamentaires dans la mesure où elles **concernent une personne encore en vie** (*Rappr.* le mandat de protection future, *supra* n° 299) ; qui plus est, elles n'expriment que des souhaits et ne peuvent donc constituer un acte unilatéral (cf. *supra* n° 266 et *infra* n° 339).

339. Le plus souvent, les dispositions extrapatrimoniales concernent les **funérailles**, la manière dont celles-ci doivent se

dérouler, le type de sépulture et le destin qui doit être réservé à la dépouille mortelle du testateur : legs du corps à la science (loi du 17 nov. 1887), thanatopraxie, incinération (testament crématiste), mais non, comme il sera dit ci-après, cryogénisation... (Cf. également *supra* n° 61 et 125).

— La loi du 15 novembre 1887 sur la liberté des funérailles dispose (art. 3, al. 3) que la volonté du testateur « *a la même force qu'une disposition testamentaire relative aux biens* » (V., p. ex., Cass. req. 23 avr. 1912 : DP 1913 I 41, note H. CAPITANT). Il ne s'agit donc pas d'une simple obligation morale mais bien d'une **obligation civile**.

— Bien plus, l'obligation de respecter les dernières volontés d'un défunt est **sanctionnée pénalement** ; l'article 433-21-1 du Code pénal dispose en effet : « *Toute personne qui donne aux funérailles un caractère contraire à la volonté du défunt ou à une décision judiciaire, volonté ou décision dont elle a connaissance, sera punie de six mois d'emprisonnement et de* 7 500 *euros d'amende* ».

— La première limite tient à la manière dont le défunt a exprimé ses dernières volontés : il a pu ne formuler qu'une préférence, sans faire un choix définitif. Il faut admettre, à cet égard, que la formule courante : "je souhaite..." ne manque pas d'ambiguité (cf. *supra* n° 266). Il convient de rechercher par tous moyens les intentions du défunt et, à défaut, de désigner la personne la mieux qualifiée pour décider (Cass. civ. 1re 15 juin 2005 : n° 05-15.839 ; Cass. civ. 1re 27 mai 2009 : n° 09-66.589 ; Cass. civ. 1re 2 févr. 2010 : n° 10-11.295 ; un juge peut ainsi souverainement estimer qu'une mère est plus qualifiée qu'une épouse : Cass. civ. 1re 30 avr. 2014 : n° 13-18.951...). On retrouve ici des difficultés déjà évoquées à propos du statut du cadavre (cf. *supra* n° 58 et s. et 65).

— Il faut probablement ajouter qu'à l'**impossible** nul n'est tenu, même si des volontés qui paraissaient, il y a peu encore, irréalisables, le deviennent aujourd'hui (dispersion dans l'espace ou transformation des cendres en diamants...)

On ne peut, par ailleurs, même pour respecter la volonté du défunt, aller à l'encontre des règles d'hygiène publique. Il est ainsi impossible en France de cryogéniser un cadavre, s'agissant, non d'une inhumation, mais d'une conservation (CE 29 juill. 2002 : n° 222180 ; CE 6 janv. 2006 : n° 260307).

340. On notera qu'il existe un type de testament de nature un peu ambiguë, le **testament-partage** (art. 1079 et s. C. civ.), par lequel le testateur prévoit comment ses biens seront partagés entre ses

héritiers légaux (cf. *infra* n° 607 et s.) ; mais, même s'il s'agit seulement de prévoir un mode de répartition, on sort ici du domaine extrapatrimonial (d'autant que cet acte est à présent considéré par le Code civil comme une libéralité).

341. D'autres **dispositions** mériteraient d'être qualifiées de "**mixtes**", dans la mesure où elles ne comportent qu'indirectement des implications pécuniaires : legs d'un droit de concession sur un caveau, transmission d'un droit sur une œuvre intellectuelle, indication de la loi applicable (cf. *supra* n° 73), simple obligation de faire ("don" de services, donc ne constituant pas une libéralité, même de second degré : cf. *supra* n° 246) imposée aux héritiers au bénéfice d'un tiers... Il peut aussi s'agir d'une disposition purement négative que l'on rencontre dans la mention d'une exhérédation générale.

2. L'exhérédation

342. La question de l'exhérédation a déjà été présentée à propos des clauses pénales (cf. *supra* n° 321). Il a aussi été dit que l'État ne pouvait être exhérédé (cf. *supra* n° 219). On rappellera enfin que, quelle que soit la technique d'exhérédation, il est évident qu'elle ne peut atteindre que partiellement les héritiers réservataires qui doivent nécessairement obtenir la part que la loi leur attribue (cf. *infra* n° 571 et s.).

— Une **exhérédation** peut être **générale** (V., p. ex., Cass. req. 20 juill. 1943 : JCP 1 943 II 2450, obs. P. VOIRIN). Il a été vu qu'une telle clause, nulle à l'égard de l'État, était parfaitement valide à l'égard de la famille du défunt (cf. *supra* n° 219). Il est plus fréquent de rencontrer une exhérédation ponctuelle, ne visant qu'un ou des successibles nommément désignés. Il se peut aussi que le testateur ait mentionné qu'il exhérédait son ou ses héritiers et qu'il ait, en plus, désigné un légataire universel.

— Il se peut enfin, et cela suffit, que le testament comporte la désignation d'un **légataire universel** (cf. *infra* n° 344 et s.). Cette désignation vaut exhérédation du ou des successibles non réservataires. Le légataire universel (qu'il soit l'un des successibles ou un tiers) est, en quelque sorte, l'héritier par la volonté du défunt, qui remplace l'héritier par la volonté de la loi.

Mais les testaments, de nos jours (de matérialisme triomphant), contiennent surtout des legs (cf. *supra* n° 334 et 335).

B. Le contenu des legs

343. Le legs est d'abord l'expression d'une volonté humaine venant se substituer ou s'ajouter à la dévolution légale. La fiscalité des legs (droits de mutation) est d'ailleurs, dans ses grandes lignes, très proche de celle des successions (cf. *supra* n° 226 et s. et 282 et s.).

Il reste à déterminer ce que peut être l'objet d'un legs (sur le cas des legs de biens faisant partie d'une communauté matrimoniale, V. art. 1423 C. civ.).

L'article 1002, alinéa 1er, du Code civil distingue trois types de legs : universel (1), à titre universel (2) ou à titre particulier (3). Il n'y a pas d'autres types de legs permis (Cass. civ. 1re 12 mai 2004).

1. Les legs universels

344. Selon l'**article 1003** du Code civil : « *Le legs universel est la disposition testamentaire par laquelle le testateur donne à une ou plusieurs personnes l'universalité des biens qu'il laissera à son décès* ». Le légataire universel est une sorte de successeur testamentaire ; c'est lui qui va devoir délivrer les legs à titre particulier ; il continue la personne du défunt, comme peut le faire le successeur régulier investi par la loi. En conséquence, s'il accepte le legs, il recueille l'actif mais aussi **le passif** du patrimoine transmis (art. 785, al. 1er, C. civ. ; il est tenu *ultra vires emolumenti* : il répond indéfiniment des dettes et charges qui dépendent de la succession ; Cass. civ. 13 août 1851 : D 1851 I 281 ; une exception existe cependant pour l'exécution des legs à titre particulier de sommes d'argent qui existeraient en sus : cf. *infra* n° 353 : s'il est tenu de leur délivrance, il n'a pas à les acquitter au-delà du montant de l'actif successoral).

345. Le légataire universel a **vocation au tout** (y compris les droits d'auteur : Cass. civ. 1re 12 juin 2012 : n° 11-10.923). Cependant, il ne reçoit pas nécessairement la totalité du patrimoine du *de cujus*. Il peut y avoir des réservataires (que le legs ne peut exhéréder en totalité, puisqu'ils conservent leur part réservée ; cf. *infra* n° 571 et s.) ; dans ce cas, le légataire universel n'obtient que la quotité disponible. Il se peut aussi que le testateur, nonobstant le legs universel, ait prévu un ou plusieurs legs particuliers ; dans cette hypothèse, les biens visés dans ces legs à titre particulier reviennent aux légataires spéciaux désignés et échappent au légataire universel.

346. Il est possible de prévoir un légataire universel de substitution, pour le cas où le premier serait prédécédé lors de la mort du disposant ("substitution vulgaire" ; cf. *supra* n° 267). L'article 1003 du Code civil va plus loin en acceptant que le testateur puisse instituer **plusieurs légataires universels** (pluralité concomitante). Il est même possible de prévoir plusieurs légataires universels en spécifiant quelle sera la quote-part de chacun, y compris en stipulant une répartition inégale (Cass. req. 19 juill. 1894 : DP 1895 I 95). Il faut comprendre cependant que, s'il y a plusieurs légataires universels, même avec parts inégales, chacun continue à avoir vocation au tout. La répartition n'est prévue qu'au cas où il y aurait concours entre les légataires. Mais, si un seul est survivant, il recueille tout le patrimoine du disposant (Cass. req. 18 juin 1878 : DP 1879 I 33, S. 1879 I 193 ; sauf ce qui a été dit des réservataires et des légataires particuliers : cf. *supra* n° 345).

347. Il est aussi possible de désigner une personne comme légataire universel et de lui accorder un ou plusieurs **legs à titre particulier** afin d'être certain que tel ou tel bien lui échoira effectivement (Cass. civ. 1re 25 mars 1981 : n° 76-16.986).

348. Enfin, le legs de la **nue-propriété** de toute une succession est considéré comme constituant un legs universel (puisque, à terme, le légataire est appelé à recueillir, par consolidation, la pleine propriété du tout, l'usufruit étant, sauf clause contraire, viager : art. 617 C. civ. ; Cass. civ. 12 juill. 1892 : DP 1892 I 451). Conséquemment, il existe donc une occurrence (et une seule) où il peut y avoir, concomitamment, un légataire universel et un légataire à titre universel. Il s'agit du cas où le testateur a stipulé que l'un des deux devrait obtenir la totalité des biens en nue-propriété (c'est le légataire universel) et l'autre, la totalité en usufruit (qui est alors le légataire à titre universel).

Ce constat conduit à rechercher quelle est la définition exacte du legs à titre universel.

2. Les legs à titre universel

349. Le legs à titre universel constitue, en quelque sorte, une formule intermédiaire entre le legs universel et le legs à titre particulier. Selon l'**article 1010** du Code civil : « *Le legs à titre universel est celui par lequel le testateur lègue une quote-part des biens dont la loi lui permet de disposer, telle qu'une moitié, un tiers, ou tous ses immeubles, ou tout son mobilier, ou une quotité fixe de tous ses immeubles ou de tout son mobilier* ». Le legs à titre

universel a donc pour caractéristique de porter sur une fraction des biens du testateur ou sur un ensemble spécifique de biens (V., p. ex., Cass. civ. 1re 5 mars 2002 : n° 99-18.984).

Le légataire à titre universel supporte les **dettes successorales** à proportion de la part qu'il reçoit (art. 785, al. 1er, C. civ.).

350. Le texte ajoute (art. 1010, al. 2, C. civ.) qu'en principe, tout autre legs spécial est nécessairement un legs à titre particulier. Dès qu'il s'agit d'un autre type d'ensemble que ceux cités au texte, l'on est en présence d'un legs particulier et non d'un legs à titre universel (tel serait le cas pour le legs, par le disposant, "de tous ses biens situés en France", "de tous ses biens ruraux", "de tous ses appartements", "de tous les biens qu'il doit recevoir d'une autre succession" etc.).

Pourtant, comme il a été dit (cf. *supra* n° 348), la jurisprudence a estimé que le legs de la **totalité en usufruit** devait être considéré comme un legs à titre universel (Cass. req. 29 juin 1910 : D. 1911 I 49, note H. CAPITANT, *précit.* ; c'est cette solution qui justifie un cumul possible entre un legs universel de la totalité des biens en nue-propriété et un legs à titre universel de la totalité des biens en usufruit). L'arrêt de la Cour de cassation du 29 juin 1910, a ajouté que le legs d'une **quote-part en usufruit** devait être aussi assimilé à un legs à titre universel.

351. La question s'est posée de savoir comment qualifier le legs d'une **quote-part en nue-propriété** ou de la nue-propriété d'une des masses de biens visés à l'article 1010 du Code ; la jurisprudence estime qu'il s'agit aussi d'un legs à titre universel (Cass. req. 3 déc. 1872 : DP 1873 I 233, S. 1873 I 73) ; cette solution est logique, puisque le legs de la totalité en nue-propriété est un legs universel.

3. Les legs à titre particulier

352. Ce sont les articles 1014 et s. du Code civil qui régissent la matière. Le legs particulier a pour objet un ou plusieurs biens (ou, plutôt, un ou plusieurs droits portant sur des biens), corporels ou incorporels (y compris les "biens numériques"), corps certains ou choses de genre, désignés (déterminés ou objectivement déterminables) ou, enfin, un ensemble de biens (ou, plutôt, des droits portant sur un ensemble de biens) autre que ceux valant legs à titre universel (c'est-à-dire ceux visés à l'article 1010 C. civ. ou considérés comme tels par la jurisprudence – cf. *supra* n° 349 et s. – ; V., p. ex., Cass. civ. 1re 11 juill. 2006 : n° 04-14.947). Le légataire particulier n'est pas tenu des **dettes successorales** (art. 1024

C. civ.). Il ne reçoit qu'un bien ou un droit particulier. En quelque sorte, il succède aux biens et non à la personne du défunt. Un legs particulier comprend le bien indiqué et tous ses **accessoires** (*accessorium sequitur principale* et règle de l'accession). Les **fruits et intérêts** de la chose léguée ne sont attribués au légataire qu'à compter de la date de sa demande de délivrance ou à compter du jour où une délivrance a été spontanément réalisée (Cass. civ. 1re 14 nov. 2006 : n° 04-16.561).

353. Un legs à titre particulier peut, évidemment, avoir pour objet une **somme d'argent**. Il peut aussi être destiné à payer un créancier préexistant (le testateur s'assure ainsi que ce créancier aura bien une chance d'être défrayé et il ne s'agit pas d'une libéralité ; mais il faut le mentionner expressément : le legs fait à un créancier n'est pas censé fait en compensation de sa créance : art. 1023 C. civ. ; le texte contient, en quelque sorte, une présomption de libéralité). Inversement, le *de cujus* peut, pour ainsi dire, prévoir un legs négatif en libérant un de ses débiteurs antérieurs et là, l'on est bien en présence d'une libéralité.

En cas de legs à titre particulier d'une somme d'argent, comme il a été dit, l'héritier (ou le légataire universel) acceptant doit délivrer le legs. Il pouvait se faire autrefois que son obligation dût être réalisée sur son propre patrimoine si celui de la succession n'y suffisait point. Depuis 2006, il n'est tenu (pour cette obligation) qu'**à concurrence de l'actif net** successoral (*intra vires* ; art. 785, al. 2, C. civ) et ce, par exception au principe (cf. *supra* n° 344 ; V., cependant, Cass. civ. 1re 26 sept. 2012 : n° 11-16.244 : « *le legs d'une somme d'argent, fût-elle représentative du prix de vente d'un bien, a nécessairement pour effet de rendre le légataire créancier de la succession* »).

354. La question s'est posée du legs d'un **bien indivis**. Si un bien isolé appartient à plusieurs propriétaires et si l'un d'entre eux lègue son droit indivis, le légataire devient à son tour indivisaire. Mais il peut se faire que l'on lègue un bien faisant partie d'une masse encore indivise, non partagée, lors du décès du testateur ; dans ce cas, le légataire n'obtient qu'un droit éventuel sur le bien ; il ne recevra le bien que si celui-ci, lors du partage postérieur, est effectivement attribué au lot initialement prévu pour revenir au testateur. Si le bien est finalement attribué à un autre copartageant, le légataire n'aura rien (pour une solution identique en cas de donation, V. Cass. civ. 1re 23 oct. 2013 : n° 12-18.170).

355. Enfin, il est impossible de léguer la **chose d'autrui** (c'est-à-dire la chose qui, au jour du décès du testateur – et non au jour de la

rédaction du testament – ne lui appartient pas). L'article 1021 du Code civil dispose : « *Lorsque le testateur aura légué la chose d'autrui, le legs sera nul soit que le testateur ait connu ou non qu'elle ne lui appartenait pas* ». Bien plus, la nullité est encourue même si la chose léguée appartient, au jour du décès du testateur, à l'héritier chargé de délivrer le legs (Cass. civ. 25 févr. 1925 : DP 1925 I 185, note R. SAVATIER). On peut tourner la difficulté par la technique des charges (Cass. civ. 1re 20 févr. 1957 : Gaz. Pal. 1957 I 423 ; jurispr. constante).

356. Il peut se faire qu'un testateur lègue, à titre particulier, l'**usufruit** d'un bien à un légataire et la **nue-propriété** du même bien à un autre légataire. Si le légataire de l'usufruit renonce à son legs, cet usufruit revient-il aux héritiers (ou au légataire universel s'il y en a un) ou au nu-propriétaire du bien (consolidant ainsi sa propriété) ? Une réponse ministérielle a considéré que l'usufruit devait revenir alors au légataire universel et, sauf stipulation particulière du défunt, avoir pour durée la vie dudit légataire (Rép. min. n° 65205, JO AN 28 mars 2006, p. 3342) ; en quelque sorte, la renonciation n'emporte pas consolidation.

II. Les conditions de forme des testaments

357. Une convention internationale est intervenue pour tenter de résoudre les conflits de lois en matière de forme des dispositions testamentaires (Convention de La Haye du 5 oct. 1961).

Principalement, après avoir présenté quelques conditions communes (A), on peut envisager successivement les quatre types de testaments existants : olographe (B), authentique ou assimilé (C), mystique (D) et international (E).

A. Les conditions communes

358. L'étude des conditions communes va conduire à examiner deux points particuliers : en tout premier lieu (parce qu'elle est à la frontière des problèmes de fond et de forme) la traditionnelle question des testaments conjonctifs (1), puis celle des testaments verbaux (2). Enfin, doit être présenté le régime commun des sanctions en cas de vice de forme (3).

1. Les testaments conjonctifs

359. Un testament est dit conjonctif lorsqu'il comprend les dernières volontés interdépendantes de plusieurs personnes. Un tel procédé est **prohibé**. L'article 968 du Code civil dispose : « *Un testament ne pourra être fait dans le même acte par deux ou plusieurs personnes, soit au profit d'un tiers, soit à titre de disposition réciproque et mutuelle* ».

— La **raison** de l'interdiction est double. Il faut d'abord se souvenir que le testament est un acte éminemment individuel, voire intime, et un acte unilatéral ; on peut, au demeurant, craindre que l'un des co-rédacteurs influence le ou les autres. Ensuite, l'une des caractéristiques d'un testament est d'être toujours révocable jusqu'au décès du testateur (cf. *infra* n° 430) ; or, un testament conjonctif, établi en commun, risquerait d'être peu aisément rétractable, dans la mesure où toute modification nécessiterait l'intervention de toutes les personnes ayant participé à la rédaction initiale.

— La jurisprudence a posé deux **conditions** cumulatives (l'une matérielle, l'autre intentionnelle) pour qu'il y ait testament conjonctif et, conséquemment, nullité de l'acte. Il faut, d'une part, une unité formelle : un seul et même document (et non des feuilles séparées : Cass. req.. 21 juill. 1851 : DP 1851 I 267, S. 1851 I 570). Il faut, d'autre part, qu'il y ait un lien intellectuel, une corrélation, entre les deux testaments, que leurs contenus respectifs soient, sinon indissociables, du moins interdépendants (même arrêt).

La prohibition des testaments conjonctifs constitue donc un peu plus qu'une simple condition de forme (même si la Cour de cassation la considère comme telle dans les rapports internationaux : Cass. civ. 1re 21 nov. 2012 : n° 10-17.365).

2. Les testaments verbaux

360. Les testaments verbaux ou nuncupatifs sont **prohibés** (à Rome, la *nuncupatio* était une déclaration solennelle emportant effets juridiques ; mais, déjà, à Rome, le testament oral était souvent suivi d'un écrit).

L'interdiction (sous-jacente dès l'ordonnance de 1735 de d'Aguesseau consacrée aux testaments) n'est pas directement exprimée dans le Code civil, mais on considère qu'elle résulte de l'article 969 qui présente trois types de testaments permis et de la Convention de Washington du 26 octobre 1973 sur le testament international, qui, tous, imposent l'écrit (sur l'écrit électronique ou numérique, V. art. 1108-1, 1108-2 000 et 1 317 C. civ. et cf. *infra* n° 364, à propos des testaments olographes et n° 402, à propos des testaments authentiques).

— L'interdiction trouve sa **raison** dans la volonté de protection du testateur : avec un testament verbal, le risque de tester de manière irréfléchie est plus grand. Le testament est un acte formel et même solennel. L'écrit est exigé *ad validitatem*. Toutefois, si l'on est certain qu'il y a eu un écrit et que celui-ci a été détruit à l'insu du testateur, il est permis de bénéficier des dispositions (*ad probationem*) de l'article 1348 du Code civil (titre perdu par suite d'un cas fortuit ou d'une force majeure ; mais la perte du document par un conseil ne constitue pas un cas fortuit : Cass. civ. 1re 12 nov. 2009 : n° 08-17.791).

— Dans la mesure où sa réalité pourrait être prouvée, le testament ou le legs verbal ne constitue qu'une **obligation naturelle** (V., p. ex., Cass. civ. 1re 27 déc. 1963 : Bull. n° 573). Comme toutes les obligations naturelles, celle-ci peut servir de cause à un véritable engagement, se nover en obligation civile, si celui à qui l'exécution du testament aurait pu être réclamée s'il avait été formellement valide (l'héritier ou le légataire universel), reconnaît son existence et s'engage à l'exécuter (Cass. req. 10 janv. 1905 : DP 1905 I 47 ; jurispr. constante).

— Le testament, pas plus que le legs, n'est un acte "réel" : la remise de la chose, la "tradition", n'est pas constitutive de l'acte ; elle ne peut, ici, remplacer l'écrit. Dès lors, les **legs manuels** ne sont pas non plus admis (alors qu'il peut y avoir des dons manuels : cf. *infra* n° 469 et s.). Il est vrai, par ailleurs, que le legs n'ayant force juridique qu'en raison du décès du testateur, il est impossible de concevoir une remise manuelle émanant d'un défunt.

— La combinaison de ces deux principes aboutit à l'interdiction des **legs secrets** : il n'est pas permis à *Primus* de remettre un bien à *Secondus* en le chargeant verbalement de transmettre le bien à *Tertius* après sa mort (celle de *Primus*).

— Pour la preuve et la conservation des testaments, il existe un **fichier central** des dispositions de dernières volontés (FCDDV ; Convention de Bâle, conclue dans le cadre du Conseil de l'Europe, du 16 mai 1972), situé à Venelles (près d'Aix-en-Provence) et géré par l'ADSN (Association pour le Développement du Service Notarial). Les testaments authentiques y sont tous répertoriés. Les autres peuvent l'être. Tout notaire chargé de liquider une succession doit interroger préalablement le fichier central.

3. Le régime des sanctions

361. En cas d'absence d'écrit ou en cas de testament conjonctif, le testament est nul. Tel est d'ailleurs le cas, en principe, pour tout vice de forme des testaments (art. 1001 C. civ.). Bien que les intérêts protégés soient privés, la nullité encourue est, *a priori*, une nullité absolue, s'agissant d'une nullité de forme. Une confirmation paraît donc, logiquement, impossible. Toutefois, en complément de ce qui a été dit à propos de l'obligation naturelle (cf. *supra* n° 360), si un héritier ou un légataire universel exécute volontairement le testament, celui-ci est, en quelque sorte confirmé (Cass. req. 9 juill. 1873 : DP 1874 I 219 ; Cass. civ. 10 janv. 1949 : Bull. n° 8). Cette solution jurisprudentielle constitue donc le pendant de celle, prévue, par l'article 1340 du Code civil, pour les donations (cf. *supra* n° 315 et *infra* n° 453 et 461). Le mécanisme de la conversion par réduction peut cependant sauver un testament formellement défaillant (ainsi, un testament authentique ne remplissant pas les conditions formelles légales requises - cf. *infra* n° 393 et s. -, pourrait, néanmoins, valoir testament international - cf. *infra* n° 411 et s. - la loi étant moins exigeante à son égard : Cass. civ. 1re 12 juin 2014 : n° 13-18.383 ; mais encore faut-il que les conditions du testament international soient effectivement réunies : Cass. civ. 1re 10 oct. 2012 : n° 11-20.702)

B. Le testament olographe

362. Le testament olographe est la forme de testament la plus intéressante, dans la mesure où elle est, probablement, la plus usitée, mais aussi parce que c'est celle qui pose le plus de problèmes et crée le plus abondant contentieux. L'article 970 du Code civil dispose : « *Le testament olographe ne sera point valable, s'il n'est écrit en entier, daté et signé de la main du testateur : il n'est assujetti à aucune autre forme* ». "Olographe" signifie "écrit en entier".

L'**avantage** du procédé tient à sa simplicité : tout un chacun peut l'utiliser, rien n'étant plus simple que la rédaction d'un acte sous seing(s) privé(s).

Mais les **inconvénients** sont nombreux : l'acte perd en solennité, le rédacteur est moins protégé contre un engagement irraisonné, les risques de faux sont importants, le testateur s'expose au danger d'être influencé par d'autres personnes, le document peut aisément être perdu ou détruit et, surtout, le testateur risque d'utiliser des termes impropres ou de ne pas respecter convenablement les conditions posées par la loi. Très souvent, les juges du fond tentent de "**sauver**" **les libéralités** pour respecter la volonté généreuse de leurs auteurs. Cette politique trouve à s'illustrer lorsqu'un testament olographe comporte une anomalie formelle. L'article 970 du Code civil pose trois conditions de forme pour la rédaction d'un testament olographe : il faut un texte entièrement manuscrit (1), une signature manuscrite (2) et une date manuscrite (3), cette dernière exigence étant considérée par la jurisprudence comme moins importante, sans que, pourtant, le Code civil invite à le penser.

1. Un texte entièrement manuscrit

363. La lettre du Code implique la présence d'un texte écrit à la main et écrit de la main du testateur. Au-delà, la question se pose de savoir dans quelle mesure l'on peut réaliser des modifications ou rédiger des codicilles.

- ***Un texte écrit à la main***

364. L'exigence du manuscrit a une double fonction : celle de s'assurer de la volonté du testateur et celle de vérifier son identité.

— Le texte du testament olographe doit être totalement écrit à la main. Pour autant, on écrit rarement directement avec les doigts : il y a un **instrument médian**. Tout instrument qui peut être directement tenu en main peut être admis (crayon, stylographe, porte-plume, stylo-bille, stylo-feutre, pinceau, stylet, burin, couteau, fer pyrograveur, diamant, charbon, voire craie...), à condition qu'il ne reproduise pas des caractères préétablis (braille), mais bien une écriture humaine, avec ses irrégularités, sa personnalité, l'écriture étant aussi ici un moyen d'identification de la personne du disposant.

— Les **textes dactylographiés** (tapuscrits), pré-imprimés (s'ils concernent le testament) ou établis avec un traitement de texte (compuscrits) sont interdits. Cette prohibition demeure même si, de manière manuscrite, le testateur affirme, à la suite ou sur l'enveloppe le contenant, que le texte dactylographié est bien l'expression de sa volonté (Cass. civ. 18 mai 1936 : DH 1936 345, RTD civ. 1936, p. 720, n° 4, obs. R. SAVATIER ; jurispr. constante). En revanche, rien n'interdit de prévoir, en plus, une transcription dactylographiée pour faciliter la lecture du texte manuscrit, notamment lorsque le scripteur a des difficultés physiques à écrire (Cass. civ. 1re 17 juin 2009 : n° 08-15.894).

— Un écrit numérique est ici impossible (art. 1108-2, 1° C. civ. ; par exemple, un testament envoyé par courriel). Il n'est pas interdit de penser cependant que les choses pourraient évoluer à ce propos.

— Tout **élément pré-imprimé** rend nul le testament, s'il concerne directement l'expression des volontés du testateur (Cass. civ. 1re 17 juill. 1968 : D. 1968 625, JCP 1969 II 15710 bis : le nom du bénéficiaire, une caisse d'assurance mutuelle, était pré-imprimé sur l'écrit envoyé en réponse). Il en irait autrement si le texte imprimé n'avait aucun rapport avec le contenu du testament, lui-même répondant aux conditions de l'article 970 (réutilisation, dans sa partie vierge, d'un document imprimé d'une autre nature ; Cass. civ. 6 mai 1891 : DP 1893, I, 177).

— Il est évident qu'un **testament** verbal ou audiovisuel **enregistré** de manière magnétique ou numérique ne saurait être admis (d'autant qu'il est probablement plus aisé, aujourd'hui, de manipuler des sons et des images que de falsifier un manuscrit ; cf. *supra* n° 360 et *infra* n° 377, 402 et 457).

365. On admet toutes les **langues** et tous les idiomes. On accepte aussi tous les types d'écritures manuscrites, tous les signes possibles (idéogrammes, lettres grecques, cyrilliques, voire cunéiformes...). Le recours (manuscrit) à des capitales d'imprimerie est autorisé (Cass. civ. 1re 22 nov. 1966 : Bull. n° 519).

366. Tous les **supports** du texte sont acceptés (papier, naturellement, mais aussi, au moins en théorie : carton, argile, tissu, bois, cire, tatouage, mur...).

La photocopie ou la copie obtenue à l'aide d'un papier-carbone, ne peut être admise en tant que telle, sauf s'il est prouvé, comme on l'a vu, que l'original a été détruit par cas fortuit ou force majeure (cf. *supra* n° 360).

367. La jurisprudence, toujours dans son intention de sauver les legs, admet les testaments rédigés dans une **lettre missive** (Cass. req. 5 févr. 1900 : DP 1900 I 557 ; jurispr. constante), sur une carte postale (dans des circonstances très particulières toutefois : Cass. civ. 1re 24 juin 1952 : D. 1952 613, JCP 1952 II 7179, note P. VOIRIN), sur une enveloppe (Cass. civ. 1re 1er juin 1994 : n° 92-14.272 ; cf. *infra* n° 379 et 387), voire sur une machine à laver... (Nancy 26 juin 1986 : JCP N 1987 II 96, obs. G. Venandet).

368. Au demeurant, il n'est pas nécessaire qu'**un terme** de l'écrit se réfère à sa nature testamentaire ; il n'y a pas de termes sacramentels (Cass. civ. 1re 11 janv. 2005 : n° 02-16.985).

369. La rédaction d'**un chèque** peut-elle valoir testament, contenant un legs de somme d'argent (cf. *supra* n° 353) ? La Cour de cassation a répondu négativement, non sur la forme (un chèque pouvant être rédigé sur papier libre et respecter les conditions de l'art. 970 C. civ.), mais sur le fond (un chèque étant un ordre irrévocable payable à vue : Cass. civ. 1re 5 févr. 2002 : n° 99-18.578).

370. Le testament peut être rédigé sur les deux pages d'une même feuille ou sur **plusieurs feuilles**. Mais, dans ce cas, il est nécessaire qu'il y ait un lien intellectuel évident entre le contenu de chaque page ou de chaque feuille (Cass. req. 28 mai 1894 : DP 1894 I 533 ; Cass. civ. 1re 19 mars 1973 : n° 72-10.545).

Le testateur peut, dans son testament, faire renvoi à **d'autres actes ou écrits** (plans, descriptifs...), notamment en vue d'une désignation plus détaillée des objets légués (Cass. civ. 23 févr. 1921 : D. 1924 I 172).

371. La difficulté principale tient à la distinction qu'il y a lieu de faire entre un simple **brouillon**, un projet, une ébauche, et une rédaction peu soignée mais définitive. Un large pouvoir d'interprétation est laissé aux juges du fond (qui peuvent utiliser des éléments extrinsèques pour se déterminer : Cass. req. 11 déc. 1923 : D. 1924 I 189 ; Cass. civ. 1re 1er janv. 1970 : Bull. n° 12 ; Cass. civ. 1re 13 avr. 1988 : n° 86-17.318, *précit.*).

Mais les juges du fond ne sauraient considérer qu'il y a seulement projet, et non testament, du seul fait des imperfections du texte (Cass. civ. 1re 5 nov. 1996 : n° 94-21.089).

- ***Un texte écrit de la main du testateur***

372. Il ne suffit pas que l'on soit en présence d'un texte manuscrit. Il faut que la main qui a rédigé le document soit bien celle du testateur. Il n'est pas possible de dicter un testament olographe à une personne, qui, par exemple, aurait une meilleure écriture que le disposant. Qui plus est, l'intervention de la main du testateur n'est pas non plus suffisante : il faut qu'il sache écrire, il faut qu'il comprenne le sens des mots dont il trace les lettres. Un **analphabète** (ou un illettré, au sens que l'on donne aujourd'hui à ce substantif) ne peut tester (V., p. ex., Cass. civ. 1re 5 nov. 1956 : D. 1956 718, JCP 1956 II 9665 ; Cass. civ. 1re 9 janv. 2008 : n° 07-10.599).

373. Toutefois, la jurisprudence accepte le testament à **main assistée** (Cass. req. 28 juin 1847 : DP 1847 I 341, S. 1848 I 216), voire à main guidée (Cass. civ. 1re 16 juill. 1956 : D. 1956 661, note E. BLANC ;

jurispr. constante). Selon la Cour de cassation, pour prononcer la nullité, les juges doivent relever que le testament, écrit de la main du testateur, n'est plus « *du fait de l'assistance d'un tiers, l'expression de la volonté propre* » du signataire (Cass. civ. 1re 11 févr. 1997, n° 95-12.382 *précit.* ; Cass. civ. 1re 9 janv. 2008 : n° 07-10.599, *précit.* ; Cass. civ. 1re 9 janv. 2008 : n° 07-10.599).

374. Il vaut mieux éviter que figurent sur le document des **mentions complémentaires écrites par des tiers**, le testament étant, comme on l'a vu, un acte personnel. Mais, cette circonstance ne saurait, à elle seule, invalider l'acte testamentaire si ce ne sont que des mentions sans conséquences (Cass. civ. 1re 5 oct. 1959, 1re esp. : D. 1959 507, note G. HOLLEAUX, JCP 1959 II 11323, obs. P. VOIRIN). En revanche, ne serait pas valide, le testament olographe qui comprendrait des lignes décisives écrites par une autre main que celle du testateur signataire (Cass. civ. 1re 20 sept. 2006 : n° 04-20.614).

375. Le testament étant un acte sous seing privé, les héritiers peuvent se contenter de déclarer qu'ils ne reconnaissent pas l'écriture ou la signature du prétendu testateur ; ils peuvent se prévaloir de la présomption de l'article 1323, alinéa 2, du Code civil (Cass. civ. 1re 23 févr. 1983 : n° 82-10.856). La charge de la **preuve** est alors renversée par le fait de cette seule déclaration : c'est à celui qui prétend que le testament est valide (c'est-à-dire, le plus souvent, le légataire) de démontrer que le document est bien de la main du défunt (Cass. req. 28 févr. 1928 : DP 1929 I 8, RTD civ. 1928, p. 466, n° 7, obs. R. SAVATIER). Toutefois, s'il y a un légataire universel disposant de la saisine (cf. *infra* n° 510), les héritiers voulant démontrer que le testament n'est pas de la main du *de cujus*, doivent en rapporter la preuve (Cass. civ. 28 déc. 1824 : F. TERRÉ et Y. LEQUETTE, *Les grands arrêts de la jurisprudence civile*, créés par H. CAPITANT, 12e éd. Paris, 2007, n° 123 ; jurispr. constante : V., p. ex., Cass. civ. 1re 29 févr. 2012 : n° 10-27.332).

• ***Les modifications et les codicilles***

376. Les **modifications**, ratures, surcharges, additions, renvois, notules, interlignages sont permis et le testament reste évidemment valide, dès lors que l'on a la certitude que ces transformations ont été réalisées au cours de la rédaction même et non *a posteriori* (V., p. ex., Cass. req. 21 juin 1921 : DP 1922 I 160).

— On admet, à la rigueur des modifications postérieures si elles tendent seulement à rectifier de simples **erreurs de plume** ou à apporter une précision, sans modification de fond du testament (V.,

p. ex., Cass. civ. 1re 11 déc. 1961 : Bull. n° 598). Certaines décisions paraissent toutefois avoir une conception très extensive de l'erreur matérielle (Cass. civ. 1re 26 mai 1982 : n° 81-12.696 : modification de l'objet du legs et du nom de son bénéficiaire).

— En revanche, les **modifications postérieures** emportant des transformations de fond seront réputées non écrites, sans pour autant invalider le testament dans sa rédaction initiale (Cass. req. 29 déc. 1908 : DP 1909 I 399 ; Cass. civ. 1re 9 déc. 1986, *impl.* : n° 85-12.256).

— Par exception, les modifications (intervenant au cœur du texte ou, plus fréquemment, portées "au pied du testament", c'est-à-dire à la fin de celui-ci) sont valides et efficaces si elles ont été, à leur tour, datées et signées de manière manuscrite par le testateur, autrement dit, si elles remplissent les mêmes conditions que le testament lui-même.

— Plus généralement, on peut rédiger ce que l'on nomme un **codicille**, c'est-à-dire un ajout, écrit à la suite du testament ou dans un document distinct. Un codicille n'est valide que s'il répond à toutes les exigences formelles du testament olographe lui-même.

2. Une signature manuscrite

377. L'article 970 du Code civil exige que le document soit signé de la main du testateur. Il est donc clair qu'une **signature mécanique**, à la griffe ou dactylographiée ne peut être admise. La signature **électronique ou numérique** (art. 1316-4, al. 2, C. civ.) ne peut non plus, actuellement, être retenue (si l'art. 1108-1, al. 2, C. civ. dispose que « *lorsqu'est exigée une mention écrite de la main même de celui qui s'oblige, ce dernier peut l'apposer sous forme électronique* », l'article 1108-2, 1° fait expressément exception pour « *les actes sous seing privé relatifs au droit de la famille et des successions* »). La signature permet à la fois d'identifier la personne du rédacteur et d'attester de la détermination de son engagement et (art. 1316-4 C. civ.). Ici, les juges ne sont donc guère enclins à l'indulgence. Faute de signature, un testament n'est point valable, quand bien même le nom et le prénom de la personne auraient été indiqués au début du document ("Je, soussignée X..." ne peut pas remplacer une véritable signature : Cass. civ. 1re 14 janv. 2003 : n° 00-18.526 ; Cass. civ. 1re 17 févr. 2004 : n° 01-15.223). La **nullité** est alors encourue (Cass. civ. 1re 22 mars 2005 : n° 03-19.907).

378. Le Code n'indique pas quelle doit être la **place de la signature**. Si l'on s'en tenait au silence du texte, il importerait donc peu que la signature soit placée à un endroit ou à un autre.

Cependant, la signature constitue une manière de clore, certains disent de "sceller", l'expression de la volonté du scripteur. Il est donc logique de penser qu'elle intervient, dans le temps, à la fin de la rédaction et qu'il est naturel qu'elle se trouve, dans l'espace, à la suite des dispositions testamentaires. La jurisprudence contemporaine exige, conséquemment, que la signature soit placée au pied du testament, à la suite du contenu de l'acte (Cass. civ. 1re 18 déc. 1984 : n° 83-16.152 ; Cass. civ. 1re 14 janv. 2003 : n° 00-18.526, *précit.* et Cass. civ. 1re 17 févr. 2004 : n° 01-15.223, *précit.* ; Cass. civ. 1re 17 juin 2009 : n° 08-12.896).

379. Tout **type de signature** manuscrite est susceptible d'être accepté. Il arrive ainsi que le testateur, pour être plus lisible, n'ait pas recours à sa signature habituelle (Cass. civ. 1re 5 oct. 1959 : D. 1959 507, note G. HOLLEAUX, JCP 1959 II 11323, 2e esp., obs. P. VOIRIN ; Cass. civ. 1re 22 juin 2004 : n° 01-14.031). Dans ce cas, en principe, le testament reste néanmoins valide s'il n'y a aucun doute sur l'identité de l'auteur de l'acte. On a pu admettre la signature par un simple **prénom** (Cass. civ. 24 juin 1952 : D. 1952 613, JCP 1952 II 7179, note P. VOIRIN, *précit.* ; mais il s'agissait du prénom utilisé, dans son apostolat, par un évêque), solution indispensable dès lors que l'on accepte le testament par lettre missive (cf. *supra* n° 367).

3. Une date manuscrite

380. Le **lieu de rédaction**, bien que souvent indiqué par les testateurs, n'est en rien exigé par le texte. Il est préférable de ne pas l'indiquer, pour éviter, s'il est démontré que le testateur n'était à cet endroit le jour de la rédaction, que l'on prétende, dès lors, que la date est fausse.

En revanche, la présence d'une date est impérative. La mention de la date est utile lorsque l'on s'interroge sur la sanité ou la capacité juridique du testateur lors de la rédaction de l'acte ou lorsque l'on retrouve plusieurs testaments contradictoires et que l'on cherche à déterminer quel est le plus récent.

381. Néanmoins, l'exigence de la date ne semble pas aussi importante que celle de l'écrit et de la signature manuscrite. C'est ainsi qu'elle ne se retrouve pas toujours dans d'autres Droits et que la jurisprudence française est beaucoup moins rigoureuse à son

égard. Malgré un principe légal très net, la jurisprudence accepte, en effet, diverses atténuations.

• ***Le principe***

382. En principe, **le testament est nul** s'il ne comporte pas la mention d'une date manuscrite lisible, complète, exacte et écrite de la main du testateur (Cass. civ. 1re 19 avr. 1988 : n° 86-16.160). Le texte ne précise pas à quelle **place** doit figurer cette date. Mais une date placée en milieu de page, intercalée dans le corps du texte, risque fort d'aboutir à considérer que la suite de la rédaction n'est pas datée, est donc postérieure et ne doit pas être prise en compte (V. Cass. civ. 1re 9 déc. 1986 : n° 85-12.256). Il est donc préférable de la mentionner au pied de l'acte.

383. **La date doit être complète**. Elle doit comprendre le jour, le mois et l'année. L'indication de l'heure n'est pas exigée (elle serait pourtant parfois utile, lorsque l'on retrouve plusieurs testaments datés du même jour ; V. p. ex., Cass. req. 18 juill. 1887 : DP 1887 I 369, S. 1890 I 219). On peut mentionner la date en chiffres ou en lettres ou en mélangeant les deux procédés d'écriture. Il est probable que l'on puisse utiliser un autre calendrier que le calendrier grégorien. On peut utiliser des chiffres arabes et/ou des chiffres romains. On peut même probablement admettre une datation partiellement par équivalence, dans la mesure où il n'y aurait pas d'ambiguité (p. ex. : "en ce jour de la Saint X 1985" ou date mentionnée dans un autre calendrier que le calendrier romain...).

Les trois éléments de la date doivent être **manuscrits** : on ne saurait normalement admettre qu'une partie de celle-ci soit pré-imprimée (sauf, peut-être, la seule mention du siècle, "19" ou "20").

Si un seul des trois éléments (jour, mois ou année) est manquant, en principe, le testament est nul (V., pour des ex. où il manquait le jour : Cass. req. 2 mars 1903 : DP 1903 I 152 ; Cass. civ. 1re 9 nov. 1993 : n° 91-17.756). Il en est ainsi aussi si l'un des éléments demeure trop évasif (Cass. civ. 1re 25 nov. 1975 : n° 74-13.467, référence aux « *événements de mai* 1968 »).

384. Il faut non seulement la présence d'une date complète, mais aussi qu'il s'agisse de la **date exacte**. Cette condition a été ajoutée par la jurisprudence. Il faut que la date soit effectivement celle de la rédaction. Cette exigence peut paraître paradoxale, dans la mesure où le testateur peut très bien rédiger en plusieurs temps son testament ; lui seul est maître de décider à quel moment il l'estime

achevé. D'ailleurs, souvent, rien n'indique que la date est fausse. C'est en réalité lorsqu'un élément vient démontrer l'impossibilité de la date que la nullité est demandée, par exemple, lorsque le testateur est... déjà décédé à cette date (Cass. req. 30 juin 1942 : JCP 1943 II 2254, note R.S. ; Cass. civ. 1re 27 déc. 1957 : D. 1958 111 ; Cass. civ. 1re 2 févr. 1971 : n° 69-14.253 ; Cass. civ. 1re 11 févr. 2003 : n° 99-12.626).

Il peut se faire encore qu'il y ait **deux dates** différentes dans le même acte. Dans ce cas, *a priori*, le testament est nul et considéré comme non daté, car une des deux dates est nécessairement fausse.

La Cour de cassation estime que la **preuve** de l'inexactitude d'une date peut « *être apportée par voie d'éléments de preuve extrinsèques au testament* [...] *si ces éléments de preuve trouvent leur racine et leur principe dans le testament lui-même* » (Cass. civ. 1re 24 sept. 2002 : n° 00-21.761).

• ***Les atténuations***

385. La jurisprudence accepte de nombreuses atténuations aux deux principes, ce qui signifie qu'elle peut parfois admettre une date absente ou incomplète, voire une date inexacte.

– La date absente, incertaine ou incomplète

386. La jurisprudence permet une **confirmation** (Cass. civ. 25 avr. 1925 : DP 1927 I 48). Il est toujours possible de refaire un testament identique, cette fois dûment daté. Elle admet également la prise en compte d'**éléments intrinsèques** complémentaires pour rétablir la complétude de la date (Cass. req. 4 juin 1934 : DH 1934 460 ; Cass. civ. 1re 9 nov. 1993 : n° 91-17.756, *précit.*).

387. Elle accepte aussi que le juge tienne éventuellement compte de **circonstances extrinsèques**. On peut pallier l'insuffisance de la date par une circonstance externe venant la compléter sans ambiguité (V., p. ex., Cass. req. 4 juin 1934 : DH 1934 460, *précit.* ; jurispr. constante).

Mais les juges posent une condition. Il faut que des éléments intrinsèques justifient la recherche d'indices extérieurs : les faits et circonstances qui sont extrinsèques à l'acte testamentaire peuvent servir à en établir la date ou à la compléter « *dans la mesure où ils corroborent les éléments intrinsèques dans lesquels doit avoir son principe et sa racine la preuve de la date d'un testament olographe* » (Cass. civ. 24 juin 1952 : D. 1952 613, JCP 1952 II 7179, note P. VOIRIN, *précit.*).

Il est évident que la mention de la date incomplète ou ambiguë constitue l'élément intrinsèque de référence, la "racine naturelle", en quelque sorte (Cass. civ. 1re 18 nov. 1997 : n° 95-18.026). Mais l'élément radiculaire intrinsèque n'est pas forcément contenu dans la façon dont la date a été (mal) mentionnée, ni même directement dans une allusion à la date (Cass. civ. 1re 11 oct. 1955 : D. 1956 5, JCP 1955 II 8994 : la mention « *adieu* » avant un suicide ; Cass. civ. 1re 30 juin 1992 : n° 90-19.021 : l'évocation d'un contrôle fiscal avant un suicide).

388. Après divers atermoiements, la jurisprudence accepte désormais de tenir compte de l'**absence d'intérêt** de la date (ce qui est une application de la maxime "pas d'intérêt, pas d'action"). Elle utilise la théorie du **formalisme causé ou sensé**. Malgré l'insuffisance ou même l'absence de la date, un testament peut ainsi être valide si la date n'a aucune influence en l'espèce parce qu'il n'y a ni problème d'incapacité ou d'insanité, ni problème de pluralité de testaments contraires (Cass. civ. 1re 30 juin 1992 : n° 90-19.021, *précit.* ; Cass. civ. 1re 10 mai 2007 : n° 05-14.366, *précit.* ; Cass. civ. 1re 5 mars 2014 : n° 13-14.093).

– *La date inexacte*

389. Alors que, normalement, un acte sous seing(s) privé(s) n'a pas par lui-même date certaine (art. 1328 C. civ.), les juges estiment que « *le testament olographe fait, par lui-même, foi de la date qu'il énonce* » (Cass. civ. 11 juin 1902 : DP 1902 I 434, note C.S., S. 1905 I 117). C'est donc à celui qui entend contester l'exactitude de la date de rapporter la **preuve** de ce qu'il avance.

Là encore, il est évident que le testateur peut expressément **régulariser** la situation en cas de date inexacte en rédigeant un nouveau testament identique, cette fois correctement daté (ou rédiger un codicille rectificatif, lui, exactement daté : Cass. req. 21 févr. 1906 : DP 1906 I 168, S. 1908 I 31).

390. Comme pour la date inexistante ou incomplète, il est probable que les juges peuvent, en cas de date inexacte, tenir compte d'**éléments intrinsèques** de complément, venant démontrer quelle était la date réelle (en ce sens, V. Cass. civ. 1re 17 janv. 1984 : n° 82-16.871, *précit.*).

391. Il est certain, par ailleurs, qu'ils peuvent se fonder, pour déterminer la véritable date, sur des **circonstances extrinsèques** à condition, là encore, qu'ils corroborent des éléments intrinsèques dans lesquels la preuve de la date doit trouver son principe et sa

racine. Il s'agira, en fait, d'hypothèses où la date inexacte a été mentionnée par erreur (V., p. ex., Cass. civ. 1re 4 févr. 1981 : nº 79-15.831) ; pour un testament où figurait la date du « *21 août 200001* » - sic -, V. Cass. civ. 1re 9 juill. 2014 : nº 13-18.685). Il est également permis de combiner des éléments intrinsèques et des éléments extrinsèques (Cass. civ. 1re 7 juin 2006 : nº 04-10.602).

392. La Cour de cassation refuse (pour l'instant) d'appliquer la théorie de l'**absence d'intérêt** en cas de date inexacte (Cass. civ. 1re 11 févr. 2003, *impl.* : nº 99-12.626 *précit.* ; Cass. civ. 1re 7 juin 2006 : nº 04-10.602). Si l'on accepte une telle solution prétorienne en cas de date incomplète (cf. *supra* nº 388), il pourrait paraître logique de l'admettre également lorsque la date ne correspond pas à la réalité. Mais agir ainsi pourrait conduire, par exemple, à valider un testament où figurerait une date postérieure à la mort du testateur...

C. Les "testaments publics"

393. Sous cette dénomination générique de "testaments publics", l'on entend ici regrouper deux catégories de testaments : les testaments par acte authentique (1) et, ceux, plus rares, que l'on peut qualifier, faute de mieux, de testaments publics particuliers (2).

1. Le testament par acte authentique

394. Étymologiquement, "authentique" signifie "qui agit soi-même" ; donc un acte authentique (art. 1317 C. civ.) est un acte qui fait foi par lui-même (art. 1319 C. civ.). Mais authentifier c'est aussi obtenir le sceau d'une personne connue. Ici, la signature du notaire prend une place particulièrement importante.

Aujourd'hui, le notaire n'intervient plus seulement comme témoin mais comme acteur. Son rôle est devenu primordial. Ce sont les articles 971 et suivant du Code civil qui régissent la matière.

395. Le testament authentique a les (grandes) qualités et les (petits) inconvénients des actes reçus par les notaires.

— Les **avantages** du procédé sont évidents : la rédaction du document est juridiquement correcte, le testateur risque moins d'être influencé par ses proches, une personne incapable d'écrire (handicap physique ou méconnaissance de l'écriture) peut ainsi avoir le loisir de tester, les risques de perte sont minimes (cf. *supra* nº 360) et, enfin, la force probante est plus grande qu'avec un testament olographe. En effet, comme tout acte authentique, ce type de testament fait foi jusqu'à inscription de faux (art. 1319 C. civ. et art. 286 et 303 et s. CPC) pour tout ce que le notaire a pu faire lui-même ou constater et qu'il a relaté.

— Les **inconvénients** du testament par acte authentique sont sa lourdeur, son coût (même s'il demeure faible) et l'absence de préservation du secret des dernières volontés du testateur. On notera que le testament authentique doit faire l'objet d'un enregistrement (art. 848, 5° CGI) à l'occasion duquel un droit fixe est perçu.

396. Pour la réalisation d'un testament authentique, la présence de diverses personnes est requise (1) et une procédure spécifique doit être suivie (2). Ces règles (art. 971 et s. C. civ.) sont, en réalité, assez proches de celles prévues pour tout acte notarié (art. 1317 C. civ., loi du 25 ventôse an XI et décret n° 71-941 du 26 nov. 1971, modifié en 1973 et en 1999). Toutefois, l'article 9, 1° de la loi du 25 ventôse an XI, dispose que, par principe, les testaments restent soumis aux règles spéciales du Code civil.

- ***Les personnes en présence***

397. Les "acteurs" de l'opération sont : le testateur lui-même, le ou les notaire(s) (et, éventuellement, les témoins).

398. Le **testateur** doit être présent. Il ne doit être ni muet (Cass. req. 3 avr. 1900 : DP 1900 I 259, S. 1900 I 452), ni, en principe, sourd (un projet de loi de 2013, de modernisation et simplification du Droit, en cours de navette parlementaire en 2014, entend modifier l'article 972 du Code civil pour permettre aux personnes sourdes et/ou muettes d'accéder au testament authentique). Mais il peut être analphabète.

399. Ce qui va caractériser l'opération, c'est d'abord le contact avec le **notaire**, conseil et sorte de témoin privilégié de l'acte. Les textes exigent (art. 971 C. civ.) la présence de deux notaires ou d'un seul notaire mais alors avec deux témoins. Le ou les notaires présents ne doivent pas être sous le coup d'une incapacité relative (cf. *supra* n° 313).

400. Le recours aux **témoins** n'est nécessaire que lorsqu'il n'y a qu'un seul notaire. Les témoins doivent être des majeurs capables et jouissant de leurs droits civils (art. 980). Un sourd ou un aveugle ne peut, évidemment, être témoin. L'article 975 du Code civil dispose que le ou les légataires ne peuvent être témoins (ni leurs parents ou alliés jusqu'au quatrième degré inclus), ni les clercs du notaire recevant l'acte (Cass. civ. 25 janv. 1858 : DP 1858 I 63).

Le testateur, le notaire et les témoins (ou les deux notaires) doivent normalement être présents pendant toute la procédure et attentifs surtout pendant la dictée (Cass. civ. 1re 19 déc. 1978 : n° 77-15.542 : testament validé dans une espèce où l'un des deux témoins n'avait pas « *prêté une attention soutenue à la conversation entre le notaire et son client* » avant la dictée proprement dite ; Cass. civ. 1re 23 juill. 1979 : n° 78-10.220 : testament invalidé dans une affaire où les témoins n'avaient été présents que pendant la lecture faite par le notaire). L'article 971 du Code civil prévoit que les témoins ont un rôle d'assistance du notaire.

• ***La procédure suivie***

401. Après avoir présenté les acteurs, il reste à décrire, en quelque sorte, le scénario. Le contenu du testament doit être dicté par le testateur. La dictée est une formalité substantielle.

Pour sa **dictée**, le testateur devrait pouvoir utiliser n'importe quelle **langue** ou idiome, à la condition, bien entendu, que le notaire et les témoins (ou les deux notaires) entendent cette langue (Cass. civ. 1re 28 févr. 2006 : n° 03-19.075 : langue tahitienne ; V., toutefois, l'article 980 qui, depuis 2006, évoque uniquement la langue française). Le recours à un interprète est prohibé, compte tenu des risques d'altérations qu'il comporte (Cass. civ. 1re 18 déc. 1956 : JCP 1957 II 9718, obs. Ch. JAQUILLARD). Toutefois, un projet de loi de 2013, de modernisation et simplification du Droit, en cours de navette parlementaire en 2014, entend modifier l'article 972 du Code civil pour permettre le recours à un interprète lorsque le testateur ne peut s'exprimer en langue française. La dictée doit être verbale ; on ne peut la remplacer par des **signes** ou des gestes (Cass. civ. 1re 7 juill. 1965 : Bull. n° 463 ; Cass. civ. 1re 4 juin 2007 : n° 05-21.189 ; la question demeure cependant de savoir si l'on pourrait utiliser la langue des signes si tous les intervenants la comprenaient).

Le testateur ne doit pas lire un testament **prérédigé** par le seul notaire (Cass. civ. 1re 20 mai 1968 : n° 66-10.968), ou se contenter d'exprimer ses volontés sans dictée personnelle, avec seulement une lecture faite par le notaire (Cass. civ. 1re 29 juin 2011 : n° 10-17.168). Il ne doit pas non plus lire un testament prérédigé établi avec l'aide du notaire (Cass. civ. 1re 26 sept 2007 : n° 05-19.909 n° 05-19.909). En revanche, le testateur peut amener un brouillon ou des notes, au besoin préparé(es) avec le notaire (Cass. civ. 1re 22 mai 1973 : n° 72-11.236) et son testament peut comporter une partie dactylographiée prérédigée (Cass. civ. 1re 1er févr. 2012 : n° 10-31.129).

Le notaire a le droit, évidemment, d'intervenir, de poser des questions, d'interrompre le testateur, de lui donner des informations (Cass. civ. 1re 28 juin 1961 : Bull. n° 353).

402. Le notaire (ou l'un des deux notaires) doit **écrire** le testament qu'on lui dicte (ou le faire écrire par un de ses employés). L'on peut recourir à un procédé mécanique (art. 972 C. civ.). Il est évident que le texte ainsi rédigé ne doit pas nécessairement reprendre, mot pour mot, ce qu'a dicté le testateur. L'intérêt de l'intervention du notaire est, justement, la mise en forme correcte et la traduction dans des termes juridiques appropriés des propos du testateur.

L'usage de l'ordinateur et du traitement de texte permet aujourd'hui d'établir des actes sans rature ni renvoi.

Depuis la loi n° 2000-230 du 13 mars 2000, un acte authentique peut être dressé *ad probationem* sur **support électronique** ou numérique (art. 1317, al. 2, C. civ.) et, depuis la loi n° 2004-575 du 21 juin 2004, cette forme peut être adoptée même lorsque l'écrit est exigé *ad validitatem* (art. 1108-1 C. civ.). L'acte authentique sur support électronique (AASE) est peu à peu mis en service (avec conservation au minutier central électronique – MICEN – et authentification de la signature électronique du notaire grâce à sa clef "REAL"). Mais ce procédé reste assez mal compatible avec les conditions requises par l'acte particulier que constitue le testament public.

403. Ensuite, on doit **lire**, en entier, le texte ainsi rédigé : l'alinéa 3 de l'article 972 du Code civil dispose qu'il doit être donné lecture du testament au testateur (il doit pouvoir reconnaître ses dernières volontés dans le texte qu'on lui propose). C'est en général le notaire qui procède à cette lecture, mais le texte ne l'exige pas. Il n'est pas nécessaire que l'acte indique que cette lecture a bien eu lieu (Cass. civ. 1re 5 févr. 2002 : n° 00-15.740).

404. La dernière phase est celle des **signatures**. Le testateur doit évidemment signer l'acte. Le notaire et les témoins (ou les deux notaires) doivent également apposer leur signature (art. 974 C. civ.). Le testament est dressé en minute ; le notaire en conserve donc l'original. Il doit en faire mention au fichier central des dispositions de dernières volontés (FCDDV).

2. Les testaments publics particuliers

405. Ce sont les articles 981 et suivant du Code civil qui régissent minutieusement (vingt et un articles) ces testaments publics autres que les testaments par acte authentique. Il s'agit de testaments établis dans des **circonstances particulières**. En général, ces actes sont reçus par une personne titulaire d'une certaine autorité, en présence de deux témoins. Le testateur, celui qui reçoit le testament et les témoins doivent signer l'acte.

Tous ces testaments ont pour point commun d'être **provisoires**. Leur validité est limitée à six mois après la cessation des circonstances exceptionnelles (art. 987 et 994 C. civ.). Ce caractère provisoire doit toujours être signalé au testateur lorsqu'il exprime ses dernières volontés (art. 996 C. civ.).

— Il en est ainsi du testament **militaire** (art. 981 et s. et, par renvoi, art. 93 C. civ. ; il existait déjà à Rome : testament *in procinctu*). Il est destiné aux membres des forces armées et aux personnes employées "à la suite des armées", lorsque ceux-ci se trouvent hors de métropole (en cas de guerre ou en cas de stationnement à l'étranger en vertu d'accords internationaux ou s'ils sont faits prisonniers) ou en métropole (en cas de mobilisation). En simplifiant, on dira qu'un tel testament peut être reçu par un officier en présence de deux témoins.

— Il en va de même du testament établi en cas d'**isolement médical ;** il s'agit de l'hypothèse d'une "quarantaine" où des personnes sont contraintes de demeurer isolées en raison d'un risque de contagion ; dans ces circonstances, le testament peut être reçu par un juge d'instance ou un officier municipal, en présence de deux témoins (art. 985 C. civ.).

— Pareillement, le testament en cas d'**isolement géographique** permet de tester par acte public devant un juge d'instance ou devant un officier municipal, avec deux témoins (art. 986 C. civ.), lorsque le disposant se trouve dans une île dépourvue d'étude notariale et momentanément isolée du continent (tempête, grève des transports...).

— Enfin, le testament **maritime** (art. 988 C. civ.) autorise le passager d'un navire ou d'un bâtiment à tester, l'acte étant reçu, en présence de deux témoins, par l'officier d'administration s'il s'agit d'un bâtiment de l'État ou par le capitaine ou patron (assisté de son second) s'il s'agit d'un navire de la marine marchande (sur l'incapacité corrélative des capitaines de navires, cf. *supra* n° 308).

D. Le testament mystique

406. Le testament mystique est régi par les articles 976 et s. du Code civil. C'est, en quelque sorte, une formule intermédiaire, à mi-chemin entre le testament olographe et le testament authentique ("mystique" prend ici le sens de "secret", de *mysticus* : relatif aux "mystères").

407. Avec les formes testamentaires jusque-là présentées, pour pouvoir tester, il fallait au moins savoir écrire (testament olographe) ou pouvoir parler (testament authentique).

— L'**avantage** du testament mystique est de permettre à celui qui sait au moins lire d'exprimer ses dernières volontés.

— L'**inconvénient** du procédé réside dans un certain coût (limité) et dans son formalisme. Mais, surtout (sauf démarche personnelle complémentaire), le testateur ne profite pas ici des conseils du notaire. La formule est donc assez peu utilisée.

La réalisation d'un testament mystique implique, chronologiquement, le respect de trois phases : la rédaction (1), la remise et la présentation (2) et la suscription (3).

1. La rédaction initiale

408. Il faut d'abord que les **dispositions** testamentaires soient **écrites**. Mais il n'est pas nécessaire que le document soit manuscrit (il peut être dactylographié), il n'est pas nécessaire qu'il soit écrit par le testateur lui-même (ce dernier a pu le dicter à un tiers) et rien n'exige qu'il soit daté.

Le testateur doit pouvoir lire (art. 978 C. civ.) ; un aveugle ne peut recourir au testament mystique (il faut que l'on soit certain qu'il a pu lire le texte et en comprendre le sens).

Le document doit, normalement, être signé du testateur.

2. La remise et la présentation

409. Selon les dispositions de l'article 976 du Code civil, le testateur doit **présenter au notaire et à deux témoins** son testament, soit déjà clos, cacheté et scellé (ce qui garantit la confidentialité du procédé), soit non clos (mais alors il doit le faire clore, cacheter et sceller en présence du notaire et des deux témoins).

Le testateur doit déclarer que le contenu du document est bien son testament, qu'il est bien signé de lui, qu'il a été écrit par lui ou par quelqu'un d'autre et quel est le mode d'écriture qui a été utilisé (manuscrit ou mécanique).

3. La suscription

410. Enfin, le notaire doit dresser l'**acte de suscription**. Cet acte est rédigé soit sur la feuille contenant le testament, soit sur l'enveloppe. Il s'agit d'un procès-verbal, décrivant le pli remis, indiquant la date et le lieu où l'acte a été passé, donnant les coordonnées des témoins, reprenant les déclarations du remettant. Il doit être signé par le testateur, le notaire et les deux témoins.

L'acte de suscription est dressé en brevet (ce qui signifie que le notaire n'en conserve pas l'original au rang de ses minutes). Si le testateur demande au notaire d'être le dépositaire du testament mystique, celui-ci l'inscrit au fichier central des dispositions de dernières volontés (cf. *supra* n° 360), avec l'autorisation expresse du déposant. Mais le testateur n'est pas obligé de déposer le testament mystique chez le notaire ; une fois la procédure de suscription réalisée, il peut récupérer le document et le conserver lui-même.

E. Le testament international

411. L'Institut international de Rome pour l'unification du Droit privé (« "UNI-Droit »") a élaboré le texte d'une **convention internationale** (Convention de Washington du 26 oct. 1973) relative à la création d'une forme testamentaire nouvelle, s'ajoutant aux formes nationales existantes et destinée spécialement (mais non exclusivement) aux testaments présentant un aspect international. Cette convention a été signée par la France dès 1974 ; mais elle ne l'a ratifiée qu'en 1994 (loi n° 94-320 du 25 avr. 1994).

412. Le **testament international** ressemble au testament mystique.

Il doit faire l'objet d'un écrit. Mais il n'est pas indispensable que ce soit le testateur qui l'ait écrit ni que le document soit manuscrit. Naturellement, peu importe la langue utilisée. Le testament doit être signé du testateur ou, s'il ne peut le faire, il doit en indiquer la cause et le notaire en faire mention sur le testament.

Le testateur, devant le **notaire** et **deux témoins**, doit déclarer (il doit donc pouvoir parler) que le document présenté est son testament et qu'il en connaît le contenu (il doit donc savoir lire). Le testament doit être signé du notaire et des deux témoins. Chaque feuillet doit, en principe, être paraphé par le testateur comme pour tout acte notarié (Cass. civ. 1re 10 oct. 2012 : n° 11-20.702). Toutes les **signatures** doivent être apposées à la fin du testament. À la fin du testament, le notaire doit, en plus, mentionner la date. Le notaire doit demander au testateur s'il désire faire une déclaration quant au mode de conservation de son testament. Si le testateur décide de faire une déclaration de cette nature, il en est fait mention dans l'attestation que le notaire doit rédiger.

En effet, le notaire doit rédiger une attestation établissant que les obligations prescrites par la loi ont été respectées.

Cette forme testamentaire, encore trop peu usitée, pourrait, malgré les réticences, devenir plus fréquente à l'avenir, compte tenu des mouvements de population de plus en plus importants.

413. Le testateur, même atteint d'un handicap, dispose donc en France d'une large gamme de procédés pour formaliser ses dernières intentions.

III. L'exécution des testaments

414. Pour qu'un testament puisse être exécuté, il est évidemment indispensable que son contenu ne soit pas caduc (A). Il est nécessaire, par ailleurs, d'envisager les modalités de son exécution proprement dite (B).

A. La question de la caducité des dispositions testamentaires

415. Le problème de la caducité se présente différemment selon que l'on se situe avant (1) ou après (2) le décès du testateur.

1. Avant le décès du testateur

416. Avant que le testateur ne décède, il peut se produire des événements qui, sans la volonté du testateur, vont empêcher l'exécution future du testament.

— Il y a caducité si le légataire, personne physique est **prédécédé** (art. 1039 C. civ.). Le legs est également caduc si le légataire est une personne morale et si celle-ci est dissoute avant le décès du testateur. En cas de **prédécès** du légataire, le legs demeure caduc même si le légataire a des héritiers (c'est l'héritier du testateur ou son éventuel légataire universel qui recueille alors le legs, non l'héritier du légataire, puisque la représentation n'existe pas à l'égard des dispositions testamentaires : cf. *supra* n° 147). Toutefois, le testateur avait pu prévoir un légataire de remplacement (substitution vulgaire : cf. *supra* n° 267) ou l'institution de deux légataires conjoints, auquel cas le survivant bénéficie du mécanisme de l'accroissement (art. 1044, al. 1er, C. civ.).

— Il peut s'agir aussi de la **perte ou** de la **destruction** (avant le décès du testateur) de la chose (corps certain) léguée à titre particulier (art. 1042, al. 1er, C. civ.). Si la chose, objet du legs particulier, a disparu, il est évident qu'aucun effet ne pourra être relevé. Toutefois, il est manifeste qu'il n'y aura pas caducité du legs pour un tel motif s'il s'agit d'un legs universel ou à titre universel ou d'un legs à titre particulier de choses de genre non individualisées. En cas d'aliénation volontaire du bien légué, il n'y a plus caducité, mais révocation (cf. *infra* n° 435).

2. Après le décès du testateur

417. Le Code civil qualifie de cas de caducités un certain nombre d'événements postérieurs au décès du testateur. Ces événements vont effectivement rendre impossibles l'exécution du testament (même si l'on peut douter qu'il s'agisse bien de "caducité", au sens strict, dans toutes ces hypothèses).

— L'article 1043 du Code civil classe ainsi, dans les cas de caducité, le **refus** éventuel du **legs** par son bénéficiaire, entraînant également la caducité de la charge dont il pouvait être assorti, charge dont l'exécution ne peut donc être demandée aux héritiers (Cass. civ. 1re 1er juill. 2003 : n° 01-00.373). On peut aussi rappeler, même s'il ne s'agit pas d'une véritable hypothèse de "caducité", que le légataire peut aussi pâtir de la mise en œuvre d'une éventuelle clause pénale (cf. *supra* n° 321 et s.).

— Il y aura également caducité, si le légataire est atteint, au moment du décès du testateur, d'une **incapacité** (de jouissance) de recevoir (art. 1043 C. civ.) ; il en va différemment, bien sûr, s'il s'agit seulement d'une simple incapacité d'exercice.

— Il peut s'agir, enfin, de la **destruction** fortuite, après le décès du testateur, du bien légué (art. 1042, al. 2, C. civ.). Le légataire n'aura rien, tout simplement parce qu'il est censé être propriétaire du bien depuis le décès : la chose a donc péri dans son patrimoine (*res perit domino*). Il en irait différemment si la chose avait péri par la faute de l'héritier ou du légataire universel chargé de délivrer le legs.

— Le **décès du légataire** après celui du testateur (et avant la délivrance du legs), n'est pas une cause de caducité. Les héritiers du légataire peuvent réclamer le droit que leur ayant-cause était censé avoir obtenu.

B. L'exécution proprement dite

418. Pour être exécuté, un testament doit être clair et, parfois, un problème d'interprétation se présente (1), ce qui complique son exécution. Le testateur a pu désigner diverses personnes en vue de faciliter l'exécution de ses dernières volontés : un ou des exécuteurs testamentaire(s) (2) et/ou un ou des mandataires posthumes (3) (le mandataire posthume a une mission indépendante de l'existence de legs ; mais elle mérite d'être étudiée ici car elle est susceptible d'intervenir concomitamment).

1. L'interprétation préalable des testaments

419. Un testament, surtout lorsqu'il n'a pas bénéficié des conseils d'un juriste (principalement, lorsqu'il n'a pas pris une forme authentique), comporte fréquemment des phrases abstruses. Le Code civil offre donc une sorte de guide d'interprétation des testaments (sur l'interprétation des testaments selon la CEDH, V. CEDH 13 juill. 2004 : n° 6948/01).

— Pour les contrats, l'article 1246 du Code civil dispose que lorsqu'une obligation porte sur une chose déterminée uniquement par son espèce, le débiteur ne doit pas tenter de délivrer l'espèce la plus mauvaise et le créancier ne doit pas essayer d'obtenir la meilleure (expression d'une obligation générale de loyauté). L'article 1022 du Code, prévoit une disposition voisine pour les legs : lorsque le legs porte sur une chose indéterminée, l'héritier ne doit pas la délivrer dans la plus mauvaise **qualité** et le légataire ne peut exiger de la recevoir dans la meilleure qualité.

— Le **legs consenti à un créancier** n'est pas censé fait en compensation de sa créance (art. 1023 C. civ. ; Cf. *supra* n° 353). L'on sait que le texte ajoute qu'il en va de même pour le **legs fait à un domestique** en compensation de ses gages (cf. *supra* n° 252). Si la preuve contraire est rapportée, c'est le caractère même de libéralité du legs qui risque d'être remis en cause.

— Ces aides à l'interprétation étant peu nombreuses, la doctrine affirme souvent que le juge peut, par analogie, *mutatis mutandis*, recourir aussi aux procédés de lecture des **conventions** énoncés aux articles 1156 et s. du Code (et, notamment, qu'il peut, malgré le sens littéral de l'acte, rechercher l'intention de l'auteur de la libéralité, comme il peut, dans tout contrat, traquer la commune intention des parties).

— On pourrait y ajouter les articles 533 et s. du Code civil qui, pour le Droit des biens, précisent ce qu'il faut entendre par les expressions de "**meuble**", "meubles meublants", "biens meubles", "mobilier", "effets mobiliers", "maison"...

2. L'exécuteur testamentaire

420. C'est un procédé issu des pays de coutume. Originellement, l'exécuteur testamentaire était un membre du clergé chargé de veiller aux obsèques du défunt et à la délivrance de legs pieux.

Même si le recours à cet intermédiaire ne s'est pas généralisé (comme ce fut le cas en Angleterre), le Code civil a pris soin d'y consacrer treize articles (art. 1025 et s.). Ces textes n'ont été, sur le fond, que légèrement modifiés (mais totalement réécrits) par la loi n° 2006-728 du 23 juin 2006.

421. Le Droit des transferts intra et intergénérationnels a parfois une conception très particulière du mécanisme du mandat (cf. *supra* n° 139 et 337 et *infra* n° 426). L'on en a ici une nouvelle illustration.

En effet, l'exécuteur testamentaire est une sorte de **mandataire** désigné par le testateur, mais un mandataire très particulier (ne serait-ce que parce qu'il n'est mis à exécution qu'après la mort du mandant).

422. Il est évident que la désignation d'un exécuteur testamentaire est empreinte d'un très fort ***intuitus personæ***. Il ne peut pas être remplacé par quelqu'un d'autre s'il n'est pas en mesure d'exécuter sa mission ou s'il la refuse. S'il est prédécédé, ses propres héritiers ne pourront le remplacer (art. 1025, al. 3, C. civ.). Il est possible de désigner plusieurs exécuteurs (art. 1025, al. 1er, C. civ.), co-exécuteurs ou exécuteurs ayant chacun une mission précise.

423. L'exécuteur est en général désigné dans le testament lui-même. Mais il pourrait l'être aussi par acte séparé. En général, la doctrine considère que l'exécuteur ne peut être qu'une **personne physique**. Il faut que l'exécuteur soit aisément identifiable.

424. Un exécuteur testamentaire **n'est pas rémunéré** (art. 1033, al. 3 et art. 1033-1 C. civ. ; mais les frais relatifs à ses fonctions sont à la charge de la succession : art. 1034 C. civ.). Il est cependant

d'usage que le testateur prévoie de lui accorder, en remerciement, un petit legs particulier (qualifié de "diamant" par les praticiens). Cet usage a été consacré par la loi en 2006 (*Rappr.*, pour les cadeaux d'usage, *supra* n° 253).

Sa mission ne peut **durer** plus de deux ans (après la date d'ouverture du testament ; art. 1032), sauf prorogation obtenue en justice. Il peut être relevé de sa mission par le tribunal pour motifs graves (art. 1026). Il peut refuser sa mission. Mais, une fois acceptée, il a le devoir de l'exécuter.

425. **Les pouvoirs minimaux** de l'exécuteur consistent à intervenir pour soutenir la validité du testament et exiger l'exécution de ses dispositions, à prendre toute mesure conservatoire utile, à pouvoir faire procéder à un inventaire (si nécessaire), voire à faire vendre des biens mobiliers « *à défaut de liquidités suffisantes pour acquitter les dettes urgentes de la succession* » (art. 1029). Il a une mission de surveillance ; il veille, en général, à la bonne exécution du testament.

En sus, l'exécuteur testamentaire peut obtenir une véritable mission d'exécution. Il peut, en effet, avoir reçu du testateur le droit de « *prendre possession* » de tout ou partie des biens meubles de la succession et de les vendre pour acquitter les legs (art. 1030). Bien plus, en l'absence d'héritier réservataire, le testateur a pu habiliter l'exécuteur « *à disposer en tout ou partie des immeubles de la succession, recevoir et placer les capitaux, payer les dettes et les charges et procéder à l'attribution ou au partage des biens subsistants entre les héritiers et les légataires* » (art. 1030-1).

Il s'agit là de ce que l'on appelle la **saisine** particulière de l'exécuteur testamentaire.

3. Le mandataire posthume

426. Le **mandat à effet posthume** est une innovation de la loi n° 2006-728 du 23 juin 2006 (art. 812 et s. C. civ. ; Cf. *supra* n° 337). Le mandataire posthume est chargé de gérer tout ou partie d'un patrimoine successoral. Sa mission ne concerne donc pas à proprement parler l'exécution des testaments (il peut d'ailleurs y avoir, concurremment, un exécuteur testamentaire et un mandataire posthume : art. 812, al. 1er, C. civ.). Mais cette mission peut interférer sur la destination des legs éventuellement consentis, quand aucun exécuteur testamentaire n'aura été désigné. L'idée, comme l'a avoué le rapporteur du projet devant l'Assemblée nationale, était de créer une sorte de fiducie qui ne

dirait pas son nom. Mais la formule est excessive dans la mesure où le mandataire ne bénéficie pas d'une affectation patrimoniale. Il s'agit de permettre à une personne, pour gérer, après sa mort, tout ou partie de son patrimoine dans l'intérêt d'un ou plusieurs héritiers préindiqués, de désigner à l'avance un mandataire (personne physique ou morale). Pour conclure ce mandat, il faut justifier d'un intérêt légitime particulier (état de la personne de l'héritier ou difficulté tenant à la nature du patrimoine successoral : art. 812-1-1 C. civ.). L'on a surtout songé à l'hypothèse de l'héritier qui serait un mineur ou un handicapé. Il s'agit donc d'un mandat (l'article 812-1-4 fait expressément renvoi, en cas de silence du texte spécial, aux art. 1984 et s. C. civ.), mais assez original, dont les représentés sont, en un certain sens, les héritiers et dont le mandant est une personne décédée lorsque le contrat entre en application. Le mandataire peut être un héritier. Il peut y avoir plusieurs mandataires. Ici, le mandataire ne peut être désigné dans un testament. Il faut un **contrat entre vifs**, conclu entre le mandant et le mandataire (cf. *supra* n° 337). Il est, en principe, d'une **durée** de deux ans à compter de la date d'ouverture du testament.

427. C'est le contrat qui fixe les **pouvoirs** du mandataire, mais il ne peut faire des actes de disposition sur les biens successoraux. Selon l'article 812-1-3, tant qu'aucun héritier n'a accepté la succession, le mandataire ne peut faire que des actes conservatoires ou d'administration provisoire dont la liste est donnée à l'article 784 (cf. *infra* n° 533). Le mandat (gratuit, sauf stipulation contraire) doit être établi par acte authentique (art. 812-1-1, al. 3, C. civ.). Le mandataire désigné doit accepter le mandat avant le décès du mandant.

La rémunération possiblement versée au mandataire est considérée comme étant une charge de la succession (art. 812-3). Le texte encadre très précisément (art. 812-3) toutes les hypothèses possibles de fin du mandat à effet posthume.

428. Ce mandat à effet posthume a été critiqué. C'est surtout la possible **multiplicité des intervenants** qui inquiète : exécuteur(s) testamentaire(s) (art. 1025 et s. C. civ.), administrateur judiciaire de l'indivision (art. 815-6, al. 3, C. civ.), mandataire conventionnel entre héritiers (art. 813 et s. C. civ.), mandataire successoral judiciaire (art. 813-1 C. civ.), gérant(s) conventionnel(s) de l'indivision (art. 1873-5 C. civ.)... et mandataire(s) posthume(s).

Pour qu'il y ait exécution d'un testament, encore faut-il, évidemment, qu'il n'y ait pas eu, au préalable, révocation...

IV. Les révocations

429. Une révocation a les mêmes effets qu'une caducité (cf. *supra* n° 416 et s.) ; la révocation d'un legs universel ou à titre universel permet aux héritiers par le sang ou par l'alliance d'obtenir la succession ; la révocation d'un legs particulier fait que l'objet du legs reviendra à ceux à qui l'on pouvait en réclamer la délivrance : les héritiers du testateur ou le légataire universel. La révocation peut intervenir de deux manières : elle peut être le résultat de la volonté du testateur (A) ou celui d'une décision juridictionnelle (B).

A. La révocation par le testateur

430. Le principe est déjà connu : **un testament peut toujours être révoqué** (art. 895 C. civ.). La ressemblance entre le testament (ou du moins le legs) et une offre (de donation) est ici frappante, même si l'on sait que les deux notions sont loin d'être identiques (cf. *supra* n° 328).

On n'engage pas sa **responsabilité** à révoquer son testament (Cass. civ. 1re 30 nov. 2004 : n° 02-20.883).

La révocation peut non seulement concerner des legs mais aussi des **dispositions extrapatrimoniales** (V., p. ex., Cass. req. 23 avr. 1912 : DP 1913 I 41, note H. CAPITANT, *précit.*).

La révocation peut être expresse (1) ou tacite (2).

1. La révocation expresse

431. Le testament verbal étant prohibé, il est évident que l'on ne saurait, non plus, révoquer verbalement un testament. La révocation doit, elle aussi, comporter un évident formalisme, voire une manière de solennité. C'est ce qu'exprime l'article 1035 du Code civil lorsqu'il affirme qu'un testament ne pourra être révoqué que par un testament postérieur ou par un acte passé devant notaire.

432. Un **testament postérieur** peut contenir uniquement la révocation de dispositions antérieures ou, plus fréquemment, à la fois l'expression d'une révocation et la présentation de dispositions nouvelles.

Aucun parallélisme des formes n'est exigé : il est tout à fait possible de révoquer le contenu d'un testament authentique par un simple testament olographe (V., p. ex., Cass. req. 18 juill. 1887 : DP 1887 I 369, S. 1890 I 219, *précit.*).

Un testament peut aussi être expressément révoqué **par acte devant notaire** (l'article 1035 C. civ. met le mot "notaire" au pluriel, mais de manière générique). Il n'est pas alors nécessaire de respecter toutes les formes du testament authentique. Mais il faut se soumettre à celles (moins lourdes) des actes notariés (art. 1317 C. civ. ; Cf. *supra* nº 396).

2. La révocation tacite

433. La Cour de cassation laisse, en principe, à la souveraineté des juges du fond l'appréciation des circonstances factuelles susceptibles de justifier une révocation tacite. Mais elle estime que la révocation tacite d'un testament ne peut résulter que de la rédaction d'un nouveau testament incompatible, de l'aliénation de la chose léguée ou de la destruction volontaire du testament (Cass. civ. 1re 4 juill. 2007 : nº 05-16.023).

434. La révocation tacite peut d'abord résulter de la rédaction d'un **testament postérieur** comportant des dispositions contraires à celles de l'acte précédent. Les conditions de mise en œuvre de la révocation sont identiques à celles de la révocation expresse (pas de parallélisme des formes).

435. Une révocation tacite peut aussi être la résultante d'une vente, d'un échange, d'une donation... de toute **aliénation volontaire** du bien légué réalisée, de son vivant, par le testateur (art. 1038 C. civ. ; Cass. civ. 1re 7 juin 2006 : nº 04-10.612 ; en cas de disparition involontaire du bien, il a caducité : cf. *supra* nº 416). Mais les dispositions de l'article 1038 du Code civil n'édictent qu'une présomption simple (Cass. civ. 1re 11 mars 2003 : nº 00-16.663). Le Code ajoute que la révocation est maintenue même si l'aliénation est ensuite annulée.

Bien entendu, la révocation par l'aliénation du bien légué ne peut concerner que des legs à titre particulier de corps certains ou de choses de genre individualisées (il n'y a pas révocation en cas d'aliénation de quelques biens alors que le legs particulier portait sur la quote-part d'un ensemble : Cass. civ. 1re 11 juill. 2006 : nº 04-14.947, *précit.*).

436. Enfin, un testament peut être tacitement révoqué par sa destruction partielle ou totale ou par une **détérioration volontaire** du support matériel de l'acte : incinération, **lacération** ("déchirage", voire découpage), cancellation (barrement général), rature (barrement spécial), "froissage"... (en pratique, cette occurrence ne saurait se rencontrer en cas de testament authentique). On peut en

effet supposer que ces détériorations sont bien l'œuvre du testateur, et non d'un héritier mécontent et malhonnête qui l'aurait alors, probablement, fait disparaître totalement. Dans tous ces cas, il appartient aux juges du fait de rechercher « *si la volonté du testateur a [bien] été d'anéantir ses dispositions testamentaires antérieures* » (Cass. civ. 1re 28 avr. 1969 : Bull. n° 29).

La jurisprudence considère que la preuve de la **simple croyance** (erronée) par le testateur que le testament était détruit ne suffit pas à démontrer la révocation (Cass. civ. 1re 25 mai 1959 : JCP 1959 II 11188, obs. R. SAVATIER).

B. La révocation judiciaire

437. La révocation judiciaire est justifiée par la survenance d'un événement fâcheux, en général après la mort du testateur et, le plus fréquemment, après que le légataire a pris possession de son legs. L'article 1046 du Code civil renvoie (non sans poser quelques problèmes de transposition) à deux des causes de révocation des donations (cf. *infra* n° 482 et s.) : l'inexécution des charges (art. 954 C. civ. ; les textes visent les "conditions", mais ce mot est entendu ici au sens large : cf. *infra* n° 487 et *Rappr. supra* n° 320) et l'ingratitude (art. 955, 1° et 2° C. civ. ; Cf. *infra* n° 484 et s. ; qu'il est nécessaire de distinguer de l'indignité successorale : cf. *supra* n° 85 et s.).

— Pour **l'inexécution des charges**, comme en matière contractuelle, le juge apprécie souverainement les circonstances pour déterminer s'il doit prononcer ou non la révocation. En revanche, il est tenu de la constater si le testateur avait prévu une clause révocatoire (résolutoire) en cas d'inexécution (cf. *supra* n° 320 et *infra* n° 487).

— Pour **l'ingratitude**, le texte évoque (par renvoi) l'attentat à la vie du testateur et les sévices, délits ou injures graves à l'encontre du testateur. Les sévices impliquent un mauvais traitement physique, l'injure peut comprendre diverses offenses et le délit s'entend au sens d'infraction pénale (et non au sens de faute civile) commise à l'encontre du donateur ou de ses biens.

438. Ce sont les **héritiers (ou les autres légataires)** qui vont pouvoir agir en révocation.

Le **délai pour agir** semble être (même si les textes ne sont pas explicites, l'article 1046 ne renvoyant qu'à l'article 955 et non à l'article 957 C. civ.), comme pour l'ingratitude en matière de donations, d'un an. Il s'agit d'une interprétation extensive faite par la jurisprudence (Cass. civ. 1re 22 nov. 1977 : n° 76-12.847 ; pour le cas d'injure à la mémoire du testateur, V. art. 1047 C. civ.). Il s'agit d'un délai insusceptible d'interruption ou de suspension (Cass. civ. 1re 1er févr. 2012 : n° 10-27.276).

Si le légataire était déjà en possession de son legs, il devra le restituer. Il devra indemniser les héritiers (ou le légataire universel) pour les détériorations qu'il aurait pu infliger au(x) bien(s) à restituer. Inversement, il sera indemnisé pour ses impenses (en totalité pour les impenses nécessaires et, dans la limite de la plus-value apportée au(x) bien(s), pour les impenses simplement utiles). Si le bien a été détruit sans l'intervention du légataire, il n'aura rien à restituer (le bien étant censé ne lui avoir jamais appartenu : *res perit domino*).

Chapitre 3
Les donations

439. Alors que la définition du testament donnée par le Code civil avait paru encourir quelque critique (cf. *supra* n° 47 et 327), la **définition** de la donation, contenue dans l'article 894, semble digne d'éloges : « *La donation entre vifs est un acte par lequel le donateur se dépouille actuellement et irrévocablement de la chose donnée, en faveur du donataire qui l'accepte* ». En réalité, il est nécessaire de préciser que le mot "donation" désigne à la fois l'acte et l'*instrumentum* qui le formalise.

La donation est l'expression juridique du don, dont on a vu toute l'ambiguité (cf. *supra* n° 27 et s.). Il est donc logique que ce procédé, de plus en plus fréquent, soit très encadré.

440. Sont ici présentées, successivement, comme pour le testament, les conditions de forme (II) des donations, leur exécution (III) et les cas d'exception à l'occasion desquels elles peuvent être révoquées (IV). Quant aux conditions de fond, ce sont les mêmes que pour toute libéralité (cf. *supra* n° 254 et s.), à cela près qu'un principe spécifique s'y ajoute : l'irrévocabilité (I).

I. L'irrévocabilité

441. Une donation doit respecter les conditions générales de Droit commun des contrats et celles relatives aux libéralités. Mais la seule condition de fond propre aux donations est le nécessaire respect de la règle de l'irrévocabilité. Son corollaire est l'actualité du dépouillement (même si le transfert de jouissance de l'objet de la donation peut être reporté à une date ultérieure : Cass. civ. 1re 22 févr. 2005 : n° 03-14.111).

Après avoir expliqué le principe (A), il est indispensable d'en voir les applications (en distinguant les stipulations prohibées (B) des stipulations permises (C)), puis la sanction (D).

A. Le principe

442. Le principe, on l'a vu, est posé à l'**article 894** du Code civil.

En Droit commun des contrats, les opportunités de révocation unilatérale sont de plus en plus nombreuses et, en tout cas, les parties peuvent toujours convenir que l'une d'entre elles aura la possibilité, si elle le souhaite, de rompre unilatéralement la convention (clause de dédit). Pour les donations, à l'inverse, le donateur ne peut stipuler une clause lui permettant de reprendre le bien donné (« *Donner et retenir ne vaut* »).

Le **but** est d'éviter que le donataire subisse une quelconque forme de chantage de la part du donateur, qui pourrait être tenté de brandir constamment la menace d'une telle clause pour obtenir l'asservissement du gratifié.

443. On estime que **tous les types de donations** sont soumis au principe de l'irrévocabilité : donations indirectes (Cass. civ. 26 mars 1884 : D. 1884 I 275, S. 1886 I 422), donations déguisées (Cass. civ. 3 nov. 1896 : D. 1897 I 584), dons manuels (Cass. civ. 1re 25 nov. 1986 : n° 84-12.796) ou donations-partages.

444. Seules font exceptions les **donations de biens à venir entre époux** (institutions contractuelles) réalisées **pendant le mariage** qui demeurent révocables (art. 1096, al. 1er, C. civ. ; sur le sort des avantages matrimoniaux en cas de divorce : cf. *infra* n° 492 ; sur le régime des institutions contractuelles, cf. *infra* n° 496 et s.).

Il faut probablement rechercher la raison de ces statuts spéciaux dans le risque de voir l'un des deux conjoints profiter de l'influence qu'il pourrait avoir sur l'autre. La donation consentie entre époux dans le contrat de mariage reste, elle, en principe, soumise au principe de l'irrévocabilité.

Il convient, en application de ces principes, de présenter les stipulations considérées comme prohibées, puis celles qui sont permises.

B. Les stipulations prohibées

445. On sait qu'**en Droit commun**, on considère généralement (avec bien des nuances et des critiques) que l'on peut stipuler une **condition** "casuelle" (qui ne dépend en rien de la volonté du scripteur : art. 1169 C. civ.), "simplement potestative" (qui dépend à la fois de la volonté du stipulant et d'un événement extérieur) ou encore "mixte" (qui dépend à la fois de la volonté du stipulant et de

celle d'un tiers : art. 1171 C. civ.). On ne peut, en revanche, prévoir une condition "purement potestative" (qui ne dépend que de la volonté d'une des parties : art. 1174 C. civ. ; V., p. ex., Cass. civ. 26 mars 1884 : D. 1884 I 275).

Pour les donations, l'article 944 du Code civil reprend le principe et prévoit que « *toute donation entre vifs sous des conditions dont l'exécution dépend de la seule volonté du donateur, sera nulle* ». Mais, en matière de donations, la jurisprudence paraît plus exigeante qu'en Droit commun : les conditions mixtes semblent elles aussi prohibées (Cass. civ. 1re 25 nov. 1986 : n° 84-12.796 : don manuel conditionné par la persistance d'une liaison, *précit.*). Cette solution particulière trouve son explication dans la nécessité de respecter ici, en plus, le principe de l'irrévocabilité des donations.

446. Pour des raisons identiques, il est interdit de stipuler, aux dépens du donataire, la charge de payer les **dettes futures** du donateur (art. 945 C. civ.). Permettre une telle stipulation pourrait, en effet, revenir à autoriser le donateur à annihiler son acte généreux uniquement en contractant des dettes.

447. Il est aussi interdit, en principe (pour une exception notoire, l'institution contractuelle : cf. *infra* n° 497), de faire porter une donation sur des **biens à venir** (art. 943 C. civ.), car le dépouillement doit être actuel (cf. *supra* n° 441).

De plus, nul ne peut transférer plus de droits qu'il n'en possède lui-même (*Nemo plus juris ad alium transferre potest quam ipse habet*) et admettre le don de biens à venir reviendrait à permettre au donateur de se dédire en ne faisant pas l'acquisition des biens concernés. La prohibition peut aussi être une illustration de l'interdiction (tempérée) des pactes sur successions futures (cf. *infra* n° 563 et s.), lorsque les biens à venir seraient ceux d'une succession non ouverte (art. 1130, al. 2, C. civ.). Enfin, interdire la donation de biens à venir c'est aussi prohiber celle de la chose d'autrui.

448. Il est interdit, normalement (sauf, là encore, institution contractuelle : cf. *infra* n° 497), de prévoir une **donation *mortis causa***, c'est-à-dire, pour le disposant, de donner, entre vifs, les biens qu'il laissera, éventuellement, à son décès, car c'est évidemment une technique permettant indirectement au donateur de revenir sur son geste généreux en vidant son patrimoine (de plus, il y a là application des principes relatifs au *votum mortis* et aux pactes sur succession future : art. 1130, al. 2, C. civ., principes au demeurant moins

rigoristes qu'ils ne le furent – cf. *infra* n° 567 – ; sauf ce qui a été dit des libéralités graduelles ou résiduelles – cf. *supra* n° 268 et s.).

C. Les stipulations autorisées

449. Les clauses de **retour conventionnel**, que l'on a déjà rencontrées à propos des successions anomales et à propos des clauses d'inaliénabilité (cf. *supra* n° 238 et 323), sont autorisées (art. 951, al. 1er, C. civ. : « *soit pour le cas de prédécès du donataire seul, soit pour le cas du prédécès du donataire et de ses descendants* »). Toutefois, le second alinéa de l'article 951 dispose que ce droit de retour ne peut profiter qu'au donateur seul (et non à ses héritiers).

450. L'article 949 du Code civil permet au donateur de stipuler une **réserve d'usufruit** au profit d'un tiers ou même à son profit (il ne donne alors que la nue-propriété du bien). La réserve d'usufruit est très couramment utilisée aujourd'hui dans le cadre des donations-partages et des donations transgénérationnelles. On considère, le plus souvent, que tout type de donation peut ne porter que sur un droit en nue-propriété (qui permet au donataire de devenir propriétaire, par consolidation, au décès de l'usufruitier). Réciproquement, il peut y avoir don d'usufruit (cf. *supra* n° 247) et c'est alors qu'il peut y avoir une certaine manière de révocabilité, avec l'éventuel retour de l'usufruit au donateur et cas de prédécès du donataire.

451. Si les donations *mortis causa* sont, en principe, interdites, à l'inverse, les **donations *post mortem*** sont permises. Il s'agit de donations fermes, portant sur des biens précis, mais dont l'exécution est reportée à la date du décès du donateur. En effet, l'opération peut, en réalité, s'analyser comme une donation avec stipulation d'un terme incertain (Cass. civ. 30 nov. 1937 : DH 1938 19, S. 1938 I 241, note R. Morel).

452. On a pu enfin, en doctrine, estimer que le donateur pouvait stipuler des **clauses** d'imprévision lui permettant d'**adapter l'objet de la libéralité** ou son bénéfice en fonction de l'évolution des circonstances sans nécessairement porter atteinte au principe d'irrévocabilité (cf. *supra* n° 326).

D. La sanction

453. Lorsqu'une donation comporte une disposition contraire au principe d'irrévocabilité, la nullité encourue est une **nullité absolue**

(toutefois, les héritiers du donateur peuvent confirmer l'acte en application de l'article 1340 C. civ. ; Cf. *supra* n° 315 et 360 et *infra* n° 461). La nullité peut ne concerner que la clause litigieuse ou viser la totalité de la libéralité selon que la stipulation particulière annulée a été ou non impulsive et déterminante (en cas de condition potestative, l'article 944 du Code civil prévoit la nullité de la donation elle-même).

II. Les conditions de forme

454. Le testament, on l'a vu, est un acte solennel (cf. *supra* n° 357 et s.). La loi a cependant prévu une forme testamentaire simplifiée (le testament olographe) et la jurisprudence est souvent indulgente en cas d'anomalie, tenant à respecter la volonté généreuse du testateur. Pour les donations, un constat voisin peut être fait. La donation est un contrat solennel. Cependant, la jurisprudence valide les dons manuels et, là encore, "sauve" fréquemment des libéralités, acceptant souvent mal qu'une simple question de forme vienne contrarier l'exécution d'une volonté libérale.

Il est donc logique d'analyser en premier lieu le principe de l'exigence de solennité (A), avant de présenter les atténuations qui y ont été apportées (B).

A. Les exigences formelles de principe

455. On retrouve ces conditions dans une section du Code civil intitulée « *De la forme des donations entre vifs* » (art. 931 et s. ; même si son contenu va souvent au-delà des seules conditions purement formelles). Il est nécessaire de présenter la liste des formes requises (1) avant d'indiquer quelles sont les sanctions encourues lorsqu'elles ne sont pas respectées (2).

1. Les formes requises

456. La donation est un **contrat solennel** mais (en principe) ce n'est pas un contrat réel : dans sa forme normale, la donation n'exige pas, pour sa validité, la "tradition" du bien donné (art. 938 C. civ.).

La solennité est destinée à protéger le donateur (pour lui éviter de s'engager de manière irréfléchie) et, indirectement, elle permet d'éviter une dilapidation du patrimoine familial. Il convient d'attirer clairement l'attention de l'auteur de la libéralité sur la gravité de son acte. La solennité est aussi le garant du respect de l'irrévocabilité (on ne peut aisément remettre en cause un acte qui a reçu une forme authentique).

La donation doit être conclue sous la forme d'un acte notarié (art. 1317 C. civ., loi du 25 ventôse an XI et décret n° 71-941 du 26 nov. 1971, modifié en 1973 et en 1999). Une donation par acte sous seing(s) privé(s) est nulle (Cass. civ. 1re 15 févr. 2012 : n° 11-11.636, *précit.*)

457. Pour que l'acte soit valide, il est tout d'abord nécessaire de requérir l'intervention d'un **notaire**, sorte de témoin privilégié (art. 931 C. civ.). L'usage d'une telle formalité remonte au XVIIe siècle et a été consacré par les textes au XVIIIe. Pour les donations directes et ostensibles, le recours aux services du notaire constitue donc une exigence *ad validitatem* (voire, ici, *ad solemnitatem*).

L'acte doit être rédigé en minute, ce qui signifie que l'original (la "minute") sera conservé par le notaire et que seules des copies pourront être délivrées. L'acte doit être signé du notaire. Sauf clause contraire, les frais et honoraires du notaire sont à la charge du donataire.

Depuis la loi n° 2000-230 du 13 mars 2000, un acte authentique peut être dressé *ad probationem* sur **support électronique** ou numérique (art. 1317, al. 2, C. civ. ; Cf. *supra* n° 402, à propos des testaments authentiques). Depuis la loi n° 2004-575 du 21 juin 2004, un acte authentique peut être établi *ad validitatem* et conservé sous forme électronique (sous réserve de respecter les conditions spécifiques requises pour chaque catégorie d'actes). Cette technique (AASE) se met peu à peu en place (cf. *supra* n° 402).

458. Il faut ensuite que les **parties** interviennent. Le donateur et le donataire doivent signer l'acte.

Le donateur doit pouvoir exprimer sa volonté et le notaire doit être capable de la comprendre (ainsi une langue étrangère pourrait être utilisée, sous cette réserve).

Il faut une **acceptation du donataire** (il s'agit d'un contrat) et une acceptation clairement exprimée (art. 932, al. 1er, C. civ.). L'acceptation doit être expresse (Cass. civ. 1re 3 mars 1998 : n° 95-12.053) ; la seule présence du donataire et sa seule signature ne sauraient suffire (Cass. civ. 1re 2 mars 1999 : n° 97-11.430).

Nulle autre personne que le donataire ou son mandataire ne peut accepter (Cass. civ. 1re 17 mai 1993 : n° 91-17.907).

459. Les testaments conjonctifs sont prohibés, même entre époux (cf. *supra* n° 359). Jusqu'en 1963, l'article 1097 du Code civil prohibait également les **donations conjonctives** mais seulement entre époux. Aujourd'hui, deux personnes, même mariées, peuvent librement se consentir des donations réciproques dans un même acte.

460. Pour **revenir sur une donation**, il faut, en principe respecter un parallélisme des formes et recourir à l'acte authentique (même si c'est le donataire qui souhaite remettre en question son acceptation : Cass. civ. 1re 2 juin 1970 : n° 68-14.147 ; Cass. civ. 1re 7 juin 2006 : n° 04-14.652).

En revanche, on admet, ce qui paraît critiquable, qu'un acte sous seing(s) privé(s) peut suffire lorsqu'il s'agit seulement, pour le donateur, de **renoncer à une stipulation accessoire** (notamment une charge) mentionnée uniquement en sa propre faveur (Cass. civ. 1re 14 mai 1996 : n° 94-15.826 ; jurispr. constante).

2. Les sanctions

461. Toute donation qui ne respecterait pas les exigences légales de forme serait nulle et de **nullité absolue** (s'agissant d'une nullité de forme). Une donation directe et ostensible rédigée par acte sous seing(s) privé(s) est nulle (Cass. civ. 1re 23 mai 1973 : n° 72-10.186 ; jurispr. constante). L'article 1339 du Code civil précise qu'aucune confirmation (par le donateur) n'est possible. Cependant (cf. *supra* n° 315, 360 et 453), au titre de l'article 1340, une confirmation est permise si elle est réalisée par les héritiers du donateur, après le décès de celui-ci.

Le principe de nullité demeure assez hypocrite, dans la mesure où la jurisprudence a, en parallèle, autorisé diverses dérogations...

B. Les atténuations

462. Logiquement, l'article 931 du Code civil, compte tenu de sa netteté et de sa rigueur, ne devrait souffrir aucune exception. Pour les testaments, il y a un texte qui autorise les actes olographes. Ici, rien de tel ; cette solution est logique, une donation étant plus grave qu'un testament, puisqu'elle amène l'auteur de la libéralité à se dépouiller irrévocablement de son vivant. Pourtant, dès le début du XIXe siècle, les juges ont commencé à édifier, en la matière, une très importante construction jurisprudentielle *contra legem*.

C'est ainsi que trois types de donations, formellement incorrects, ont peu à peu été admis (à condition, évidemment, qu'il y ait présence d'un *animus donandi*) : les donations déguisées (1), les donations indirectes (2) et les dons manuels (3).

1. Les donations déguisées

463. Avec les interpositions de personnes (cf. *supra* n° 317), l'acte apparaît bien tel qu'il est en réalité (il prend l'aspect extérieur d'une donation) ; il y a bien simulation, mais elle concerne la personne du donataire. Avec les donations déguisées, la simulation ne porte pas sur la personne, mais sur la nature de l'acte : on déguise une donation (acte effectif) en un autre acte (acte apparent) et l'on échappe ainsi aux exigences de l'article 931 du Code civil.

C'est surtout pour tenter d'éluder l'**impôt** portant sur les donations (étonnamment plus élevé que celui afférent aux ventes) que le procédé s'est généralisé.

Les **déguisements** rencontrés en pratique sont divers ; c'est le plus souvent une vente (sans versement du prix ; Cass. civ. 1re 29 janv. 2002 : n° 99-18.184 et n° 00-12.967) ; mais il peut aussi s'agir d'un contrat de société (sans apport effectif du gratifié : Cass. civ. 1re 10 mai 2007 : n° 05-21.011), d'une transaction (après un litige fictif), d'une reconnaissance de dette (indiquant une fausse cause)...

464. On retrouve ici la question du **prix dérisoire** et de la vente à l'**euro symbolique** (cf. *supra* n° 245). On sait que la jurisprudence tend à prendre en compte l'économie générale d'un contrat pour considérer qu'une vente conclue pour un euro symbolique peut demeurer un acte synallagmatique à titre onéreux, si elle s'inscrit dans un cadre plus général (comprenant la contrepartie). S'il n'y a pas d'intention libérale, c'est alors un acte à titre onéreux normal. S'il y a intention libérale et contre-lettre, la vente à prix symbolique est une donation déguisée (en vente à prix dérisoire) qui peut être valide (V., p. ex., Cass. civ. 1re 29 mai 1980 : n° 79-11.378, *précit.*). Au-delà, il faut probablement distinguer la vente à prix dérisoire qui peut constituer une donation déguisée, de la vente à faible prix qui, elle, pourrait être une donation indirecte... (Cf. *infra* n° 468).

465. Il y a un régime spécial des donations entre époux (cf. *supra* n° 444). Il en allait de même pour les donations déguisées **entre époux** (ancien art. 1099, al. 2, C. civ.). Entre époux, toute donation déguisée était nulle.

Cette solution faisait l'objet de diverses critiques et semblait, effectivement, en décalage avec le reste de l'état du Droit.

Depuis la loi n° 2004-439 du 26 mais 2004, la règle a été abrogée.

466. Le **régime juridique** de la donation déguisée est celui du Droit commun : la simulation, en elle-même, n'est pas une cause de nullité (Cass. civ. 1re 22 oct. 1975 : n° 74-10.576). Ce n'est que si l'acte occulte est frauduleux qu'une nullité peut être prononcée. Une donation déguisée peut ainsi être annulée si elle sert à masquer une libéralité consentie à un incapable (art. 911 C. civ. ; Cf. *supra* n° 286 et s. et 314 et s.).

Il s'ensuit que l'acte doit remplir (*ad validitatem*) les conditions de forme de l'acte dont il a pris l'apparence (Cass. civ. 31 mai 1813 : S. 1812-1814 I 362) et les conditions de fond de la donation (qui constitue l'acte véritable, *inter partes*). La nullité n'est encourue que s'il y a violation d'une règle de fond relative aux donations (capacité, irrévocabilité... ; Cass. civ. 1re 29 mai 1980 : n° 79-11.378).

2. Les donations indirectes

467. Il s'agit là d'une **catégorie** un peu **incertaine** qui n'est évoquée que ponctuellement dans le Code civil (art. 843, al. 1er et 1099, al. 1er). C'est la jurisprudence qui a validé cette technique en s'appuyant sur ces textes épars. Ce n'est pas un déguisement, une simulation, c'est un contournement. Le procédé consiste à utiliser une autre technique juridique que la donation, pour parvenir à un résultat identique ou voisin. Ici, l'acte apparent est aussi l'acte effectif (il n'y a pas d'acte sous-jacent) : il n'y a pas de mensonge, tout au plus une habileté. Par ce procédé, on peut échapper aux exigences formelles de l'article 931 du Code civil. Cependant, ce n'est pas parce que l'on est en présence d'une donation indirecte, que l'exigence d'un dépouillement immédiat a disparu (Cass. civ. 1re 17 sept. 2003 : n° 01-11.001). Évidemment, la preuve de l'existence d'une intention libérale demeure exigée (Cass. civ. 1re 26 sept. 2012 : n° 11-10.960). Le départ entre les donations déguisées et les donations indirectes n'est pas toujours aisé à établir.

468. Sous réserve de l'appréciation des juges, de nombreux contrats pourraient constituer, selon les circonstances, des donations indirectes (vente à faible prix – cf. *supra* n° 464 –, bail à faible loyer, reconnaissance de dette sans cause indiquée, souscription d'un billet à ordre sans cause sous-jacente, remise de dette, paiement, à l'occasion d'une donation, par un donateur, des frais et droits fiscaux normalement dus par le donataire,

délégation, trust, partage, émission d'une lettre de change sans valeur fournie, remboursement de la dette d'autrui, renonciation à un droit, achat pour autrui, garantie donnée pour autrui, stipulation pour autrui, ordre de mouvement de titres, paiement d'une dette par sa caution, mise à disposition d'un bien immobilier...). En revanche, la mise en réserve systématique des bénéfices par l'usufruitier de parts de société ne constitue pas une donation indirecte au profit du nu-propriétaire, faute d'irrévocabilité de l'opération (Cass. com. 10 févr. 2009 : n° 07-21.806).

3. Les dons manuels

469. Comme son nom l'indique, le don manuel consiste en une remise du bien donné de la main à la main. Il s'agit d'une "**tradition**" (*tradere*), c'est-à-dire d'une remise matérielle entraînant transfert de la propriété.

Les dons manuels échappent, eux aussi, aux conditions formelles de l'article 931 du Code civil. Le fisc ne les impose comme des donations que lorsqu'ils sont reconnus comme tels judiciairement, lorsqu'ils font l'objet d'une déclaration dans un acte ou, enfin, quand le donataire en révèle l'existence à l'administration (art. 757 CGI, la découverte de dons manuels à l'occasion d'un contrôle fiscal ne pouvant constituer une révélation volontaire : Cass. com. 15 janv. 2013 : n° 12-11.642 ; et la taxation des dons manuels accordés à une association cultuelle porte atteinte à la liberté religieuse : CEDH 30 juin 2011 : n° 8916/05 et CEDH 31 janv. 2013 : n° 50471/07).

470. Pour qu'il y ait don manuel, deux **conditions** doivent être réunies.

— Il faut, évidemment (même si l'on sort des exigences formelles), **un élément intentionnel** (l'intention libérale).

— Il faut, en plus, **un élément matériel** : la remise de la chose. La jurisprudence accepte, en quelque sorte, de remplacer la solennité de l'acte notarié par le geste de la remise : si la donation est un contrat solennel, le don manuel est un contrat réel. La tradition permet de respecter le principe d'irrévocabilité (puisque le bénéficiaire est ensuite protégé par le principe de l'article 2276 C. civ. : en fait de meubles, la possession vaut titre). La dépossession d'un bien est indispensable (Cass. civ. 1re 10 oct. 2012 : n° 10-28.363 : pas de don manuel si les meubles meublants sont restés à la disposition des prétendus donateurs) et il est absolument nécessaire que la tradition soit effectuée quand le donateur est encore en vie (Cass. civ. 1re 8 mars 1978 : n° 76-11.901 ; jurispr. constante).

471. Le don manuel ne peut concerner qu'un **bien mobilier**. Il faut, normalement, qu'il s'agisse d'un meuble **corporel** (pour que l'article 2276 C. civ. puisse être invoqué), corps certain ou chose de genre (il peut y avoir don manuel d'une somme d'argent, en monnaie métallique ou fiduciaire).

472. Il peut y avoir don manuel par remise ou endossement d'un **chèque** ou d'un billet à ordre, car ce sont des effets de commerce qui obéissent au principe d'incorporation du droit au titre (Cass. civ. 29 déc. 1890, S. 1894 I 442 ; jurispr. constante). On pouvait, pour les mêmes raisons, admettre, du moins avant la dématérialisation généralisée des valeurs mobilières, les dons manuels de titres au porteur.

473. Accepter le don manuel par chèque, c'est reconnaître que le droit est incorporé dans le titre. Toutefois, le chèque au porteur est devenu très rare. C'est pourquoi une partie de la doctrine préférerait qualifier l'opération de donation indirecte.

En revanche, il serait logique de considérer qu'un don manuel ne puisse être réalisé par virement bancaire ou par carte bancaire, le transfert étant immatériel. On avait ainsi pensé qu'avec la **dématérialisation** des titres, l'hypothèse du don manuel de titres sociaux (cf. *supra* n° 471) n'aurait plus grand intérêt. Il n'en est rien. En effet, la jurisprudence admet le don manuel de titres au porteur par virement de compte à compte (Cass. com. 19 mai 1998 : n° 92-16.252). Bien plus, elle accepte, malgré la dématérialisation, qu'il puisse y avoir don manuel en cas de **virement** d'une somme d'argent (Cass. civ. 1re 7 juill. 1959 : Bull. n° 342 ; Cass. civ. 1re 12 juill. 1966 : D. 1966 p. 614, note J. MAZEAUD, RTD civ. 1967, p. 198, n° 4, obs. R. SAVATIER). Elle considère enfin que le virement de toute valeur mobilière (même non incorporée au titre) peut constituer un don manuel (Cass. civ. 1re 27 oct. 1993 : n° 91-13.946). On a même pu admettre que l'ouverture de contrats de "plan épargne logement" au profit de petits-enfants mineurs pouvait constituer un don manuel (Cass. civ. 1re 6 janv. 2010 : n° 08-12.684).

Certains auteurs estiment qu'il s'agit d'un dévoiement, d'autres s'en accommodent y voyant l'apparition d'une nouvelle catégorie de libéralités.

474. Il est déjà surprenant que, de façon prétorienne, l'on accepte les dons manuels. Il est encore plus étonnant que l'on admette les

"**pactes adjoints**", accords accessoires à un don manuel et, eux, faisant l'objet d'un écrit, qui peut-être réalisé sous seing(s) privé(s) (Cass. civ. 11 août 1880 : D. 1880 I 461, S. 1881 I 15, *précit.* ; Cass. civ. 1re 25 févr. 1997 : n° 94-22.022, *précit.*). Cette solution conduit à valider des éléments de donations non protégés par la forme authentique.

475. Le plus délicat, en matière de don manuel, est naturellement la question de la **preuve** de la libéralité. Une personne se trouve en possession d'un bien mobilier et prétend l'avoir reçu à titre gratuit de son propriétaire, décédé depuis, mais aucune preuve préconstituée n'existe. Les héritiers du prétendu donateur, eux, avancent que le bien est indûment détenu. Comment trancher ? Le possesseur, si sa possession n'est pas viciée, bénéficie (cf. *supra* n° 470), de la présomption de l'article 2276 du Code civil. Dès lors, c'est aux héritiers de faire la preuve qu'il n'y a pas eu don et de démontrer que le bien n'avait pas été remis volontairement ou qu'il avait été confié à un autre titre (Cass. civ. 1re 9 févr. 1977 : n° 75-13.992 ; Cass. civ. 1re 30 mars 1999 : n° 97-11.948).

III. L'exécution des donations

476. L'**interprétation** des donations pose, normalement, moins de problèmes que celle des testaments (cf. *supra* n° 419), puisque, en principe, l'intervention du notaire est requise et que l'homme de l'art sait éviter les terminologies incertaines. Si une difficulté se présente néanmoins, le juge peut trouver une aide dans les articles 533 et s. et 1156 et s. du Code civil.

477. Une donation dûment conclue a naturellement vocation à être **exécutée**.

Inter partes, avec une donation normale (hors don manuel), comme l'exprime très clairement l'article 938 du Code civil, **l'échange des consentements**, opéré selon les formes requises *ad validitatem*, emporte transfert de propriété, même si l'objet de la donation n'a pas été livré (pour les dons manuels, s'agissant de contrats réels, la délivrance devrait être, en revanche, indispensable).

Pour les tiers, il en va, naturellement, différemment et il se peut que la donation ne leur soit pas opposable tant qu'une **publicité légale** ou une formalité n'a pas été réalisée (publicité foncière pour les immeubles, signification au débiteur cédé pour les donations de créances – art. 1690 C. civ. –, publicités commerciales diverses...).

La donation est un contrat unilatéral. C'est donc sur le donateur que repose l'obligation principale (A). Mais le donataire n'est pas exempté de tout devoir (B).

A. Les obligations du donateur

478. Le donateur a une obligation de **délivrance** (les fruits sont dus au donataire à compter de la donation). Cette obligation se transmet aux héritiers du donateur (sauf s'il s'agit d'un don manuel : cf. *supra* n° 470 et 472). Si le donataire est mort après la donation, mais avant la remise effective, ses héritiers obtiennent le droit de réclamer la délivrance du bien donné.

479. La question s'est posée de savoir si le donateur doit les **garanties** dont est redevable un vendeur ou, dans une moindre mesure, un loueur (art. 1625 et s., 1641 et s., 1721 et 1725 C. civ.). Selon un très vieux dicton, « *à cheval donné, on ne regarde pas la bouche* ». Mais, si la gratuité porte à l'indulgence envers le donateur, peut-on encore l'exonérer si son cadeau est empoisonné ?

— Il peut s'agir de la garantie contre les **vices cachés**, de la garantie du fait personnel contre les **troubles de jouissance** et de la garantie du fait personnel et du fait des tiers contre l'**éviction**. Les textes ne visant que la vente et le bail, la question se pose de savoir si l'on peut raisonner par analogie pour la donation. La jurisprudence a accepté le principe de l'application de la garantie du fait personnel (au moins contre l'éviction, ce qui est une évidence, compte tenu du principe d'irrévocabilité), en se refusant à aller au-delà (Cass. civ. 1re 28 avr. 1971 : n° 70-11.298 ; Cass. civ. 1re 10 janv. 1978 : n° 75-13.136).

— La loi n° 98-389 du 19 mai 1998, relative à la responsabilité du fait des **produits défectueux** (art. 1386-1 et s. C. civ.) trouvera rarement à s'appliquer directement ici, dans la mesure où le responsable doit être un "producteur", c'est-à-dire un fabricant, un importateur, un vendeur ou un loueur, agissant à titre professionnel (art. 1386-6 et 1386-7, C. civ.). Or, il est rare qu'un professionnel puisse réaliser des donations (cf. *supra* n° 245 et 248 ; reste cependant la question des cadeaux d'entreprises).

— Quant à l'action pour **défaut de conformité**, issue de la directive n° 99/44 du 25 mai 1999, comme l'on a choisi de se contenter d'en insérer les dispositions dans le Code de la consommation (art. L. 211-4 et s., ordonnance n° 2005-136 du 17 févr. 2005), cette action ne concerne que les ventes.

B. Les obligations du donataire

480. Exécuter une donation, c'est aussi parfois l'obligation, pour le donataire, d'exécuter une **charge** (cf. *infra* n° 320). Le donateur (ou ses héritiers) peu(ven)t agir en exécution forcée d'une charge. Il en va de même pour le tiers bénéficiaire de la charge.

481. Enfin, le donataire a un devoir de reconnaissance, de **gratitude**, à l'égard de l'auteur de la donation. C'est, justement, notamment en cas de non-respect de ce devoir, qu'une donation pourra être révoquée, malgré le principe d'irrévocabilité...

IV. Les révocations

482. Les donations étant en principe irrévocables (cf. *supra* n° 441 et s.), il va de soi que les cas de révocabilité constituent ici des exceptions. Comme nous le savons, les donations de biens à venir consenties **entre époux**, pendant le mariage, sont toujours révocables (cf. *supra* n° 444). **Certaines stipulations** peuvent être autorisées parce que considérées comme ne portant pas une atteinte directe à la règle (cf. *supra* n° 449 et s.). Mais il existe encore d'autres tempéraments. Trois d'entre eux sont présentés aux articles 953 et s. du Code civil. Il faut y ajouter un cas prévu à l'article 265.

Les conditions de mise en œuvre de la révocation dépendent de l'hypothèse concernée (A). Mais, quelle que soit sa cause, la révocation va avoir pour effet de détruire l'acte libéral (B).

A. Les hypothèses de révocation

483. Outre les cas précités (cf. *supra* n° 482), on peut distinguer quatre hypothèses de révocations : l'ingratitude (1), l'inexécution des charges (2), la survenance d'enfant (3) et le divorce (4).

1. L'ingratitude

484. La première hypothèse de révocation facultative (art. 955 C. civ.) est, tout naturellement celle de l'ingratitude du donataire. Elle constitue, en quelque sorte, la sanction du devoir de reconnaissance du bénéficiaire de la libéralité (cf. *supra* n° 481 ;

devoir qui ne peut faire l'objet d'une action en exécution forcée). En principe, toute donation peut être révoquée pour ingratitude, y compris, *a fortiori*, les donations entre époux. Seules les donations consenties par des tiers en faveur d'un ou des deux époux à l'occasion de leur mariage ne peuvent faire l'objet d'une telle révocation (art. 959 C. civ.).

Il faut, évidemment, que le fait d'ingratitude ait été **postérieur à la donation** (Cass. civ. 1re 9 janv. 2008 : n° 06-20.108, en l'espèce une donation-partage).

485. Les **cas d'ingratitude** ressemblent à ceux de l'**indignité successorale** (art. 727 C. civ. ; Cf. *supra* n° 85 et s.), même s'il faut soigneusement distinguer les deux types de situations. En matière de **legs** (cf. *supra* n° 437), l'article 1046 du Code civil renvoie, pour partie, aux cas d'ingratitude des donations. En ce dernier domaine, l'article 955 du Code civil prévoit trois cas d'ingratitude.

— Le premier cas est celui où **le donataire a attenté à la vie du donateur**.

— Le deuxième cas concerne les **sévices, délits ou injures graves** dont le donataire se serait rendu coupable à l'encontre du donateur.

— Enfin, la troisième hypothèse, spécifique aux donations, est celle du **refus d'aliments** opposé par le donataire au donateur alors que celui-ci se trouve dans le besoin. L'obligation alimentaire à la charge du donataire est un peu spécifique. En effet, le donateur n'est pas un véritable créancier d'aliments. Le donateur ne peut agir en exécution forcée de l'obligation ; il ne peut réclamer le versement de ces aliments (mais, bien entendu, il peut être créancier d'aliments à un autre titre). Il n'a qu'une action possible : la révocation pour ingratitude.

486. L'article 956 du Code civil précise que la révocation pour ingratitude n'a jamais lieu de plein droit : il faut donc une **décision juridictionnelle**, les faits étant laissés à l'appréciation souveraine des juges du fond.

Le donateur ne peut renoncer par avance à agir en révocation pour ingratitude (Cass. civ. 1re 22 nov. 1977, 1re esp., n° 76-10.821) ; il ne peut y renoncer qu'après la survenance du fait constitutif.

Il s'agit d'une action personnelle teintée d'un fort *intuitus personæ*. En conséquence, l'article 957, alinéa 2, du Code civil prévoit que le donateur ne peut agir que contre le donataire (et non contre ses héritiers) et que seul le donateur peut ester (et non ses héritiers, sauf si le donateur avait intenté l'action avant sa mort).

L'action en révocation pour ingratitude doit être intentée dans le délai d'un an (art. 957, al. 1er, C. civ.), à compter, soit de la prise de connaissance de la cause d'ingratitude par le donateur, soit du jour du délit (cf. *supra* n° 89 et 438), voire à partir du jour où la condamnation pénale est devenue définitive (Cass. civ. 1re 19 mars 2014 : n° 13-15.662). Ce délai (préfixé) est insusceptible d'interruption ou de suspension (Cass. civ. 1re 1er févr. 2012 : n° 10-27.276, *précit.* ; Cass. civ. 1re 18 déc. 2013 : n° 12-26.571).

2. L'inexécution des charges

487. Comme pour les legs, la révocation pourra également intervenir en cas d'inexécution des charges (art. 953 C. civ. ; le mot "condition" utilisé au texte ne doit pas être entendu au sens strict : cf. *supra* n° 437). Pour les legs, l'auteur de la libéralité ne peut agir lui-même puisqu'il est décédé. Pour les donations, le **donateur** peut demander lui-même la révocation de la libéralité, si la charge ou la condition n'est pas exécutée (même si l'inexécution est due à la force majeure). Les **héritiers du donateur** peuvent également agir.

C'est en principe au juge d'apprécier souverainement si l'inexécution (partielle) justifie la révocation (Cass. req. 3 mai 1921 : D. 1921 I 143, Gaz. Pal. 1921 II 110).

Toutefois, comme toujours (et malgré la lettre de l'article 956), si le donateur avait pris soin de prévoir une clause révocatoire, la libéralité tombera de plein droit et le juge, éventuellement saisi, ne fera que la constater (Cass. civ. 1re 14 févr. 1956 : JCP 1956, II, 9343, note P. VOIRIN ; jurispr. constante).

3. La survenance d'enfant

488. L'hypothèse est prévue aux articles 953 et surtout 960 et suivant du Code civil. Elle est l'héritage d'un temps où la venue d'un enfant demeurait involontaire.

Le postulat est simple : lorsque le donateur consent sa libéralité, il n'a pas d'enfant. S'il en avait eu un, peut-être n'aurait-il pas eu ce geste généreux pour une autre personne. On prévoit donc, s'il a ensuite un enfant, une remise en cause de sa donation. Toutefois, aucune donation entre époux n'est révocable pour survenance d'enfant (art. 1096, al. 3, C. civ.).

489. Pour que la révocation puisse intervenir, il faut tout d'abord que le donateur ait été **sans enfant** (ou sans descendant) vivant et né

au moment de la donation (toutefois, selon l'article 961 C. civ., la révocation peut intervenir même si le donateur avait, lors de la libéralité, un enfant simplement conçu ; en effet, il pouvait ignorer son existence - surtout s'il s'agit d'un homme - et sa filiation n'être pas encore établie).

Il est nécessaire, ensuite, qu'après la donation, **un enfant** naisse, **vivant et viable**, des œuvres du donateur. Il peut même s'agir d'un enfant posthume (art. 960 C. civ.), si le donateur a révoqué son acte avant de mourir en sachant son enfant conçu et, probablement, en l'ayant "prénatalement" reconnu.

Il n'y a pas lieu de distinguer selon que l'enfant est né dans le mariage ou hors mariage, ni selon qu'il est venu au monde naturellement ou par une technique légale d'assistance à la procréation.

Aujourd'hui, la filiation élective est aussi admise. En effet, depuis la loi n° 2006-728 du 23 juin 2006, **l'adoption** est visée par les textes et la révocation est donc dorénavant possible si le donateur adopte un enfant ; il ne peut s'agir que d'une adoption plénière (art. 960, *in fine*, C. civ. ; pour une révocation refusée à l'occasion d'une adoption simple, mais en raison d'un contournement de la philosophie de l'adoption, V. Cass. civ. 1re 4 mai 2011 : n° 10613.996, *précit.*).

Avec la filiation élective et la maîtrise de la procréation, on est désormais, en ce domaine, à la limite de la potestativité.

490. Lorsque ces conditions sont remplies, jusqu'en 2006, la donation était révoquée de plein droit.

Depuis 2006, l'article 960 du Code civil dispose que la révocation n'est possible que « *si l'acte de donation le prévoit* ». Il s'ensuit qu'il est nécessaire que la libéralité ait **expressément prévu** cette possibilité.

De plus, l'article 960 ne reprend plus l'expression « *de plein droit* ».

Par ailleurs, depuis 2006, un donateur peut à tout moment **renoncer** à exercer la révocation pour survenance d'enfant, avant ou après ladite survenance (art. 965 C. civ.).

L'action en révocation se prescrit par cinq ans à compter de la naissance ou de l'adoption du dernier enfant (art. 966 C. civ.). Seul le donateur peut agir (art. 966 C. civ.).

La mort de l'enfant survenu ne remet pas en cause la révocation (art. 964 C. civ.).

491. Les dispositions du Code avaient beaucoup vieilli. La doctrine formulait souvent le souhait qu'elles fassent l'objet d'une abrogation à l'occasion d'une prochaine **réforme** du Droit de la famille. Le législateur de 2006 n'a pas osé aller aussi loin.

4. Le divorce

492. Il s'agit ici, évidemment, des donations entre époux. Pour les donations consenties entre époux, avant la réforme issue de la loi n° 2004-439 du 26 mai 2004, on distinguait selon les cas de divorce prononcé, la révocation pouvant être tantôt facultative (torts partagés, demande de l'un acceptée par l'autre, demande conjointe), tantôt de plein droit (torts exclusifs, rupture de vie commune).

La loi de 2004 a supprimé cette casuistique ; désormais, on ne distingue plus selon le type de divorce, selon les torts ou la situation des époux : le divorce est à présent sans incidence sur les donations de biens présents quelle que soit leur forme (art. 265, al. 1er, C. civ.). Ces dispositions sont impératives ; dès lors, on ne peut insérer, dans une donation de biens présents, une clause résolutoire liée à un éventuel futur divorce (Cass. civ. 1re 14 mars 2012 : n° 11-13.791).

Mais il emporte **révocation des donations** de biens **consenties pour le futur** (au décès ou à la dissolution du régime matrimonial) et des dispositions à cause de mort entre époux consenties par contrat de mariage ou pendant le mariage, sauf volonté contraire de l'époux auteur de la libéralité (art. 265, al. 2, C. civ.).

Ici, selon la lettre de l'article 265 du Code civil, la révocation s'applique bien de "plein droit", mais... seulement sauf clause contraire.

B. Les effets d'une révocation

493. À la lecture du Code, on peut distinguer quelques effets généraux (1) et des effets spécifiques selon le type de révocation (2).

1. Les effets communs

494. *A priori*, les effets d'une révocation sont simples : la donation disparaît rétroactivement et le donateur reprend possession des biens. Il s'agit normalement d'une **restitution** en nature. Mais, si le bien a disparu (physiquement ou juridiquement) par sa faute ou de sa volonté, le donataire en doit la valeur (si la destruction est due à la force majeure, le donataire ne doit rien : le donateur est censé

n'avoir jamais cessé d'être propriétaire et la chose est donc considérée comme ayant péri dans le patrimoine du donateur, *res perit domino*). Le donataire est défrayé de ses impenses (en totalité pour les impenses nécessaires et, dans la limite de la plus-value apportée au(x) bien(s), pour les impenses simplement utiles). Le donataire doit indemnité pour les détériorations qu'il aurait pu apporter à l'objet de la libéralité.

2. Les effets particuliers

495. En réalité, les solutions sont souvent plus complexes. Le Code civil prévoit des solutions particulières selon le type de révocation (p. ex, pour l'**inexécution des charges :** art. 954 ; pour la révocation pour **ingratitude :** art. 958 ; en cas de révocation pour **survenance d'enfant :** art. 962 et s.).

Chapitre 4

Les institutions contractuelles

496. L'on sait qu'une personne mariée peut consentir à son conjoint un legs ou une donation, le conjoint bénéficiant d'ailleurs d'une quotité disponible spéciale (cf. *infra* n° 581). Il existe, pour des époux, une troisième catégorie de libéralité : l'institution contractuelle. Ce mécanisme est appelé, en pratique, "**donation au dernier vivant**", lorsque l'instituant est le conjoint de l'institué. Le Code civil (art. 1082 et s.) n'utilise pas l'expression d'"institution contractuelle" et se contente de présenter ces libéralités comme des formes particulières de donations (donations de biens à venir). L'appellation d'"institution contractuelle" date de l'Ancien Droit mais continue d'être utilisée par une partie de la doctrine.

C'est un contrat, lié à un mariage, par lequel un disposant (l'"instituant") promet (à un "institué") tout ou partie du patrimoine qu'il pourra laisser à sa mort.

497. Alors qu'en principe, ces procédés sont (peu ou prou) prohibés ou, du moins, encadrés, il s'agit ici d'une donation de biens à venir, d'une donation *mortis causa* et d'un pacte sur succession future (cf. *supra* n° 447 et 448 et *infra* n° 563 et s.). Au surplus, le procédé déroge, indirectement, au principe d'irrévocabilité des donations puisqu'il ne tient qu'au donateur de laisser un patrimoine vide à son décès. Mais cette solution est ici moins étonnante, compte tenu de la libre révocabilité des donations de biens à venir entre époux consenties pendant le mariage (art. 1096 C. civ.).

498. Il s'agit d'une **opération janusienne**, mi-legs, mi-donation. Elle ressemble à la donation, car il s'agit d'un contrat conclu entre vifs, l'instituant et l'institué. Elle se rapproche du legs en ce que son objet est constitué de tout ou partie des biens que l'instituant laissera à son décès. Compte tenu de cette nature ambivalente, la question s'est posée de savoir, lorsque le Code, peu précis sur le régime juridique de cette libéralité, ne prévoit aucune solution, s'il fallait se référer au Droit des legs ou à celui des donations.

Depuis la thèse de M. Grimaldi (M. GRIMALDI, *La nature juridique de l'institution contractuelle*, Paris, 1977), il est convenu de distinguer deux hypothèses, selon qu'il s'agit d'institutions contractuelles par contrat de mariage (I) ou d'institutions contractuelles consenties durant le mariage (II).

I. L'institution contractuelle par contrat de mariage

499. C'est, semble-t-il aujourd'hui, en pratique, l'hypothèse la plus rare des deux. Elle renvoie surtout au modèle des familles fortunées, dans lesquelles un de ses membres "établissait" le fils ou la fille de famille au moment de son mariage, en lui accordant, sans se dépouiller immédiatement, une libéralité. On considère que l'on est ici plutôt proche d'une donation (Cass. civ. 1re 8 nov. 1982 : nº 81-15.711, *a contrario*). Dans le silence du Code, c'est donc le régime juridique des donations qui doit s'appliquer (pour l'ordre de la réduction en cas d'atteinte à la réserve – cf. *infra* nº 584 –, l'institution contractuelle par contrat de mariage doit être regardée comme une donation).

500. Il y a **deux sortes d'institutions contractuelles** par contrat de mariage. Il peut s'agir d'une libéralité consentie par un tiers au profit des futurs époux et, le cas échéant, de leurs enfants (art. 1082 C. civ.) ou d'une libéralité faite entre époux (art. 1091 et s. C. civ.).

— Pour l'institution contractuelle consentie **par un tiers** dans le contrat de mariage, l'article 1082 du Code civil énonce que ce dernier peut être un parent d'un des époux ou un étranger. L'instituant dispose de tout ou partie des biens qu'il laissera à son décès, au profit des deux époux, d'un seul des époux et, éventuellement, des enfants à naître du mariage (pour le cas où l'institué décéderait avant l'instituant). Le second alinéa de l'article 1082 pose une présomption : si l'institution n'est stipulée qu'au profit d'un ou des deux époux, elle est censée aussi faite, en cas de survie de l'instituant à l'institué, au profit des enfants nés du mariage. La Cour de cassation a admis qu'une institution contractuelle pouvait être stipulée uniquement en faveur des enfants à naître du mariage ou même d'un seul de ces enfants (Cass. civ. 10 juill. 1888 : D. 1890 I 57).

— En ce qui concerne l'institution contractuelle consentie **entre époux**, ce sont les articles 1091 et s. qui régissent la matière (entre autres choses). Son régime est identique à celui des institutions consenties par des tiers (art. 1093 C. civ.), à une exception près : l'institution n'est pas transmissible aux enfants issus du mariage lorsque l'institué décède avant l'instituant.

501. Quelle que soit la personne de l'instituant, celui-ci peut prévoir de transmettre de cette manière la totalité de ses biens (**institution universelle**) ou une partie de ceux-ci (quote-part ou tous les biens meubles ou tous les biens immeubles : **institution à titre universel**) ou encore un ou des biens spécifiés (**institution à titre particulier**).

502. **Avant le décès de l'instituant**, la situation est en demi-teintes. L'instituant reste propriétaire des biens concernés jusqu'à sa mort. Certes, il ne peut pas révoquer unilatéralement son acte puisqu'il s'agit d'un contrat. Mais il peut aliéner à titre onéreux ou détruire les biens en question. Il y a bien, ici, une manière d'exception à l'irrévocabilité. Le droit de céder à titre onéreux les biens institués est d'ordre public ; l'instituant ne peut donc valablement s'engager à ne pas vendre les biens, objets de l'institution (Cass. civ. 5 juill. 1928 : DP 1929 I 43). En revanche, l'instituant n'a pas le droit de faire en sorte que lesdits biens soient l'objet d'une autre libéralité : il ne peut les donner ou les léguer à quelqu'un d'autre (art. 1083 C. civ. ; pour un parallèle avec les libéralités résiduelles, cf. *supra* n° 270).

503. **Après le décès de l'instituant**, l'institué est dans la même situation qu'un légataire. Malgré son acceptation initiale du vivant de l'instituant, il peut donc encore, après la mort de ce dernier, accepter la libéralité, la refuser ou même l'accepter à concurrence de l'actif net s'il s'agit d'une institution universelle ou à titre universel (cf. *infra* n° 515 et s.).

II. L'institution contractuelle pendant le mariage

504. Il s'agit d'un des moyens, dans les couples unis, d'anticiper le décès de l'un des deux conjoints, hypothèse sociologiquement beaucoup plus contemporaine que la précédente. On estime qu'il s'agit plutôt de **sortes de legs** (Cass. civ. 1re 8 nov. 1982 : n° 81-15.711, *précit.* ; jurispr. constante). Dans le silence des textes, on estime donc que c'est aux règles relatives aux legs qu'il faut se référer. Le mécanisme est très utilisé ; il est fréquent que des époux se consentent des donations de biens à venir pendant le mariage et il

n'est pas rare que ces institutions soient réciproques (sur les donations conjonctives : cf. *supra* n° 459).

505. Ce sont les articles 1094 et suivant du Code qui régissent la matière. Il ne s'agit ici que de libéralités entre époux (et non venues de tiers).

La forme à respecter est celle requise pour les donations. L'instituant ne doit pas dépasser la quotité disponible s'il y a des réservataires (mais, puisque le bénéficiaire est le conjoint survivant, l'on est en présence d'une quotité disponible élargie ; cf. *infra* n° 581). Au titre de l'article 1096 du Code civil, s'agissant d'une donation de biens futurs entre époux réalisée pendant le mariage, cette libéralité est **toujours révocable** (ce qui implique, *a fortiori*, que l'instituant puisse procéder à une sorte de révocation tacite en vendant, voire, ici, en cédant à titre gratuit, les biens objets de l'institution). L'institution contractuelle consentie pendant le mariage est considérée comme un legs lorsque l'on établit l'ordre d'une éventuelle réduction pour atteinte à la réserve (cf. *infra* n° 584).

Partie III

LES POINTS COMMUNS ET LES INTERFACES

506. Il y a un lien évident entre le Droit des successions et celui des libéralités dans la mesure où ces dernières constituent le moyen privilégié d'aménager le régime légal des transferts intra et intergénérationnels. C'est pourquoi certaines règles sont communes au Droit successoral et au régime des libéralités (ou, au moins, de certaines d'entre elles) (Chap. 1). Mais il existe aussi des mécanismes qui facilitent la compatibilité entre les deux blocs de règles : des interfaces (Chap. 2).

Chapitre 1
Les points communs

507. Outre un régime fiscal très proche (cf. *supra* n° 226 et s. et 282 et s.), il existe trois règles ou trois procédés qui concernent (sans toujours offrir, cependant, un régime commun) à la fois la dévolution légale et les successions testamentaires (voire les institutions contractuelles) : la saisine (I), l'option (II) et l'indivision (III). Enfin, depuis 2006, il est possible de faciliter la gestion et la distribution du patrimoine successoral grâce à la présence de différents mandataires (IV).

I. La saisine

508. Il s'agit d'un mécanisme commun au droit successoral *ab intestat*, à la succession testamentaire et à l'institution contractuelle (il y a d'autres saisines : la saisine de l'exécuteur testamentaire – cf. *supra* n° 425 – ou celle des personnes chargées, à la suite d'un legs, de constituer une fondation : art. 18-2, al. 5, de la loi n° 87-571 du 23 juill. 1987 sur le développement du mécénat).

La législation française est attachée (même si le lien est de plus en plus lâche) au principe de la succession à la personne et entend éviter que des biens restent, même temporairement, sans maître (cf. *supra* n° 77 et 117 et s.). Mais, lorsque le *de cujus* décède, on ne sait pas nécessairement encore parfaitement qui va être le continuateur de la personne du défunt. Il faut donc désigner la personne qui, en attendant la liquidation, pourra appréhender les biens du *de cujus* pour en assumer la gestion, qui en aura la "saisine". Le Code civil (art. 724, 1004 et 1006) donne cette saisine à ceux dont la qualité de successible (*lato sensu*) paraît la plus vraisemblable.

Le régime de la saisine mérite une analyse comportant une description générale (A) et présentant la liste de ses attributaires (B) ainsi que les modalités de sa mise en œuvre (C), avant que ne soit évoquée la question des envois en possession et des demandes de délivrance (D).

A. La description de la saisine

509. Avoir la saisine, c'est disposer d'une certaine maîtrise juridique et matérielle des biens et droits successoraux. Mais celle-ci n'implique pas nécessairement que son bénéficiaire soit, en définitive, l'attributaire des biens qu'il gère.

La saisine confère à son titulaire un certain nombre de **prérogatives**. Elle permet, sans avoir à demander une autorisation spécifique (des éventuels cohéritiers ou du juge) d'appréhender les biens de l'hérédité, d'agir en justice au nom de celle-ci, de faire des actes conservatoires, des actes d'administration et de percevoir les fruits des biens visés.

La saisine a pour **caractères** d'être d'ordre public, individuelle (ce n'est pas une copropriété), indivisible (le titulaire de la saisine agit au profit de toute l'hérédité : Cass. civ. 1re 25 oct. 2005 : n° 04-06.045) et successive (elle passe au successible de rang suivant si le titulaire logique de la saisine renonce à la succession).

B. Les attributaires de la saisine

510. Peuvent bénéficier de la saisine : les héritiers *ab intestat*, certains légataires, les héritiers-légataires.

— En principe, tous les **héritiers *ab intestat*** disposent de la saisine (art. 724 C. civ. ; y compris le conjoint survivant, même s'il ne vient à la succession qu'en usufruit). Ils obtiennent la saisine, de plein droit et automatiquement et la conservent tant qu'ils n'expriment pas de renonciation à la succession. Ne font exception que les "successeurs irréguliers" (aujourd'hui : l'État). Tous les autres héritiers ont vocation a avoir la saisine et ils en bénéficient effectivement s'ils viennent en rang utile pour succéder. Le conjoint survivant dispose de la saisine depuis 1958 (cf. *supra* n° 171).

En cas de succession anomale (cf. *supra* n° 235 et s.), le successeur anomal n'a la saisine que sur les biens et droits faisant partie de cette succession spécifique.

— Certains légataires ne peuvent pas obtenir la saisine : il s'agit des légataires à titre universel ou, *a fortiori*, à titre particulier. En revanche, un **légataire universel** peut avoir la saisine. Il n'en bénéficiera toutefois qu'en l'**absence d'héritiers réservataires** (art. 1004 et 1006 C. civ.). Cette solution est logique : en l'absence de réservataires, le légataire universel est le seul à continuer la personne du défunt et la succession est uniquement testamentaire. De plus, en l'absence de réservataires, bien que normalement titulaire de la saisine, le légataire universel doit néanmoins demander un envoi en possession s'il ne tire pas son droit d'un testament authentique (art. 1008 C. civ. ; on veut, dans cette occurrence, qu'un juge vérifie la régularité du testament). Les **institués contractuels** ont, *a priori*, la saisine (Cass. civ. 1re 13 févr. 1968 : Bull. n° 60), du moins s'il s'agit d'une institution universelle.

511. Un **légataire** peut aussi être, en même temps, un **successible** *ab intestat*. Il est fréquent que le *de cujus* teste en faveur d'un individu qui est déjà, potentiellement, son héritier (un conjoint, par exemple). Dans ce cas, malgré quelques nuances possibles, on peut dire que la qualité d'héritier l'emporte sur celle de légataire : puisque la personne concernée dispose déjà de la saisine en tant que successeur, elle n'a pas à demander la délivrance du legs qui lui est consenti (Cass. civ. 1re 10 oct. 2012 : n° 11-17.891), qu'il s'agisse d'un legs aussi bien à titre universel qu'à titre particulier. Cette solution s'impose même pour l'héritier qui ne viendrait à la succession qu'en usufruit (Cass. civ. 1re 20 mars 1984 : n° 83-11.143).

512. Le *de cujus* n'a pas le droit de prévoir, par testament, d'enlever la saisine à ceux que la loi désigne comme pouvant l'obtenir, puisqu'il s'agit d'une **disposition d'ordre public**. Il peut cependant faire en sorte que certains de ceux-ci n'en bénéficient pas en ne les faisant pas venir à sa succession (absence de désignation d'un légataire universel, exhérédation des héritiers non réservataires). Il peut aussi désigner un exécuteur testamentaire (cf. *supra* n° 420 et s.), qui dispose d'une saisine particulière (cf. *supra* n° 425).

C. La mise en œuvre de la saisine

513. Trois questions se posent : celle des rapports entre co-attributaires de la saisine, celle de la preuve de leur qualité et celle de la "pétition d'hérédité".

— *Mutatis mutandis*, la question de la **cohabitation entre cotitulaires** de la saisine successorale est un peu, pour la seule appréhension des biens, ce que la question de la gestion de l'indivision est à leur copropriété (cf. *infra* n° 542 et s.). La règle est que chaque titulaire de la saisine peut agir seul sur les biens de l'hérédité ou à leur profit, au nom de tous (Cass. civ. 1re 21 mai 1990 : nº 87-14.420) et, éventuellement, au-delà même de sa part successorale propre (Cass. civ. 14 févr. 1906 : DP 1907 313, note M. PLANIOL).

— Pour avoir la saisine, il faut être héritier ou légataire universel. Il faut donc pouvoir **prouver** que l'on a cette qualité. Pour le légataire, c'est le testament lui-même qui sert d'instrument de preuve. Pour les héritiers, c'est l'acte de notoriété (cf. *supra* nº 83 et s.).

— Une personne peut se prétendre héritière ou légataire universelle alors que les biens successoraux sont détenus par un tiers. Le détenteur peut arguer, en réponse, qu'il est lui-même légataire ou successeur. C'est alors que l'action de l'héritier ou du légataire revendiquant sera qualifiée de **pétition d'hérédité** (cf. *supra* nº 82). Il s'agit donc d'une action judiciaire très particulière (on revendique à la fois un état et un droit sur une masse patrimoniale), sans appui textuel assuré (ce n'est que l'utilisation, par la jurisprudence, d'une action issue du Droit romain), par laquelle un prétendu héritier ou un légataire, qui devrait disposer de la saisine si sa qualité était reconnue, tente de faire reconnaître celle-ci face à un détenteur de tout ou partie du patrimoine successoral qui se prétend, lui aussi, héritier ou légataire, donc, lui aussi, titulaire de la saisine.

D. Les envois en possession et les délivrances

514. Les envois en possession et les délivrances intéressent les successibles et légataires démunis de la saisine. Ceux-ci doivent se soumettre à des procédures spécifiques, différentes selon leur situation.

— L'**État** est un successeur irrégulier (cf. *supra* nº 163 et 222). Il doit demander un envoi en possession au TGI (art. 724, al. 3 et art. 811 C. civ. ; Cf. *supra* nº 225).

— Le **légataire universel, en l'absence d'héritiers réservataires, mais institué par testament olographe, mystique ou international** doit aussi obtenir un envoi en possession (art. 1008 C. civ.). Ici, c'est le président du TGI qui est compétent et qui statue par ordonnance sur requête. Il se contente de vérifier la régularité formelle apparente de l'acte, la vocation universelle du légataire et l'absence effective d'héritier réservataire. Cette ordonnance, une fois rendue, a valeur de présomption simple de validité du testament (le notaire en déposera le texte au rang de ses minutes).

L'envoi en possession a un effet rétroactif (Cass. civ. 1re 12 déc. 1973 : n° 72-13.284).

— Le **légataire à titre particulier**, le légataire universel en l'absence de réservataire mais institué par testament olographe, mystique ou international qui n'a pas demandé l'envoi en possession, le **légataire universel en présence de réservataire(s)** (art. 1004 C. civ.) et le **légataire à titre universel** n'ont pas la saisine. Ils doivent donc demander la **délivrance** de leur legs. Ce n'est pas au juge, mais aux héritiers (ou au légataire universel ayant saisine) que l'on demande la délivrance. En l'absence d'autres successibles, un légataire doit demander la délivrance de son legs à l'État. La demande est informelle (Cass. civ. 1re 10 mai 2006 : n° 03-19.097). Ce n'est qu'à défaut de délivrance par les héritiers (ou le légataire universel) que le demandeur devra saisir le TGI. La délivrance est en réalité, en quelque sorte, la reconnaissance du droit du légataire. Elle n'est pas nécessairement concrétisée par la remise matérielle des biens correspondants. La délivrance est rétroactive : le demandeur est censé être propriétaire des biens visés ou titulaire des droits concernés depuis le jour de l'ouverture de la succession.

II. L'option

515. L'option est un acte unilatéral. Il s'agit d'un mécanisme *a priori* commun aux successions, aux legs et aux institutions contractuelles. Cependant, il peut exister des particularités. Pour les libéralités à titre particulier, le choix du bénéficiaire se limite à une acceptation ou un refus (cf. *infra* n° 518 ; pour les donations, c'est en réalité la manifestation du principe de liberté contractuelle). En simplifiant, on peut dire que ce que l'on nomme "l'option" ou parfois "l'option successorale" permet à un successible, un légataire ou un institué, après le décès du *de cujus*, de choisir entre trois attitudes possibles : l'acceptation, l'acceptation à concurrence de l'actif net et la renonciation (cf. *infra* n° 531 et s.).

516. La loi n° 2006-728 du 23 juin 2006 a apporté du nouveau à propos de l'option. La principale innovation a consisté à remplacer l'acceptation sous bénéfice d'inventaire par l'acceptation « *à concurrence de l'actif net* ». De plus, la loi de 2006 a rassemblé aux **articles 768 et s.** du Code civil des dispositions générales concernant l'option, qui, jusque-là, n'étaient pas regroupées.

517. Il convient de s'interroger sur les personnes qui peuvent exercer l'option (A), sur les conditions de réalisation de l'option (B) et, enfin, sur les termes même de l'option (C).

A. Les optants

518. Selon les cas, les personnes concernées ont donc (cf. *supra* n° 515) un éventail de choix dans leur option plus ou moins étendu.

— Les **légataires à titre particulier** n'ont pas le bénéfice de tous les volets de l'option : comme les **donataires**, ils ne peuvent qu'accepter ou refuser la libéralité (ce qui est logique, puisqu'ils ne prolongent pas la personne du disposant). Ils ne sont d'ailleurs pas visés par les textes du Code relatifs à l'option (cf. *supra* n° 515).

— L'**État**, en tant que successible irrégulier, est soumis à un régime particulier dans la mesure où il n'est tenu des dettes que dans la limite de l'actif (cf. *supra* n° 221). Il est plus, en définitive, un successeur aux biens, qu'un successeur à la personne. Il peut refuser un legs. Pour les successions, il pourrait n'être que simple curateur (cf. *supra* n° 224 ; sur le sort des biens en déshérence, cf. *supra* n° 223).

— En définitive, l'option successorale, dans l'intégralité de ses possibilités, n'est donc offerte qu'aux continuateurs de la personne du *de cujus* : aux **héritiers** (y compris le conjoint survivant, même lorsqu'il ne vient qu'en usufruit ; cf. *supra* n° 170), aux **légataires universels**, aux **légataires à titre universel** et aux **institués contractuels ayant une vocation identique**. L'héritier d'une personne, elle-même appelée à une succession et n'ayant pas opté avant son décès, obtient les droits de son auteur et peut exercer le droit d'option qui lui a ainsi été transmis (Cass. civ. 1re 14 nov. 2006 : n° 03-13.473). Le légataire universel renonçant à son legs sans désigner de bénéficiaire est réputé le faire au profit de tous les héritiers (Cass. civ. 1re 8 juill. 2010 : n° 09-65.007).

519. On a déjà évoqué le cas des libéralités consenties à des majeurs protégés (cf. *supra* n° 300 et s.). Pour les majeurs protégés héritiers, depuis la loi n° 2007-308 du 5 mars 2007, l'article 507-1 du Code civil prévoit qu'un tuteur ne peut accepter une succession pour le compte du majeur protégé qu'à concurrence de l'actif net. Toutefois, « *si l'actif dépasse manifestement l'actif* », il peut accepter purement et simplement, mais avec l'autorisation spéciale du conseil de famille ou du juge. Le tuteur ne peut renoncer à une succession échue au majeur protégé sans autorisation du conseil de famille ou du juge (art. 507-1, al. 2, C. civ.).

520. Diverses dispositions existent en plus en faveur des **créanciers** : créanciers de l'héritier et créanciers du défunt.

— En ce qui concerne les créanciers de l'héritier, l'article 779 du Code civil prévoit que, si un héritier renonce à une succession au détriment de ses créanciers, ceux-ci peuvent demander en justice à accepter la succession à sa place (l'article 779, alinéa 1er, ajoute que ce droit appartient aussi aux créanciers « *de celui qui s'abstient d'accepter une succession* » ; le créancier doit démontrer l'insolvabilité apparente du débiteur à la date de sa renonciation : Cass. civ. 1re 19 déc. 2012 : n° 11-25.578). Dans cette hypothèse, la renonciation n'est annulée qu'en faveur des créanciers et seulement jusqu'à concurrence de leur créance (art. 779, al. 2, C. civ.). La renonciation demeure à l'égard de l'héritier, mais elle est inopposable à ses créanciers, qui ne deviennent pas pour autant eux-mêmes des héritiers (Cass. civ. 1re 14 nov. 2006 : n° 03-30.230).

— Les créanciers du défunt peuvent, eux, demander une sorte de dissociation provisoire entre le patrimoine du *de cujus* et celui de l'héritier (***bonorum separatio*** ; art. 878 et s. C. civ.). On permet ainsi aux créanciers successoraux d'être payés en priorité (par rapport aux créanciers des héritiers) sur le patrimoine successoral. Les légataires de sommes d'argent peuvent aussi bénéficier de cette prérogative. Depuis 2006, l'article 878 ajoute, dans son alinéa 2, que « *réciproquement, les créanciers personnels de l'héritier peuvent demander à être préférés à tout créancier du défunt sur les biens de l'héritier non recueillis au titre de la succession* ».

B. Les conditions de réalisation de l'option

521. L'exercice de l'option répond à un certain nombre de principes généraux (1). Des délais doivent être respectés (2) et le consentement donné doit être exempt de vices (3).

1. Les principes généraux

522. L'option répond à un **principe de liberté**, même s'il n'est plus expressément rappelé dans les textes (Cass. Civ. 1re 15 mai 2008 : n° 06-19.535). Nul ne peut cependant opter avant qu'une succession ne soit ouverte (art. 770 C. civ.), car une telle manifestation de volonté pourrait constituer une forme de ***votum mortis*** (cf. *infra* n° 565). Cependant, la loi du 23 juin 2006 a assoupli la règle : l'article 1130 du Code civil ne comporte plus une interdiction mais une sorte d'autorisation conditionnée (quand

l'ancien texte disait : « *on ne peut*… », le nouveau affirme : « *on ne peut … que dans les conditions prévues par la loi* »). En effet, les exceptions à la règle, les pactes sur succession future autorisés, se multiplient (cf. *infra* n° 568 et s.).

523. L'option comporte en principe trois volets, du moins pour la plupart des optants (cf. *supra* n° 515 et 518). Si un successible **décède** à son tour **sans avoir exercé l'option**, ses propres héritiers recueillent son droit (cf. *supra* n° 518, *in* fine).

Depuis 2006, l'article 775, alinéa 2, du Code civil dispose : « *Les héritiers de celui qui décède sans avoir opté exercent l'option séparément, chacun pour sa part* ». Ils ne sont donc plus contraints de s'entendre.

524. Le principe selon lequel l'option comporte trois volets et celui de la liberté d'option reçoivent exception en cas de **recel** successoral. L'héritier qui a recelé des biens successoraux ou a dissimulé l'existence d'un cohéritier est, à titre de sanction, réputé acceptant pur et simple (il en va de même pour l'héritier qui n'a pas respecté les procédures requises en cas d'acceptation à concurrence de l'actif net : cf. *infra* n° 536) ; de plus, il ne peut obtenir les biens ou droits recelés (art. 778 C. civ.). Une personne ne peut agir pour recel si elle n'est plus elle-même héritière (Cass. civ. 1re 28 janv. 2009 : n° 07-19.573). Le conjoint survivant ayant dissimulé des fonds mais ayant opté pour des droits en usufruit (cf. *infra* n° 175 et n° 185 et s.), échappant ainsi au partage, ne pourrait être poursuivi pour recel (Cass. civ. 1re 29 juin 2011 : n° 10-13.807).

525. Les **agissements** susceptibles de constituer un recel successoral sont nombreux. Toute fraude, toute manœuvre, tendant à faire que le partage soit inégalitaire risque d'être considérée comme un recel successoral (il s'agit souvent de sommes diverties ; V., p. ex., Cass. civ. 1re 28 juin 2005 : n° 04-13.776 ; Cass. civ. 1re 20 juin 2012 : n° 11-17.383). Pendant longtemps, la dissimulation d'un cohéritier ne fut pas synonyme de recel ; la jurisprudence (Cass. civ. 1re 20 sept. 2006 : n° 04-20.614) et la loi, à présent, l'admettent. Mais la dissimulation d'une libéralité, ni rapportable, ni susceptible d'être réductible, ne peut constituer un recel (Cass. civ. 1re 20 oct. 2010 : n° 09-16.157 ; Cass. civ. 1re 26 janv. 2011 : n° 09-68.368 ; la dissimulation d'une assurance-vie ne peut être constitutive d'un recel que si elle est requalifiable en donation en raison du montant manifestement exagéré des primes versées : Cass. civ. 2e 4 juin 2009 : n° 08-15.093 ; cf. *supra* n° 129). Il faut que

la fraude porte sur les **biens de la succession,** que la faute soit volontaire et que l'auteur du recel soit héritier, légataire ou institué contractuel universel ou à titre universel. Le receleur dispose d'une possibilité de **repentir** (Cass. civ. 1re 14 juin 2005 : n° 04-10.755 ; Cass. civ. 1re 17 janvier 2006 : n° 04-17.675).

526. **On ne peut diviser son option** (art. 769, al. 2, C. civ) ; il n'est pas possible d'adopter une attitude différente selon le bien (ou plutôt le droit) successoral ou testamentaire concerné. Il est évident cependant qu'au cas où un héritier viendrait à la fois en tant que successeur normal et en tant que successeur anomal (cf. *supra* n° 234 et s.), il pourrait adopter une attitude différente pour chacune des deux successions (art. 769, al. 2, C. civ.). Il en va pareillement pour celui qui reçoit deux legs de natures différentes (Cass. civ. 1re 18 déc. 2013 : n° 12-21.875 : refus d'un legs universel mais acceptation d'un legs à titre particulier) ou pour celui qui est à la fois héritier et légataire.

Par ailleurs, l'option ne peut être à terme ou conditionnelle (art. 768, al. 2, C. civ.).

527. Enfin, l'option est **rétroactive**. Le choix effectué est censé avoir été réalisé depuis le jour de l'ouverture de la succession (art. 776 C. civ.).

2. Les délais et la prescription

528. Tout héritier (ou tout héritier subséquent, lorsque l'héritier de premier rang est renonçant ou indigne ou tout héritier de l'héritier qui meurt avant d'avoir opté) a **quatre mois** (à compter du jour de l'ouverture de la succession) pour analyser la situation patrimoniale du défunt (art. 771 C. civ.). À l'issue de ce délai, tout cohéritier (ou tout héritier subséquent), même l'État, ou tout créancier de la succession peut **sommer** (par voie d'huissier) l'héritier silencieux de prendre parti (art. 771, al. 2). L'héritier a alors deux mois pour se prononcer. Si, à la fin des deux mois, l'héritier ne s'est toujours pas décidé, il est réputé avoir accepté purement et simplement la succession (art. 772, al. 2).

529. Si nul ne se manifeste, l'écoulement du temps vaut renonciation (Cass. civ. 13 juin 1855 : D. 1855 I 253 ; Cass. civ. 13 févr. 1911 : D. 1911 I 391). La durée de prescription est aujourd'hui de **dix ans** (art. 780, al. 2, C. civ.). Le délai commence à courir, là encore, à compter du jour de l'ouverture de la succession.

3. Le consentement

530. Avant 2006, le Code civil prévoyait qu'en cas d'acceptation d'une succession, l'héritier pouvait ensuite revenir sur son consentement en invoquant le dol ou la lésion. La jurisprudence avait admis en plus le vice d'erreur sur la nature ou l'étendue du droit du successible renonçant. Actuellement, l'article 777 du Code civil, de manière plus cohérente, dispose que l'option, en général, est susceptible d'être annulée pour **erreur, dol ou violence**. Le dol peut, évidemment, ici, venir d'un "tiers", puisque l'option est un acte unilatéral (*Rappr. supra* n° 273).

C. Les termes de l'option

531. Si les bénéficiaires d'un legs à titre particulier (*a fortiori* d'une donation) ne peuvent qu'accepter ou refuser la libéralité, les héritiers (au sens large) ont, en principe, le choix entre trois possibilités : l'acceptation pure et simple (1), l'acceptation à concurrence de l'actif net (2) ou la renonciation (3).

1. L'acceptation pure et simple

532. L'acceptation d'une succession (ou "adition" d'hérédité) est **irrévocable** (sauf à demander une nullité pour vice du consentement : cf. *supra* n° 530). Le premier alinéa de l'article 786, depuis 2006, reprend le principe jurisprudentiel de l'irrévocabilité de l'acceptation (Cass. civ. 3 mai 1865 : DP 1865, I, 153).

L'acceptation pure et simple peut parfois être **forcée** ; il en va ainsi s'il y a recel (cf. *supra* n° 524) ou en cas de non-respect de certains délais ou de certaines règles d'inventaire et de paiement dans la procédure d'acceptation à concurrence de l'actif net (cf. *infra* n° 536). L'acceptation pure et simple peut aussi, évidemment, être l'expression d'un **libre choix**.

533. Il peut s'agir d'une acceptation **expresse ou tacite** (art. 782). Le fait de prendre la qualité d'héritier dans un acte juridique est toujours considéré comme une acceptation expresse. Selon l'article 782 du Code civil, il y a acceptation tacite « *quand le successible saisi fait un acte qui suppose nécessairement son intention d'accepter et qu'il n'aurait droit de faire qu'en qualité d'héritier acceptant* ». Depuis 2006, l'article 784 du Code civil réaffirme que les **actes d'administration provisoire** accomplis par un successible n'emportent pas acceptation tacite de la succession, à condition que l'auteur des actes n'y ait pas pris le titre ou la qualité d'héritier. Il en va de même, *a fortiori*, pour les **actes conservatoires**

et de surveillance. Il est possible pour tout héritier, souhaitant passer un acte important sur la succession sans devenir pour autant acceptant, de **demander au juge l'autorisation** de l'accomplir (art. 784, al. 2, C. civ.).

534. La grande nouveauté, issue de la réforme de 2006, est prévue aux alinéas 2 et 3 de l'article 786 du Code civil et concerne la possibilité de modérer les effets d'une acceptation en cas de **découverte d'un passif** important. Un héritier, malgré une acceptation (expresse ou tacite), peut être déchargé en tout « *ou partie* », de l'obligation à une dette « *qu'il avait des motifs légitimes d'ignorer au moment de l'acceptation* » de la succession. Cette décharge ne peut intervenir que « *lorsque l'acquittement de cette dette aurait pour effet d'obérer gravement son patrimoine personnel* ». Il va de soi que le juge a le pouvoir de fixer le montant de l'allégement en fonction des circonstances. Enfin, il est nécessaire, pour obtenir cette décharge, de mener une action juridictionnelle (dans les cinq mois du jour de la prise de connaissance de l'existence et de l'importance de la dette : art. 786, al. 3, C. civ.). Même si elle demeure modeste et très encadrée, il y a là une dérogation aux principes de la succession à la personne, de la continuation du patrimoine du défunt et de l'irrévocabilité de l'acceptation.

2. L'acceptation à concurrence de l'actif net

535. L'ancienne acceptation sous bénéfice d'inventaire, encore appelée, de manière un peu trompeuse, "acceptation bénéficiaire", faisait l'objet de **diverses critiques** et nombreux étaient les auteurs qui regrettaient qu'elle n'ait pas été encore réformée. Au demeurant, elle semblait assez peu pratiquée. Il est néanmoins nécessaire de disposer d'un mécanisme permettant de faire une sorte d'état (financier) des lieux en cas de doute sur la solvabilité du patrimoine successoral. Depuis 2006, ce sont les articles 787 et suivant du Code civil qui régissent la matière. Dix-neuf articles ont été nécessaires pour régir la nouvelle acceptation à concurrence de l'actif net. L'acceptation à concurrence de l'actif net n'est **révocable** qu'à sens unique. L'acceptant à concurrence de l'actif net ne peut plus renoncer ensuite à la succession (art. 801, al. 2, C. civ. ; solution déjà admise avant 2006 : Cass. civ. 1re 16 avr. 1991 : n° 89-10.248). En revanche, à tout moment, il peut décider, finalement, d'accepter purement et simplement l'hérédité (art. 801, al. 1er, C. civ.).

536. Le mécanisme est inspiré de celui des procédures collectives. On réalise une publicité de la procédure, censée

permettre aux créanciers de se manifester (art. 788, al. 2, C. civ.). L'héritier qui souhaite recourir à ce type d'acceptation doit en adresser la déclaration au greffe du TGI territorialement compétent (art. 788, al. 1er, C. civ.) et c'est cette déclaration qui fait l'objet d'une publicité au plan national (au BODACC). L'inventaire doit conduire à une estimation de l'actif et du passif du patrimoine du *de cujus* (art. 789 C. civ.). Au titre de l'article 790, il doit être établi dans les deux mois de la déclaration initiale. Faute d'inventaire déposé dans les délais, à titre de **sanction**, l'acceptant à concurrence de l'actif net devient un **acceptant pur et simple** (art. 790, al. 4, C. civ.). L'inventaire peut être consulté par les créanciers de la succession et les légataires de sommes d'argent (art. 790, al. 5, C. civ. ; Cf. *supra* n° 353). La procédure qui suit la publicité légale peut être assez longue. Les créanciers successoraux doivent déclarer leur créance (art. 792, al. 1er, C. civ.). Ils ont quinze mois (à compter de la date de la publicité de la déclaration d'acceptation à concurrence de l'actif net) pour se faire connaître. Faute de déclaration dans les délais, leur créance (sauf si elle est garantie par une sûreté ou un privilège : *Arg.* : art. 2329 C. civ.) est considérée comme éteinte à l'égard de la succession (art. 792, al. 2, C. civ.). La tâche de payer les créanciers revient à l'héritier acceptant à concurrence de l'actif net (art. 796 et s. C. civ.).

L'article 800, alinéa 4, prévoit un autre cas d'**acceptation forcée** de la succession (cf. *supra* n° 532) ; quand un héritier acceptant à concurrence de l'actif net aura omis « *sciemment et de mauvaise foi* » (sic) des éléments actifs ou passifs dans l'inventaire, il sera réputé acceptant pur et simple.

537. L'**effet** de principe est clair : là encore, le successible, bien qu'*a priori* continuateur de la personne du défunt, obtient une séparation entre son patrimoine et celui du *de cujus* (art. 791, 1° C. civ.). Les légataires de sommes d'argent et les créanciers successoraux sont payés sur les biens de la succession (art. 798 C. civ.).

L'article 791 du Code civil ajoute que l'acceptant à concurrence de l'actif net n'est tenu au paiement des dettes successorales que dans la limite de la valeur des biens (des droits) qu'il recueille. Enfin, une acceptation à concurrence de l'actif net l'emporte sur des acceptations pures et simples : il suffit d'une seule acceptation à concurrence de l'actif net pour que cette procédure s'impose à tous (art. 792-2 C. civ.).

538. La tâche théoriquement confiée à l'acceptant à concurrence de l'actif net est terriblement lourde et complexe (l'amélioration par rapport à l'ancienne procédure est donc toute relative). Il est probable que les héritiers acceptant à concurrence de l'actif net seront contraints de demander au juge de désigner un mandataire successoral en vue d'administrer et de liquider la succession à leur place (art. 814-1 C. civ. ; Cf. *infra* n° 566).

3. La renonciation

539. Il s'agit du refus de la succession ou de la libéralité (art. 804 et s. C. civ.).

Une renonciation à succession **n'est pas irrévocable**. Tant que la succession n'a pas été acceptée par un autre, le renonçant peut se rétracter et accepter la succession (art. 807 C. civ. ; sur la révocation d'une renonciation pour le compte d'une personne en tutelle, V. art. 507-2 C. civ.). La renonciation doit normalement être **expresse**. Elle ne se présume pas (art. 804, al. 1er, C. civ.). La renonciation doit être « *faite au tribunal* », du moins pour « *l'héritier universel ou à titre universel* » (art. 804, al. 2, C. civ.). La déclaration au tribunal a pour finalité une opposabilité aux tiers. La jurisprudence antérieure, dispensant les legs de cette procédure (Cass. req. 19 mai 1862 : D. 1862 I 450, S. 1863 I 94 ; Cass. civ. 1re 20 juill. 1982 : n° 81-13.870) est donc apparemment maintenue pour les legs à titre particulier, pour lesquels il suffit de ne pas demander la délivrance. Mais ils ne sont pas, de toute façon, visés par les textes du Code relatifs à l'option, entendue au sens strict (cf. *supra* n° 518). La renonciation pourrait cependant, en quelque sorte, être **tacite**, faute de manifestation de volonté de quiconque pendant dix ans (cf. *supra* n° 529).

540. Renoncer constitue une attitude qui peut sembler surprenante. La renonciation peut répondre à diverses **motivations**. Elle peut, à l'évidence, trouver son explication dans le caractère obéré patent du patrimoine du défunt. Il arrive, de manière, en apparence, plus étonnante, qu'un héritier renonce à une succession alors que celle-ci est notoirement bénéficiaire. Il peut s'agir d'un acte de générosité au profit des successibles de la génération suivante (donation indirecte ; cf. *supra* n° 468). La motivation intéressée la plus évidente concerne l'hypothèse où l'héritier aurait reçu du défunt une libéralité importante. L'héritier qui renonce doit, certes, éventuellement, subir une réduction pour atteinte à la réserve (cf. *infra* n° 582 et s.), mais il ne doit pas rapporter les libéralités qu'il aurait pu obtenir du *de cujus* (puisqu'il n'est plus

considéré comme héritier, mais comme un tiers ; cf. *infra* n° 590). Il peut donc être plus intéressant pour lui de conserver une donation antérieure plutôt que d'accepter une succession à la suite de laquelle il risquerait de moins recevoir après rapport. Toutefois, depuis 2006, le disposant peut prévoir dans sa libéralité que celle-ci sera rapportable même en cas de renonciation du bénéficiaire à la succession (art. 845, al. 1er, C. civ.).

541. Les **effets** d'une renonciation sont logiques : « *L'héritier qui renonce est censé n'avoir jamais été héritier* » (art. 805, al. 1er, C. civ. ; sur un effet particulier en matière de droit de retour, cf. *supra* n° 233). Les droits que le renonçant refuse, profitent, par accroissement, aux héritiers ou à un éventuel légataire universel (hypothèse d'un réservataire ou – au-delà de l'option successorale *stricto sensu* – d'un légataire à titre particulier renonçant). Ceux qui reçoivent ainsi la part du renonçant sont censés l'avoir reçue du *de cujus* lui-même et non du renonçant. Il est évident que des successibles subséquents peuvent, grâce à une renonciation, devenir successeurs.

III. L'indivision

542. Réformé successivement par la loi n° 76-1286 du 31 décembre 1976 et par celle, n° 2006-728, du 23 juin 2006, le Droit de l'indivision est présenté aux **articles 815 et s. et 1873-1 et s. du Code civil**. Les réformes vont constamment dans le sens d'une réduction de la précarité de cette technique, en atténuant peu à peu la méfiance qui s'exerçait à son encontre et en limitant le droit au partage.

Pour le Droit des transferts intra et intergénérationnels, en simplifiant, on pourrait dire que la première série d'articles (815 et s.) présente le régime de l'indivision subie. La seconde série d'articles (1873-1 et s.), entend régir l'indivision voulue, mode conventionnel d'organisation collective. Mais il y a des passerelles entre les deux blocs textuels (V. art. 815-1 C. civ.). Aujourd'hui, outre quelques principes généraux (A), l'indivision se présente, soit comme un mécanisme fragile géré *a minima*, soit comme un mode de gestion stable, avec les conventions d'indivision (B).

A. Les principes généraux

543. En l'état actuel du Droit, quel que soit le régime adopté, même dans la version la plus élaborée et organisée de l'indivision, celle-ci ne peut acquérir la **personnalité morale** (Cass. civ. 3e 25 avr. 2001 : n° 99-14.368).

544. Le **principe** demeure, reliquat de la forte défiance du passé, posé à l'article 815 du Code civil : « *Nul ne peut être contraint à rester dans l'indivision et le partage peut toujours être provoqué*… » par tout indivisaire. Mais le texte tempère aussitôt la règle en précisant qu'elle ne s'applique qu'« *à moins qu'il n'y ait été sursis par jugement ou convention* ». Ainsi, il est possible, si l'un des indivisaires le souhaite, que sa part, sur décision du tribunal, lui soit attribuée, les autres restant dans l'indivision (art. 824 C. civ.).

545. Les **indivisaires** sont, évidemment, les héritiers de rang utile, mais aussi les légataires (universels ou à titre universel : V., p. ex., Cass. civ. 1re 5 mars 2002 : Bull. n° 81 ; les légataires à titre particulier, pouvant réclamer leurs legs, ne font pas partie de l'indivision), les institués contractuels (à mêmes vocations), voire, indirectement, les héritiers-donataires en attente d'une réduction ou d'un rapport éventuel. Les héritiers d'une succession anomale (cf. *supra* n° 231 et s.) ne peuvent appartenir à l'indivision pouvant résulter de la succession "normale", mais ils peuvent faire partie d'une indivision issue de la succession anomale elle-même.

546. Quant à l'**objet** d'une indivision, on peut affirmer qu'il s'agit de l'ensemble des biens et droits qui appartenaient au *de cujus*. Logiquement, y figurent aussi les biens ou les valeurs devant revenir au titre du rapport ou de la réduction.

Les **fruits** issus des biens indivis (sauf accord différent des indivisaires) entrent à leur tour dans la masse indivise : *fructus augent hereditatem* (art. 815-10, al. 2, C. civ. ; chaque indivisaire pourra y participer, *in fine*, à proportion de sa part, sans que l'on tienne compte de l'origine des fruits, donc quel que soit l'attributaire du bien frugifère après partage ; V., p. ex., Cass. civ. 1re 10 mai 2007 : n° 05-12.031).

547. Si les **créanciers** dont la créance est née de la gestion de l'indivision doivent être payés sur l'actif de l'indivision et peuvent engager des poursuites avant le partage (art. 815-17, al. 1er, C. civ.), les créanciers personnels d'un indivisaire ne peuvent saisir sa part dans les biens indivis (art. 815-17, al. 2, C. civ.). Ils peuvent seulement demander le partage par une forme de voie oblique

(art. 815-17, al. 3, C. civ.). Dans ce cas, les indivisaires peuvent empêcher le partage en payant le créancier demandeur (*ibid.*).

548. Il est évident que tout indivisaire peut prendre des mesures conservatoires, même non urgentes (art. 815-2 C. civ.). Au-delà, chaque indivisaire peut **user et jouir** (*usus* et *fructus*) **des biens indivis** (à condition de respecter leur destination et le droit de tout autre indivisaire d'en faire autant). Mais s'il use et jouit privativement du bien, il doit indemniser la collectivité (art. 815-9 C. civ.). Les indivisaires peuvent toutefois s'entendre pour répartir la jouissance des biens entre tous en attendant le partage.

Un indivisaire ne peut **détruire ou céder** un bien indivis, faire des actes de disposition, de sa seule initiative. L'*abusus* d'un indivisaire va se limiter au droit de demander le partage (art. 815) et à celui de céder, non un bien, mais son droit global d'indivisaire ou sa part indivise sur un bien successoral (Cass. civ. 1re 12 mai 2010 : n° 08-17.186).

L'article 815-14 du Code dispose cependant que l'indivisaire qui désire céder à titre onéreux sa part à un tiers (étranger à l'indivision) doit, par acte extrajudiciaire, notifier son intention aux autres indivisaires. La notification ouvre un délai d'un mois à tout indivisaire pour préempter. Si, effectivement, l'un d'eux souhaite faire cette acquisition, il dispose, sous peine de nullité de sa déclaration de **préemption**, de deux mois pour la réaliser à compter de la date d'envoi de sa réponse adressée à l'indivisaire vendeur. Ce système de préemption permet, alors que l'un d'entre eux veut céder sa part, aux autres indivisaires de demeurer dans l'indivision et de ne pas être tenus de provoquer le partage.

549. L'indivision obéissait, jusqu'en 2006, à un principe général d'**unanimité** (même s'il comportait déjà bien des atténuations). Il demeure en vigueur pour décider d'une convention d'indivision (art. 1873-2, al. 1er, C. civ.). Depuis la réforme de 2006, l'article 815-3 dispose, certes, que « *le consentement de tous les indivisaires est requis pour effectuer tout acte qui ne ressortit pas à l'exploitation normale des biens indivis et pour effectuer tout acte de disposition* ». Mais il ne présente plus la règle que comme une exception (« *Toutefois*… ») et à l'alinéa 2 de l'article 815-3. En revanche, l'article commence par affirmer que la **majorité des deux tiers** suffit pour : « 1° *Effectuer les actes d'administration relatifs aux biens indivis* ; 2° *Donner à l'un ou plusieurs des indivisaires ou à un tiers un mandat général d'administration* ; 3° *Vendre les meubles indivis pour payer les dettes et charges de l'indivision* ; 4° *Conclure et renouveler les baux*

autres que ceux portant sur un immeuble à usage agricole, commercial, industriel ou artisanal ». De plus, depuis la loi n° 2009-526 du 12 mai 2009, l'article 815-5-1 du Code civil dispose que les deux tiers des indivisaires peuvent demander la vente d'un bien mobilier ou immobilier (il faut alors une autorisation du TGI après signification aux autres indivisaires qui ont une possibilité d'opposition).

550. Un indivisaire peut aussi bénéficier du Droit commun de la **gestion d'affaires**, si ses agissements, bien qu'éventuellement réalisés à l'insu des autres, ont été utiles (art. 1372 et s. et art. 815-4, al. 2, C. civ.). Il peut également revendiquer l'existence d'un **mandat tacite** s'il a agi au su des autres indivisaires et sans opposition de leur part, mais à condition qu'il s'agisse seulement d'actes d'administration (art. 815-3, al. 4, C. civ.).

551. Enfin, le Code organise ce que l'on pourrait appeler "des mesures de **situation de crise**", donnant différents pouvoirs au TGI ou à son président (art. 815-4 et s., 820 et s., et 1873-5, al. 4, C. civ.).

B. L'indivision conventionnelle

552. L'article 815-1 du Code civil dispose : « *Les indivisaires peuvent passer des conventions relatives à l'exercice de leurs droits indivis, conformément aux articles* 1873-1 à 1873-18 ». L'article 1873 reprend en écho : « *Ceux qui ont des droits à exercer sur des biens indivis* [...] *peuvent passer des conventions relatives à l'exercice de ces droits* ». Le Code consacre dix-huit articles à l'indivision conventionnelle (art. 1873-16 et s. C. civ. ; on remarquera que ces articles font suite à ceux consacrés à la société, ce qui est révélateur de leur esprit).

553. Pour conclure le **contrat d'indivision**, il faut l'unanimité des indivisaires (art. 1873-2, al. 1er, C. civ.) et la rédaction d'un écrit est nécessaire (art. 1873-2, al. 2, C. civ.). La convention peut être à durée déterminée. Si tel est le cas, celle-ci ne peut être supérieure à cinq ans (art. 1873-3), mais la convention est renouvelable (elle peut même l'être par tacite reconduction ; art. 1873-3, al. 3, C. civ.). Si la convention est à durée déterminée, le partage ne peut pas être provoqué pendant son exécution sauf « *justes motifs* » (art. 1873-3, al. 1er, C. civ.). La convention peut être à durée indéterminée. Dans ce cas, le partage peut être demandé à tout moment, mais il ne doit pas être provoqué « *de mauvaise foi ou à contretemps* » (art. 1873-3, al. 2, C. civ.).

554. La convention peut servir de cadre juridique à de nombreuses stipulations, permettant d'harmoniser la cohabitation juridique des copropriétaires indivis. Ainsi, dans la convention, les indivisaires peuvent décider de confier la **gérance** de l'indivision à l'un (ou plusieurs) d'entre eux ou à un (ou plusieurs) tiers (art. 1873-5). Une décision unanime des indivisaires peut organiser le mode de nomination et de révocation du gérant (dans ce cas, il peut être prévu que le gérant ne sera nommé et révoqué qu'à la majorité). Si les indivisaires n'ont pas prévu de dispositions de cette nature, si le gérant est un des indivisaires, il ne peut être révoqué qu'à l'unanimité ; si le gérant est un tiers, il peut être révoqué à la majorité (art. 1873-5 C. civ.). Le ou les gérants sont des mandataires, en principe rémunérés (art. 1873-10 C. civ.).

555. Le gérant a la possibilité d'agir en justice pour le compte de l'indivision et de passer pour elle les actes de la vie civile (art. 1873-6). Pour déterminer les **pouvoirs du gérant**, l'article 1873-6 du Code civil renvoie aux pouvoirs attribués à chaque époux sur la gestion des biens communs (V. art. 1421 et s. C. civ.).

En principe, les décisions qui dépassent les pouvoirs du gérant doivent être prises à l'unanimité (art. 1873-8 C. civ.). Toutefois la convention peut prévoir que certaines décisions seront prises à la majorité (sauf, normalement, l'aliénation des immeubles).

556. L'indivision permet donc, désormais, d'organiser une gestion raisonnée du patrimoine successoral non partagé. Cependant, compte tenu de son importance, elle mériterait sans doute un seul bloc de textes, plus parfaitement harmonisés.

IV. Les mandats

557. Outre ce qui a été dit des exécuteurs testamentaires (cf. *supra* n° 420 et s.), des mandataires posthumes (cf. *supra* n° 426 et s.) et des gérants d'indivision (cf. *supra* n° 554 et s.), d'autres "mandataires", des mandataires successoraux, sont susceptibles d'être désignés, conventionnellement ou judiciairement.

558. Le **mandat conventionnel**, régi par l'article 813 du Code civil, prévoit que « *les héritiers* » peuvent confier, à l'unanimité, un mandat de Droit commun (le texte renvoie aux art. 1984 et s. C. civ.) à l'un d'entre eux ou à un tiers pour administrer la succession. Dès qu'un seul des héritiers a accepté la succession à concurrence de l'actif

net (cf. *supra* n° 535 et s.), le mandataire ne peut être que judiciaire (cf. *supra* n° 538 et *infra* n° 560).

559. Le **mandat judiciaire** est un procédé assez détaillé dans le Code (art. 813-1 et s. C. civ.), qui était déjà admis, sans texte spécifique, par la jurisprudence avant 2006. Le mandataire est une personne physique ou morale (ce pourrait être un des héritiers) qui va devenir administrateur provisoire de la succession. La demande doit être formulée en raison « *de l'inertie, de la carence ou de la faute d'un ou de plusieurs héritiers dans cette administration, de leur mésentente, d'une opposition d'intérêts entre eux ou de la complexité de la situation successorale* ». L'auteur de la demande peut être un héritier, un créancier, le ministère public, toute personne qui assurait, pour le compte de la personne décédée, l'administration de tout ou partie de son patrimoine de son vivant ou « *toute autre personne intéressée* », ce qui inclut les légataires (art. 813-1, al. 2, C. civ.). Dans la limite des pouvoirs qui lui sont conférés par le juge, le mandataire successoral représente l'ensemble des héritiers pour les actes de la vie civile et en justice (art. 813-5 C. civ.).

À la demande de toute personne intéressée ou du ministère public, le mandataire peut être dessaisi de sa mission par le juge en cas de manquement caractérisé dans l'exercice de celle-ci (art. 813-7 C. civ.).

560. Un mandataire judiciaire peut également être désigné à la suite d'une demande d'un **héritier acceptant à concurrence de l'actif net** (art. 814-1 C. civ. ; Cf. *supra* n° 538). Il s'agit de l'hypothèse où celui-ci ne souhaite pas s'occuper lui-même d'administrer et de liquider la succession. Le texte précise que la demande peut être formulée « *en toutes circonstances* », pour bien expliquer qu'ici, une mésentente, une inertie, des fautes... ne sont pas nécessaires.

561. Comme il a été dit (cf. *supra* n° 428), cette **pléthore d'intervenants** potentiels (exécuteurs testamentaires, mandataires posthumes, gérants conventionnels d'indivision, administrateur d'indivision, mandataire successoral conventionnel, mandataire judiciaire en cas d'acceptation à concurrence de l'actif net, mandataire successoral judiciaire...) ne manque cependant pas d'inquiéter.

Chapitre 2
Les interfaces

562. Le législateur, conscient de la nécessité d'harmoniser le Droit des successions et celui des libéralités a créé des mécanismes et des principes rendant l'un et l'autre compatibles, des sortes de "différentiels" : l'encadrement des pactes sur succession future (I), la réduction (II), le rapport (III), les libéralités-partages (IV) et l'attribution préférentielle (V).

I. Les pactes sur succession future

563. Il était devenu banal d'affirmer que les pactes sur succession future étaient interdits, qu'il était prohibé d'anticiper ainsi la mort d'une personne ; la réforme, issue de la loi n° 2006-728 du 23 juin 2006, a cependant fait évoluer le principe (A). Quelques exemples de cas d'autorisation peuvent, en conséquence, être présentés (B).

A. Le principe et son évolution

564. La prohibition trouvait déjà à s'illustrer ponctuellement en Droit romain et, dans l'Ancien Droit, dans les pays de Droit écrit. Le Code civil de 1804 l'évoquait, lui aussi, dans diverses dispositions. Aujourd'hui, l'article 1389 du Code civil (en matière de régimes matrimoniaux) en est encore l'écho.

C'est, en réalité la **jurisprudence** du XIXe siècle qui lui avait donné toute sa dimension, l'avait généralisée et en avait fait l'un des grands principes du Droit de la famille (Cass. civ. 11 nov. 1845 : D. 1846 I 25 ; Cass. civ. 9 mai 1894 : D. 1894 I 546).

565. La **raison d'être** de l'interdiction était duale.

Lorsqu'un pacte concerne la propre succession de celui qui le conclut, on disait que la prohibition était un moyen de faire respecter la libre révocabilité des testaments.

Lorsqu'un pacte concerne la succession d'autrui, on avançait que l'interdiction permettait d'éviter le *votum mortis*, le fait qu'un individu puisse souhaiter la mort d'autrui ou du moins spéculer sur celle-ci.

566. Un pacte sur succession future est un **acte** juridique, accordant ou ôtant un droit en rapport avec une **succession non encore ouverte**, droit lié à la mort d'une personne, ayant pour objet la succession entière, une part de celle-ci ou un bien successoral (V., p. ex., Cass. civ. 1re 26 oct. 2011 : n° 10-11.894 : vente attribuant un bien d'une succession non ouverte sans clause repoussant la réalisation du contrat au jour du décès du donateur). L'acte peut avoir été réalisé avec ou sans le consentement de la personne dont la succession est en cause. Il s'agit d'un acte juridique et non nécessairement d'un contrat. Cet acte peut avoir un aspect positif, et tendre à accorder des droits, ou négatif, et contenir une renonciation. Son objet doit être successoral. Il est nécessaire que le droit visé soit conditionné par la mort de la personne dont la succession est en cause, il doit être la conséquence de ce décès. Si un individu perd ou obtient juridiquement immédiatement un droit (même si l'exécution factuelle de cette disparition ou de cette obtention est reportée au décès de la personne concernée), il n'y a pas pacte sur succession future (Cass. civ. 1re 3 avr. 2002 : n° 00-10.301). Enfin, il est indispensable qu'au moment de l'acte, la succession concernée ne soit pas ouverte (par décès, absence ou disparition).

La jurisprudence condamnait donc les actes répondant à cette définition et à ces conditions.

567. **Depuis la réforme de 2006**, le nouvel article 722 du Code civil a atténué la formule relative aux pactes sur successions futures en affirmant que « *Les conventions qui ont pour objet de créer des droits ou de renoncer à des droits sur tout ou partie d'une succession non encore ouverte ou d'un bien en dépendant ne produisent effet que dans les cas où elles sont autorisées par la loi* ». De même (cf. *supra* n° 265), le nouvel article 896 énonce : « *La disposition par laquelle une personne est chargée de conserver et de rendre à un tiers ne produit d'effet que dans le cas où elle est autorisée par la loi* ». Sans totalement inverser le principe d'interdiction, les textes nouveaux sont moins sévères ; d'une part, ils remplacent une nullité de principe par une simple **absence d'effet** ; d'autre part, si les textes demeurent méfiants à l'égard du mécanisme, ils permettent **à la loi de l'autoriser ponctuellement**.

B. Les cas d'autorisation

568. Il arrive que des textes (1), valident des hypothèses de pactes sur succession future. Seuls des textes peuvent les permettre. Mais les juges sont amenés à valider certaines opérations lorsqu'ils n'y voient pas de véritables pactes sur successions futures (2).

1. Les textes

569. Malgré la règle, les textes autorisent l'**institution contractuelle** par mariage ou dans le mariage (art. 1082 et 1091 et s. C. civ. ; Cf. *supra* n° 496 et s.), les **libéralités graduelles et résiduelles** (art. 1048 et s. et 1057 et s. C. civ. ; Cf. *supra* n° 269 et s.), la **renonciation anticipée à la réduction** pour atteinte à la réserve (art. 929 et s. C. civ. ; Cf. *infra* n° 574), l'aménagement du **rapport** des libéralités (art. 858 et 860 C. civ. ; Cf. *infra* n° 593 et s.), la possibilité d'annihiler par avance l'**action contre le tiers détenteur** d'un immeuble en cas de réduction (art. 924-4, al. 2, C. civ. ; Cf. *infra* n° 586) et la **donation-partage** (art. 1076 et s. C. civ. ; Cf. *infra* n° 602 et s.).

D'autres mécanismes autorisés par le législateur peuvent également déroger, plus ou moins, au principe : en cas de décès d'un associé de société civile (art. 1870 C. civ ; cf. *supra* n° 107 et *infra* n° 570), en cas de séparation de corps prononcée par consentement mutuel (art. 301 C. civ.) ou par la stipulation d'une clause commerciale (art. 1390 C. civ.).

2. La jurisprudence

570. La jurisprudence avait autorisé des procédés venant atténuer la rigueur du principe. Aujourd'hui, l'article 722 ne permet que les pactes prévus par le législateur (cf. *supra* n° 567). Il semble possible d'affirmer que les anciennes solutions jurisprudentielles seront maintenues dans les occurrences où les juges considèrent qu'il ne s'agit justement pas, à proprement parler, de véritables pactes sur succession future (sur les hypothèses de substitutions autorisées, cf. *supra* n° 264 et s.). Tel est le cas, par exemple, des **clauses tontinières** par lesquelles chacun des cocontractants prévoit par avance d'abandonner son droit aux autres s'il est prémourant (Cass. ch. mixte 27 nov. 1970 : n° 68-10.452), des **promesses unilatérales de vente** *post mortem* (c'est-à-dire dont l'option ne peut être levée par le bénéficiaire qu'après le décès du promettant ; *Rappr. supra* n° 451 ; Cass. civ. 1re 30 mai 1985 : n° 84-11.795), du **legs à un tiers d'un bien commun par deux**

époux s'étant consenti une institution contractuelle (Cass. civ. 1re 28 mai 2008 : n° 07-14.066) ou d'une **reconnaissance de dette** payable au décès du débiteur (Cass. civ. 1re 11 mars 2009 : n° 07-16.087).

II. La réserve héréditaire et la réduction

571. Le mécanisme général (A), conduit à déterminer des quotités disponibles ordinaires (B) et une quotité spéciale pour le conjoint survivant (C) en vue de procéder à une éventuelle réduction (D).

A. Le principe de la réserve

572. Ce principe est propre aux civilisations qui conservent à la famille une place importante et est souvent ignoré de celles qui privilégient la liberté individuelle. En France, la liberté des libéralités est encadrée et plafonnée lorsque le disposant laisse à sa succession certains héritiers proches (sur les aspects historiques, cf. *supra* n° 41 et s.). Compte tenu de l'évolution sociologique des familles, récemment des successibles ont perdu leur droit à la réserve (les ascendants), tandis qu'un autre y a accédé (le conjoint survivant).

573. Actuellement, un chapitre entier du Code civil est consacré à la réserve héréditaire (art. 912 et s. C. civ.). La **réserve** n'est finalement que la succession elle-même diminuée de la portion des biens que l'on peut donner, soit à des héritiers, soit à des étrangers (Cass. ch. réunies 27 nov. 1863 : DP 1864 I 5, Rapp. F. H ÉLIE, Concl. DUPIN, note L. BRÉSILLON). Le Code civil part, en effet, de la quotité disponible pour établir la réserve.

574. On a toujours dit, en Droit français, que la réserve héréditaire était d'ordre public (toutefois, la règle ne s'appliquera pas si la succession relève du Droit d'un État qui ne la prévoit pas ; cf. *supra* n° 122). La réduction, en cas d'atteinte à la réserve (de dépassement de la quotité disponible) **s'impose**, en effet, **à tout bénéficiaire** de la libéralité, qu'il s'agisse d'un héritier ou d'un tiers. Mais seuls les réservataires peuvent s'en prévaloir. Après l'ouverture de la succession, le réservataire peut renoncer au bénéfice de la réserve. Y renoncer avant constituait autrefois un pacte sur succession future (cf. *supra* n° 563 et s.). Mais, depuis 2006, un

réservataire potentiel peut, **renoncer par anticipation** à se prévaloir d'une action en réduction pour atteinte à la réserve (art. 929, al. 1er, C. civ.).

La renonciation ne doit pas alors comporter de contrepartie (art. 929, al. 3, C. civ.). Elle doit avoir été acceptée par celui dont la future succession est en cause (art. 929 C. civ.). Le réservataire doit renoncer par acte authentique dûment signé en la seule présence de deux notaires (art. 930, al. 1er, C. civ.).

575. Un mécanisme de révocation pour **ingratitude** de cette renonciation est prévu (art. 930-3 C. civ. ; alors pourtant qu'il ne s'agit pas d'une libéralité). Le renonçant peut demander en justice à révoquer son acte si celui dont il a vocation à hériter ne remplit pas ses obligations alimentaires envers lui, si, au jour de l'ouverture de la succession, il est dans un état de besoin qui disparaîtrait s'il n'avait pas renoncé à ses droits réservataires ou, enfin, si le bénéficiaire de la renonciation s'est rendu coupable d'un crime ou d'un délit contre sa personne.

576. Lorsqu'il n'y a pas de renonciation anticipée, les **personnes subissant** l'effet du mécanisme de la réduction pour atteinte à la réserve sont les bénéficiaires de libéralités. Si le bénéficiaire d'une libéralité est aussi un héritier et s'il renonce à la succession, il n'échappe pas au risque d'une action en réduction pour atteinte à la réserve.

577. Les **personnes qui bénéficient** de la réserve sont certains héritiers désignés par le législateur (art. 921 C. civ.). Encore faut-il qu'ils soient successeurs et non juste successibles : l'héritier réservataire renonçant ou indigne ne peut revendiquer le bénéfice de la réserve, puisqu'il ne vient pas à la succession. Les héritiers bénéficiaires de la réserve sont les descendants, du *de cujus* et, à défaut des précédents (art. 914-1 C. civ.), le conjoint survivant (la réserve des ascendants a été supprimée en 2006 ; elle a été compensée par un droit de retour, mais seulement pour les ascendants privilégiés ; cf. *supra* n° 237). Il s'agit d'un droit successoral et non d'un droit alimentaire : ils peuvent donc en réclamer le bénéfice, quelle que soit leur situation pécuniaire personnelle. Enfin, si tous les réservataires sont renonçants ou indignes, le droit à la réserve ne se transmet pas aux successibles non réservataires qui obtiennent en définitive la succession.

B. Les quotités disponibles ordinaires

578. Il n'existe que deux séries de quotités disponibles ordinaires et donc que deux catégories de réservataires : les descendants (1) et le conjoint survivant (2).

1. La réserve des descendants

579. En présence de descendants (les ascendants éventuellement présents étant donc exclus de la réserve et, d'ailleurs, de la succession), la **quotité** disponible est d'1/2 s'il n'y a qu'un enfant, d'1/3 s'il y en a deux et d'1/4 s'il y a trois enfants ou plus (art. 913, al. 1er, C. civ.). Tous les **descendants** sont réservataires que la filiation soit biologique ou artificielle. Il faut cependant qu'ils viennent à la succession, c'est-à-dire qu'ils ne soient pas évincés par un descendant de degré plus proche encore vivant. L'enfant ayant fait l'objet d'une **adoption simple** n'est pas réservataire à l'égard des ascendants de l'adoptant (art. 368, al. 2, C. civ. ; Cf. *supra* n° 94 et 199). Si les descendants viennent par représentation, ils ne sont comptés que pour un enfant, celui qu'ils représentent et au nom duquel ils viennent à la succession du *de cujus*. Le calcul se fait donc par souche (cf. *supra* n° 103 et 135 et s.). Depuis 2006 (art. 913, al. 2, C. civ.), les renonçants ne sont pris en compte que s'ils sont représentés (ou si le disposant avait imposé le rapport même en cas de renonciation à succession).

2. La réserve du conjoint survivant

580. Depuis 2001, le conjoint survivant (même séparé de corps ou en instance de divorce) bénéficie d'un droit à réserve et, depuis 2006, les ascendants n'étant plus réservataires, il suffit d'une **absence de descendant** (art. 914-1 C. civ.). En présence de descendant(s) du défunt, le conjoint survivant peut être exhérédé (même par testament olographe : Cass. civ. 1re 25 juin 2008 : n° 07-17.766).

Sous ces conditions, le conjoint survivant bénéficie d'une **réserve d'un quart** (la quotité disponible ne peut excéder les trois quarts des biens ; art. 914-1 C. civ.).

C. La quotité disponible spéciale au profit du conjoint survivant

581. Si le *de cujus* a disposé au profit de son conjoint, la réserve des descendants est moins importante qu'elle ne le serait si la libéralité avait été consentie à toute autre personne (la quotité

disponible est plus grande lorsque, en présence de descendants, la libéralité a été consentie au bénéfice du conjoint ; art. 1094 et s. C. civ. ; sur le régime applicable en présence d'enfants d'un précédent mariage, V. art. 1098 et 1527, al. 2, C. civ. ; sur l'imputation sur sa part successorale des libéralités que reçoit le conjoint : cf. *supra* nº 169 *in fine*, 184 et 194). Si le *de cujus* n'a pas de descendants, il peut disposer, en faveur de son conjoint, de la quotité disponible ordinaire. Si le *de cujus* a **des descendants**, l'article 1094-1 du Code civil, prévoit qu'il peut choisir entre trois solutions s'il souhaite consentir une libéralité à son conjoint. Il peut le faire bénéficier d'une libéralité correspondant à la quotité disponible normale (cf. *supra* nº 579), lui accorder 1/4 de tous les biens en pleine propriété et 3/4 en usufruit ou, enfin, la totalité en usufruit (dans ce cas, il peut disposer au profit d'un tiers de la nue-propriété de la quotité disponible : Cass. civ. 1re 12 mai 2010 : nº 09-11.133). L'intérêt du procédé est fortement atténué depuis que le conjoint peut obtenir, de toute manière, *ab intestat*, un usufruit de la totalité des biens (cf. *supra* nº 175 et 185).

D. La réduction

582. La réduction des libéralités est l'arme juridique permettant de faire respecter le principe de la réserve héréditaire. La réduction est obligatoire quel que soit le bénéficiaire de la libéralité, qu'il soit héritier ou tiers et s'il est successible, même (sous certaines conditions : cf. *supra* nº 579) s'il est renonçant à la succession (à l'inverse de ce qui se passe, sauf clause contraire, pour le rapport : cf. *supra* nº 540 et *infra* nº 590). La réduction va s'imposer lorsque le défunt a consenti au moins une libéralité, s'il y a au moins un héritier réservataire et si le montant de la libéralité dépasse celui de la quotité disponible.

583. Là encore, on établit tout d'abord une **masse de calcul** (art. 922 C. civ.). Celle-ci sera constituée de la valeur de tous les droits et biens laissés par le défunt ; on en déduit les dettes et on y ajoute la valeur des libéralités consenties de son vivant par le *de cujus* (mais non le capital versé au titre d'une assurance-vie : Cass. civ. 1re 20 mai 2009 : nº 08-11.355 ; Cass. civ. 1re 10 oct. 2012 : nº 11-17.891). Les biens laissés par le défunt sont évalués au jour du décès, dans leur état au jour du décès. Les biens objets de libéralités entre vifs sont désormais évalués au jour du partage, dans leur état au jour de la libéralité (si la donation a pour objet des parts sociales, la plus-value éventuelle ne peut être prise en

compte que si elle résulte d'une cause étrangère au donataire : Cass. civ. 1re 24 oct. 2012 : n° 11-21.839 ; on ne doit pas tenir compte des travaux d'amélioration que le donataire a pu réaliser : Cass. civ. 1re 6 nov. 2013 : n° 12-16.625). Une fois la masse de calcul obtenue, on recherche quelle est la fraction de quotité disponible prévue par le législateur pour s'appliquer en l'espèce et l'on obtient, en calculant combien fait cette fraction de succession, le montant chiffré de la quotité disponible. Il ne reste plus qu'à le confronter au montant des libéralités consenties. Si ce dernier dépasse celui de la quotité disponible, on entame le processus de réduction.

584. S'il y a plusieurs libéralités, on procède **chronologiquement** : on réduit d'abord les legs (pour les institutions contractuelles, cf. *supra* n° 505), au marc le franc, sans distinguer selon la nature du legs (art. 926 C. civ.) ; puis, s'il y a encore dépassement (ou s'il n'y avait pas de legs), on réduit les donations en commençant par celle qui a été consentie la dernière et en remontant ainsi dans le temps.

585. Avant 2006, selon le type de gratifié (héritier ou tiers) et selon le type de libéralité (donation ou legs), la restitution pouvait se faire en nature. Désormais, elle doit se faire **en valeur** (art. 924 C. civ.). Il s'agit du versement d'une "**indemnité de réduction**". Toutefois, le gratifié peut choisir une restitution en nature lorsque le bien lui appartient encore et est libre de tout droit, personnel ou réel, inexistant lors de la libéralité (art. 924-1 C. civ.).

586. Au titre de l'article 924-4 du Code civil, lorsque les réservataires assignent en réduction le bénéficiaire d'une libéralité et lorsque, après avoir discuté son patrimoine, celui-ci est insolvable, ils peuvent agir contre les **tiers détenteurs** de biens immobiliers faisant partie de la libéralité consentie et aliénés par le gratifié. Il y a donc un risque à acquérir un immeuble d'un vendeur qui l'a lui-même reçu par donation (sauf si, au moment de la vente, le donateur du bien et tous les réservataires présomptifs ont consenti à l'aliénation : art. 924-4 C. civ).

587. Depuis la réforme de 2006, l'action en réduction **se prescrit** par cinq ans à compter de la date d'ouverture de la succession (art. 921, al. 2, C. civ., durée qui, au demeurant, depuis 2008, est devenue celle de la prescription de Droit commun pour les actions personnelles ou mobilières) au lieu de trente ans jusque-là. Elle se prescrit également par deux ans à compter du jour où les

réservataires ont eu connaissance de l'atteinte à la réserve, avec un plafond de dix ans à compter du décès.

III. Le rapport des libéralités

588. La loi 2006 a apporté aussi quelques retouches au Droit du rapport des libéralités. Il est nécessaire d'examiner successivement les principes (A), puis les aménagements qui peuvent leur être apportés (B).

A. Les principes légaux

589. À la différence de la réduction, le rapport (art. 843 et s. C. civ.) ne concerne que les héritiers entre eux et n'intéresse que des intérêts privés familiaux. Le **but** n'est pas ici d'éviter que certains héritiers soient dépouillés, mais de faire en sorte que les principes de la dévolution légale entre cohéritiers soient effectivement observés (égalité entre héritiers de même degré). Lorsque le rapport s'applique, c'est que l'on présume que le défunt, même s'il a consenti une libéralité à un héritier, n'a pas voulu qu'à sa mort, il y ait inégalité ou non-respect des règles légales de dévolution ; mais l'auteur de la libéralité a pu manifester une volonté contraire.

Il est indispensable de rechercher quelles sont les personnes concernées par le rapport (1) et les libéralités visées (2), avant de décrire les mécanismes du rapport proprement dits (3).

1. Les personnes concernées

590. Il faut distinguer les personnes soumises au rapport, des personnes pouvant demander le rapport.

— Quant aux **sujets auxquels le rapport est imposé**, il s'agit uniquement des héritiers (*stricto sensu*) qui auraient obtenu, en plus, une libéralité du défunt. Celui qui n'est pas héritier, même s'il est légataire universel ou à titre universel, n'a pas à rapporter une libéralité qu'il aurait reçue (Cass. civ. 28 mai 1894 : DP 1895 I 86 ; Cass. civ. 1re 20 oct. 2010 : n° 09-16.157, *précit.*). Les libéralités consenties aux proches de l'héritier, notamment à son conjoint, ne sont pas rapportables (art. 847 et s. C. civ. ; Cass. civ. 1re 4 juill. 2007 : n° 06-17.310), sauf preuve d'une interposition de personnes (cf. *supra* n° 317). On peut cependant devoir rapporter une libéralité consentie à un autre lorsque l'on vient à la succession par représentation du bénéficiaire (art. 848 C. civ.). Il faut qu'il s'agisse de successeurs (et non seulement de successibles ; un héritier ayant accepté la succession à concurrence de l'actif net - cf. *supra* n° 535 et s. - est, lui aussi, soumis au rapport des libéralités rapportables dont il a pu être gratifié : art. 843 C. civ.) : l'héritier renonçant n'a pas à rapporter une libéralité qu'il aurait pu obtenir du défunt (cf. *supra* n° 540). Cependant, depuis 2006, le disposant peut stipuler que le rapport sera exigé même en cas de renonciation du gratifié à la succession (art. 845, al. 1er, C. civ.). De plus, depuis 2006 (art. 846 C. civ.), un successible ne doit pas le rapport d'une donation à lui faite, s'il n'était pas héritier présomptif lors de la libéralité et s'il n'est devenu héritier qu'ensuite (l'on peut penser, en effet, que, dans ce cas, le défunt avait effectivement voulu l'avantager). Toutefois, l'on en revient au rapport, si telle a été la volonté exprimée par le donateur.

— Quant aux **personnes pouvant demander le rapport**, il s'agit uniquement des cohéritiers (art. 857 C. civ.). Les légataires (même à titre universel ou universels) ne peuvent pas agir pour qu'un héritier rapporte une libéralité reçue. Il ne peut pas y avoir de rapport s'il n'y a qu'un seul héritier (Cass. civ. 1re 1er juill. 2003 : n° 00-19.710). Un seul des cohéritiers peut agir, mais, en cas de succès, son action profite à tous les autres.

2. Les libéralités concernées

591. Les **donations** sont présumées rapportables (faites en avancement de part successorale ; art. 843, al. 1er, C. civ. ; on disait autrefois "en avancement d'hoirie"), alors que les **legs** sont présumés non rapportables (faits hors part successorale ; art. 843, al. 2, C. civ. ; on disait autrefois "par préciput et hors part"). On présume donc que le défunt, par une libéralité entre vifs, n'a pas spécialement voulu avantager un de ses héritiers, mais que telle était bien son intention s'il a réalisé une libéralité à cause de mort. Cependant, il s'agit d'une présomption légale simple, tombant sous le coup de la preuve contraire (rapportée par une stipulation du *de cujus*). Les dons manuels (Cass. com. 20 oct. 1998 : n° 96-20.960), les donations déguisées (Cass. civ. 1re 20 févr. 2001 : n° 99-15.378, voire les donations indirectes (Cass. civ. 1re 22 nov. 2005 : n° 03-17.512), peuvent aussi être soumis au rapport. La doctrine estime, en revanche, que les donations-partages (cf. *infra* n° 603) ne sont pas rapportables, dans la mesure où elles réalisent le partage selon la volonté du disposant (*arg.* art. 1077-2, al. 1er, C. civ.). Les **cadeaux d'usage** (cf. *supra* n° 253) échappent au rapport (art. 852, al. 1er, C. civ.). Un arrêt avait admis que des

avantages obtenus puissent être rapportables, même en l'absence d'intention libérale (Cass. civ. 1re 8 nov. 2005 : n° 03-13.890) ; cette déviance a heureusement été contredite (Cass. civ. 1re 18 janv. 2012 : n° 09-72.542, n° 10-25.685, n° 10-27.325 et n° 11-12.863).

3. Les mécanismes

592. Le rapport se fait en principe en valeur (en moins prenant : l'héritier obtient, « "prend »", moins dans la succession, ayant déjà obtenu une libéralité ; art. 843, al. 2 et art. 858 C. civ.). Le Code civil organise assez minutieusement le processus du rapport.

— On prend en compte la **valeur du bien** à l'époque du partage, mais dans son état au moment de la libéralité (art. 860 C. civ. ; sans pouvoir tenir compte d'éléments hypothétiques, telle l'éventuelle future constructibilité d'un terrain : Cass. civ. 1re 13 févr. 2013 : n° 11-24.138).

— L'article 855 du Code civil prévoit l'hypothèse où le **bien** objet de la libéralité aurait été **détruit** hors de la volonté ou de la faute du bénéficiaire de la libéralité. Dans ce cas la libéralité n'est pas rapportable, sauf si une indemnité compensatrice a été versée ; dans ce cas, l'héritier doit le rapport de la valeur de cette indemnité ou la valeur du bien reconstitué grâce à cette indemnité, mais seulement, alors, « *dans la proportion où l'indemnité a servi à sa reconstitution* ».

— Les **libéralités portant sur des fruits et revenus**, désormais admises (cf. *supra* n° 247) sont soumises au rapport (art. 851 C. civ.). Mais une clause contraire est, là encore, possible.

— Si le gratifié a **vendu** le bien avant le partage, l'on doit tenir compte de sa valeur à l'époque de l'aliénation, mais dans l'état qu'il avait au jour de la libéralité (art. 860, al. 2, C. civ. ; Cass. civ. 1re 27 juin 2000 : n° 98-14.886). Si un nouveau bien a été subrogé au précédent, si la dépréciation du nouveau bien n'était pas, « *en raison de sa nature, inéluctable au jour de son acquisition* », on retient sa valeur au jour du partage, dans son état lors de l'acquisition. En revanche, si la dépréciation du nouveau bien était, « *en raison de sa nature, inéluctable au jour de son acquisition* », alors, il n'est pas tenu compte de la subrogation : on prend en compte la valeur du bien qui avait été l'objet de la libéralité, à l'époque de son aliénation et dans l'état qu'il avait au jour de la libéralité.

— L'article 860-1 du Code civil dispose, quant à lui, que, lorsque la libéralité était une **somme d'argent**, on doit le rapport d'une somme égale à son montant. Si cette somme a servi à l'acquisition d'un bien, le rapport est de la valeur de ce bien (valeur du bien à l'époque du partage, mais dans son état au moment de son acquisition).

— Jusqu'en 2006, en cas de rapport en nature, les textes prévoyaient un sort identique pour les **fruits** et les **intérêts**. Mais, en cas de rapport en valeur, la Cour de cassation avait considéré que la somme rapportée en valeur devait être productive d'intérêts seulement à compter du jour où elle était déterminée et non à compter de la date du décès. Depuis 2006, l'article 856 du Code civil distingue le sort des fruits (des biens visés), qui sont dus à compter du jour de l'ouverture de la succession, de celui des intérêts (du montant du rapport en valeur), qui sont dus à compter du jour où ledit montant du rapport est déterminé.

— Une fois établi le montant rapportable, en principe, l'héritier astreint au rapport ne rapporte pas la somme correspondante, mais se contente de voir sa **part successorale réduite** d'autant.

B. Les aménagements possibles

593. Le mécanisme est supplétif. Il peut donc être aménagé par le disposant (1). Mais, de manière plus étonnante, il peut faire aussi l'objet de modifications de la part du bénéficiaire (2). *A fortiori* peut-il donc être transformé par la volonté commune du disposant et du bénéficiaire (3).

1. Les aménagements apportés par le disposant

594. Le disposant peut agir de deux manières.

— L'auteur de la libéralité peut tout d'abord intervenir quant au **principe même du rapport** (art. 843 C. civ.) : il peut prévoir que la donation qu'il consent ne sera pas rapportable ; il précise alors qu'elle est faite "hors part successorale". Inversement (et en théorie), il peut stipuler que le legs qu'il consent sera rapportable ; il indique alors qu'il est accordé "en avancement de part successorale".

— Quant aux **modalités du rapport**, le disposant peut prévoir qu'il se fera en nature et non pas en valeur (art. 858, al. 2, C. civ.) ou imposer le rapport en valeur en empêchant le gratifié d'opter pour le rapport en nature (à condition de l'avoir exprimé clairement : Cass. civ. 1re 12 janv. 2011 : n° 09-15.298 ; cf. *infra* n° 595). Si le rapport se fait en nature, les aliénations et constitutions de droits réels consenties par le bénéficiaire de la libéralité s'éteignent (sauf si le donateur y avait consenti ; art. 858, al. 3, C. civ.). En cas de rapport en nature, il est tenu compte des impenses que le bénéficiaire de la libéralité a pu devoir supporter (art. 861 C. civ. ; dans la limite de la plus-value apportée pour les dépenses utiles et en totalité pour les dépenses nécessaires), mais aussi des détériorations qu'il a pu commettre (art. 863 C. civ.). Le disposant peut aussi prévoir des dispositions différentes de celles de la loi quant aux modes d'évaluation retenus en cas de rapport ; il peut prévoir des moments d'évaluation différents de ceux que le Code mentionne pour apprécier la valeur et l'état des biens concernés (art. 860, al. 3, C. civ.).

2. Les aménagements apportés par le bénéficiaire

595. D'abord, on peut dire, en quelque sorte, que, lorsqu'un rapport est prévu (par la loi ou par le disposant) le bénéficiaire peut échapper au principe même du rapport en **renonçant** à la succession (sauf clause contraire : cf. *supra* n° 540 et 590). Quant aux **modalités du rapport**, alors que le rapport se fait en principe en valeur, l'article 859 du Code civil dispose que l'héritier qui y est astreint peut toujours choisir un rapport en nature, à condition que le bien lui appartienne encore et qu'il n'ait pas consenti sur ce bien des droits personnels ou réels et sous réserve que, dans la libéralité, le disposant ne lui ait pas interdit cette possibilité de choix (cf. *supra* n° 594 ; *Comp. supra* n° 585).

3. Les aménagements apportés par la volonté commune du disposant et du bénéficiaire

596. Tout aménagement prévu par l'auteur de la libéralité et approuvé par le bénéficiaire est déjà une sorte de modification issue de la volonté commune (pour les donations et, dans une moindre mesure, pour les legs acceptés). Mais, au-delà et outre ce qui a été dit de la clause visant un héritier non présomptif (cf. *supra* n° 590), de celle imposant le rapport malgré renonciation (cf. *supra* n° 590), ou, enfin, de la stipulation du caractère non rapportable d'une donation de fruits ou revenus (cf. *supra* n° 592), il existe une disposition spécifique intéressante et assez usitée.

Alors que, normalement, les donations sont rapportables, « *il n'est pas dû de rapport pour les associations faites sans fraude entre le défunt et l'un de ses héritiers, lorsque les conditions en ont été réglées par un acte authentique* » (art. 854 C. civ.). Le terme d'"association" doit ici s'entendre comme signifiant le lien pouvant exister entre associés ; il s'ensuit qu'en présence d'une **société** (civile ou commerciale) constituée, par acte authentique, entre le défunt et son héritier, les valeurs, éventuellement transférées à cette occasion, ne peuvent, en principe, donner lieu à rapport (alors qu'il pourrait pourtant s'agir d'une donation déguisée ; cf. *supra* n° 463 et s.).

IV. Les "libéralités-partages"

597. Un chapitre du Code civil est réservé aux "libéralités-partages" dont le régime a été perfectionné par la loi n° 2006-728 du 23 juin 2006 (art. 1075 et s. C. civ.). Le Code décrit quelques dispositions communes (A) avant de présenter successivement la donation-partage (B) puis le testament-partage (C).

A. Les dispositions communes

598. L'article 1075 du Code civil pose le principe que « *toute personne peut faire, entre ses* ***héritiers présomptifs*** [l'article 1075-1 ajoute qu'il peut s'agir de descendants de degrés différents, même s'ils ne sont pas héritiers présomptifs] *la distribution et le partage de ses biens et de ses droits* » ; cet acte pouvant se faire par donation-partage ou testament-partage. Désormais, donc, l'opération n'est plus limitée aux seuls descendants.

599. Une libéralité-partage ne comprend pas nécessairement tous les biens et droits du disposant (art. 1075-5 C. civ.). Lorsque les biens partagés comprennent une **entreprise**, le partage peut se faire en incluant un ou des tiers.

600. L'action en rescision pour lésion de plus du quart autrefois prévue pour les partages est devenue une **action en complément de part** (art. 889 C. civ.). Cette action ne peut pas être exercée contre une donation-partage ni, depuis 2006, contre un testament-partage (art. 1075-3 C. civ.).

601. Naturellement, une libéralité-partage peut faire l'objet d'une action en réduction pour **atteinte à la réserve** et les textes propres à chaque type de libéralité-partage en précisent les modalités (art. 1077-2, art. 1078, art. 1078-8, al. 3 et 4, et art. 1080 C. civ.).

B. Les donations-partages

602. La donation-partage (y compris conjonctive ; cf. *supra* n° 459) est une technique très utilisée d'anticipation des successions.

Depuis qu'une loi de 1971 a encadré ce procédé, des mesures fiscales ont contribué à la rendre populaire. Elle est actuellement régie par les articles 1076 et suivant du Code civil. La donation-partage donne la possibilité à toute personne, de préparer la répartition de ses biens au profit de ses successibles, même si elle n'a pas de descendants (il peut s'agir de collatéraux). L'auteur d'une donation-partage se dépouille actuellement, mais une **réserve d'usufruit** est presque systématiquement stipulée. Entre le(s) donateur(s) et les bénéficiaires, l'on est en présence de rapports juridiques nés d'une libéralité ; entre les bénéficiaires, il s'agit de rapports entre copartageants.

603. La donation-partage n'est **pas rapportable** (cf. *supra* n° 591), puisque le rapport participe du partage et qu'ici le partage est déjà fait. La valeur des biens est estimée au jour de la donation-partage et non au jour de l'ouverture de la succession pour le calcul de la réserve (à condition que tous les réservataires, vivants ou représentés lors du décès du disposant, aient reçu un lot dans le partage anticipé et l'aient accepté ; art. 1078 C. civ.). La donation-partage doit porter sur des **biens actuels** (art. 1076, al. 1er, C. civ.). Il peut s'agir de biens immobiliers ou mobiliers. Il n'y a cependant donation-partage « *que dans la mesure où l'ascendant effectue une répartition matérielle des biens donnés entre ses descendants* » et ne se contente pas de donner à certains une quote-part indivise (Cass. civ 1re 6 mars 2013 : n° 11-21.892 ; Cass. civ 1re 20 nov. 2013 : n° 12-25.681).

604. La donation-partage n'a pas de forme propre et doit répondre aux **conditions de forme** de toute donation (art. 1075 C. civ. ; Cf. *supra* n° 454 et s.). Elle doit donc adopter en principe la forme authentique (Cass. civ. 1re 1er déc. 1999 : n° 97-21.953).

605. Il est fréquent que deux époux réalisent ensemble (cf. *supra* n° 459) une donation-partage de leurs biens propres et communs ; si les bénéficiaires sont tous des enfants communs, il n'y a pas lieu de distinguer selon la nature des biens (propres ou communs) à distribuer. Mais, si, parmi les bénéficiaires il y a un ou des **enfants qui ne sont pas nés des œuvres des deux époux**, ils ne peuvent recevoir des biens propres de l'époux qui n'est pas leur auteur et ils ne reçoivent de biens communs que du chef de leur auteur (art. 1076-1) : l'autre époux n'est pas codonateur des biens communs, il ne fait que donner son consentement, conformément à l'exigence de l'article 1422 du Code civil.

606. La donation-partage permet de réaliser le partage même au profit de **descendants de degrés différents**, donc, éventuellement, avec des **héritiers non présomptifs** (art. 1078-4 et s. C. civ.). Il faut que le ou les descendants de premier degré donnent leur consentement à ce que leurs descendants soient allotis ou acceptent d'être allotis en même temps que des descendants de deuxième degré (art. 1078-4 et 1078-5).

C. Les testaments-partages

607. Beaucoup plus rare en pratique, le testament-partage (outre les dispositions communes aux libéralités-partages : cf. *supra* n° 598 et s.) n'est spécifiquement régi que par deux articles du Code civil (1079 et 1080). Pendant longtemps, l'on a affirmé que le testament-partage ne constituait pas une libéralité dans la mesure où il se contente apparemment de prendre acte des successibles présents et d'organiser par avance les partages. Mais il peut produire les **effets d'une libéralité** s'il prévoit un partage inégalitaire entre des enfants. Désormais, il est classé par le Code civil dans la catégorie des libéralités, ses bénéficiaires ne sont plus qualifiés d'"héritiers" et, si le testament-partage produit les effets d'un partage, ce n'est plus, selon l'article 1079 du Code civil, nécessairement son seul effet. Mais la **nature** de cet acte reste **ambiguë** puisqu'il demeure également une technique d'organisation successorale : on doit toujours liquider l'hérédité comme une succession *ab intestat*.

608. On ignore si un testament-partage pourrait inclure des **biens ou droits** à venir (le Code est muet sur ce point) ; mais il ne peut pas porter sur des droits dont le testateur ne peut disposer individuellement (Cass. civ. 1re 9 déc. 2009 : n° 08-18.677 : biens d'une communauté non partagée). Le testament partage peut être réalisé au profit de n'importe quel **successible** (et même aujourd'hui – cf. *supra* n° 598 – au profit de descendants de degré plus éloigné que les descendants héritiers présomptifs, sans recueillir, comme c'est exigé pour la donation-partage, le consentement de ces derniers : Cass. civ. 1re 7 nov. 2012 : n° 11-23.396).

609. Le testament-partage doit répondre aux conditions de **forme** de tout testament (art. 1075 C. civ. ; Cf. *supra* n° 375 et s.). S'il n'a pas été qualifié expressément de testament-partage par le testateur, il est parfois malaisé de le distinguer d'un testament ordinaire, surtout s'il prévoit une inégalité des lots (V. Cass. civ. 1re 4 juin 2009 : n° 08-13.801).

610. Lorsque le testateur décède, il n'y a pas, en principe d'indivision, puisque le partage est considéré comme déjà fait. L'article 1079 dispose que les héritiers **ne peuvent refuser** le lot que le testament-partage leur destine pour provoquer un nouveau partage successoral : la volonté du défunt s'impose donc, dans la mesure, naturellement, où il n'y a pas atteinte à la réserve (art. 1080 C. civ.).

V. L'attribution préférentielle

611. L'attribution préférentielle (art. 831 et s. C. civ.) permet de déroger au principe de l'unité patrimoniale de la succession (cf. *supra* n° 118 et s.) en attribuant à un ou plusieurs héritiers, certains biens spécifiques, quitte à ce qu'une soulte soit éventuellement versée aux autres héritiers (cf. également *supra* n° 119 à propos de l'entrepreneur individuel à responsabilité limitée). Après avoir présenté le domaine d'application du procédé (A), on peut décrire sommairement son mécanisme (B).

A. Le domaine d'application

612. L'**histoire** du procédé remonte à la fin du XIXe siècle et n'est qu'une suite de réformes tendant constamment à en accroître le ressort d'application (1894, 1909, 1938, 1961, 1965, 1970, 1978, 1980, 1982 et 2006).

613. L'attribution préférentielle retient ici l'attention en ce qu'elle peut concerner, au premier chef, les **indivisions successorales** (*lato sensu*). Il est admis que le procédé peut également être utilisé lors du partage d'une communauté matrimoniale (art. 267 et 1476 C. civ.) et pour des **indivisions conventionnelles** à condition qu'elles soient **familiales** (Cass. civ. 1re 7 juin 1988 : n° 86-15.090 ; l'attribution ne pouvant être demandée que par un conjoint, un partenaire ou un héritier : Cass. civ. 1re 26 sept. 2012 : n° 11-12.838 ; jurispr. constante).

614. Il est des hypothèses (exceptionnelles) où l'attribution préférentielle est **obligatoire** (de droit) et s'impose au juge lorsque le demandeur remplit toutes les conditions requises (local où réside le conjoint survivant, petite exploitation agricole... ; art. 831-3, 832, 832-1, al. 2 et 832-2 C. civ.)

Mais, en général, l'attribution préférentielle est **facultative** pour le juge. Elle concerne les exploitations agricoles et les entreprises commerciales, artisanales et libérales. L'attribution préférentielle peut porter sur des droits sociaux (parts ou actions). Elle peut être demandée pour l'obtention d'une propriété, mais aussi, dans certains cas particuliers, pour l'octroi d'un bail. Elle est impossible si le bien appartient non seulement à une indivision mais aussi à un tiers (Cass. civ. 1re 15 janv. 2014 : n° 12-25.322).

B. Le mécanisme

615. L'attribution préférentielle peut être obtenue par simple accord des copartageants ; à défaut, une action judiciaire est possible (tant que le partage n'a pas été ordonné : Cass. civ. 1re 9 janvier 2008 : n° 06-20.167). Les biens attribués sont estimés à leur **valeur au jour de la jouissance divise**, qui doit être le plus proche possible de la date du partage (art. 832-4, al. 1er et 829 C. civ.). La **soulte** dont l'attributaire est éventuellement redevable envers les cohéritiers doit être versée au comptant (sauf accord amiable contraire et sauf attributions "de droit", pour lesquelles un étalement du paiement sur dix ans est possible : art. 832-4, al. 2, C. civ.).

616. Les **personnes** susceptibles de demander le bénéfice de l'attribution préférentielle sont les copartageants. Il s'agit donc tout d'abord, à l'évidence, des **héritiers** *ab intestat* (venant effectivement à la succession) et du **conjoint survivant**. Mais l'article 833 du Code civil dispose que l'attribution peut être accordée « *au conjoint ou à tout héritier, qu'il soit copropriétaire en pleine propriété ou en nue-propriété* », ce qui, compte tenu de la présence de la virgule, semble impliquer que le conjoint survivant ne peut pas demander l'attribution préférentielle lorsqu'il ne vient qu'en usufruit (déjà, en ce sens : Cass. civ. 1re 10 mai 1966 : D. 1966 467, note A.B. ; Cass. civ. 1re 27 juin 2000 : n° 98-17.177). L'article 833, alinéa 2, ajoute que les **légataires ou institués contractuels universels ou à titre universel**, peuvent aussi demander le bénéfice des dispositions des articles 831 et s. S'il y a plusieurs demandes concurrentes, « *le tribunal tient compte de l'aptitude des différents postulants à gérer les biens en cause* ». Lorsqu'il s'agit d'une entreprise, il tient compte en particulier « *de la durée de la participation personnelle [du demandeur] à l'activité* » (art. 832-3, al. 3, C. civ.).

617. Si la demande porte sur une exploitation agricole ou une entreprise commerciale, industrielle, artisanale ou libérale, le

demandeur doit démontrer qu'il **participe ou a participé effectivement** à l'exploitation du bien (art. 831, al. 1er, C. civ.). Pour le local à usage professionnel, le demandeur doit prouver que le bien sert effectivement à l'exercice de sa profession (art. 831-2, al. 1er, 2° C. civ.). Pour le local à usage d'habitation la preuve doit être rapportée qu'il servait effectivement d'habitation au demandeur à l'époque du décès du *de cujus* (art. 831-2, al. 1er, 1° C. civ.). Il a été jugé que la **viabilité de l'exploitation** n'était pas une condition nécessaire à l'attribution (Cass. civ. 1re 28 janv. 1997 : n° 95-15.003) ce qui, pour être conforme à la lettre du texte, n'en est pas moins, probablement, contraire à son esprit. Pour l'entreprise agricole, les juges s'estiment en droit de refuser l'attribution si le candidat ne dispose pas de l'aptitude à gérer convenablement le bien (Cass. civ. 1re 23 avr. 1985 : n° 83-16.528 ; Cass. civ. 1re 2 mai 2001 : n° 98-19.639). Cette exigence ne saurait être admise pour une entreprise commerciale, compte tenu du principe de liberté de commerce.

Bibliographie sommaire

B. BEIGNIER (collab. S. Torricelli-Chrifi), *Libéralités et successions*, Coll. Cours, Montchrestien, Paris, 2012.

B. BEIGNIER, J.-M. do CARMO SILVA et A. FOUQUET (collab. S. Torricelli-Chrifi), *Liquidations des régimes matrimoniaux et des successions*, Defrénois, 4e éd., Paris, 2013.

É. BRILLANT et G. RIVIÈRE, *Fiscalité pratique des donations, successions et testaments*, Coll. Pratique notariale, 4e éd., Litec, 2013.

J. FLOUR et H. SOULEAU, *Les libéralités*, Coll. U, Colin, Paris, 1982.

J. FLOUR et H. SOULEAU, *Les successions*, Coll. U, 3e éd., Colin, Paris, 1991.

G. GOUBEAUX et P. VOIRIN, *Manuel de droit civil*, Tome II : *Régimes matrimoniaux. Successions. Libéralités*, Coll. Manuels, 28e éd., LGDJ, Paris, 2014.

M. GRIMALDI, *Droit civil. Successions*, 6e éd., Litec, Paris, 2001.

A.-M. LEROYER, *Droit des successions*, 3e éd., Dalloz, Coll. Cours, Paris 2014.

L. et S. LEVENEUR, *Leçons de droit civil, Successions. Libéralités*, Coll. Leçons de droit civil (H., J. et L. MAZEAUD et Fr. CHABAS), Tome IV/2, 5e éd., Montchrestien, Paris, 1999.

Ph. MALAURIE et L. AYNÈS, *Les successions. Les libéralités*, 5e éd., Defrénois, Paris, 2012.

J. MAURY, *Successions et libéralités*, LexisNexis, Coll. Objectif Droit, 8e éd. Paris 2012.

Fr. SAUVAGE, *Successions*, Delmas, 2013

Fr. TERRÉ, Y. LEQUETTE et S. GAUDEMET, *Droit civil. Les successions. Les libéralités*, Coll. Précis, 4e éd., Dalloz, Paris, 2013.

Fr. ZENATTI-CASTAING et THIERRY REVET, *Cours de droit civil. Successions*, Puf, Coll. Droit fondamental, 2012.

Index alphabétique

C

G

H

O

P

Q

R

S

Table des matières

Collection Systèmes

La collection *Systèmes* entend répondre au besoin de synthèse et de spécialisation des savoirs qui s'affirme aujourd'hui. Destinée aux étudiants mais également à un public plus large, elle présente des ouvrages clairs et concis, permettant aux lecteurs d'approfondir leurs connaissances sur des sujets tels que droit constitutionnel, droit administratif, droit des affaires, droit civil, droit social, économie, administration, finances publiques, fiscalité, finances locales, sociologie et philosophie juridiques, droit européen...

La collection *Systèmes* se décline aujourd'hui en trois séries : la série *Cours*, adressée principalement aux étudiants en droit et science politique ; la série *Pratique*, à destination des professionnels, autour de problématiques qui les intéressent directement dans leur pratique quotidienne ; et la série *Perspectives*, qui a pour vocation de proposer des sujets de réflexion.

Les derniers ouvrages parus dans cette collection sont :

ABATE B. : *La nouvelle gestion publique*, 2e éd., 2014.

ABATE G. : *Le régime fiscal des sociétés de personnes*, 2014.

AKHOUNE A. : *La réforme de la gestion budgétaire et comptable publique*, 2013.

ALBERT J.-L. : *Fiscalité et personnes publiques*, 2012.

ALVENTOSA J.-R. : *Les outils du management public*, 2012.

ALVENTOSA J.-R. : *Management public et gestion des ressources*, 2012.

AUBY J.-B. : *La décentralisation et le droit*, 2006.

AUBY J.-B. : *La globalisation, le droit et l'État*, 2e éd., 2010.

BAILLEUL D. : *Le service public local du tourisme*, 2010.

BAILLEUL D. : *Le procès administratif*, 2014.

BARILARI A. et BOUVIER M. : *La LOLF et la nouvelle gouvernance financière de l'État*, 3e éd., 2010.

BASDEVANT-GAUDEMET B. (sous la direction de) : *Contrat ou institution : un enjeu de société*, 2004.

BASTION J.-Cl. et CHABANNIER N. : *Le droit des élections locales*, 2004.

BERLORGEY J.-M. : *Le droit d'asile*, 2013.

BLACHÈR P. : *Le Parlement en France*, 2012.

BOSSIS G. et ROMI R. : *Droit du cinéma*, 2004.

BOUINOT J. : *La ville intelligente*, 2004.

BOUTAYEB C. : *Droit matériel de l'Union européenne*, 3e éd., 2014.

BOUTAYEB C. : *Droit institutionnel de l'Union européenne*, 3e éd., 2014.

BOUVIER M. : *Introduction au droit fiscal général et à la théorie de l'impôt*, 12e éd., 2014.

BOUVIER M. : *Les finances locales*, 15e éd., 2013.

BOYER B. : *Les femmes et la haute fonction publique*, 2013.
BRANCHET B. : *La fonction présidentielle sous la Ve République*, 2008.
BURGORGUE-LARSEN L. : *La Convention européenne des droits de l'Homme*, 2012.
BUSSY F. et POIRMEUR Y. : *La justice politique en mutation*, 2010.
CABRILLAC R. : *Droit européen comparé des contrats*, 2012.
CALAMARTE-DOGUET M.-G. : *Le droit de la recherche*, 2005.
CALVES G. et HEYMANN-DOAT A. : *Libertés publiques et droits de l'Homme*, 9e éd., 2008.
CAMBY J.-P. (coordonné par) : *La réforme du budget de l'État*, 3e éd., 2011.
CAUDAL S. : *La fiscalité de l'environnement*, 2014.
CHAVRIER G. : *Le pouvoir normatif local : enjeux et débats*, 2011.
COTTIN S. : *La gestion de la documentation juridique*, 2011.
CREUSOT S. : *Une nouvelle organisation décentralisée de la République*, 2012.
DEFFERRARD F. : *Le suspect dans le procès pénal*, 2005.
DE GROVE-VALDEYRON N. : *Droit du marché intérieur européen*, 4e éd., 2014.
DE GROVE-VALDEYRON N. : *Droit européen de la santé*, 2013.
DEGRON R. : *Vers un nouvel ordre territorial en Europe*, 2014.
DELON-DESMOULIN C. : *Droit budgétaire de l'Union européenne*, 2011.
DELON-DESMOULIN C. et DESMOULIN G. (sous la direction de) : *La décision financière publique*, 2013.
DEMEESTÈRE R. : *Le contrôle de gestion dans le secteur public*, 2e éd., 2005.
DONNAT F. : *Contentieux communautaire de l'annulation*, 2008.
DOUAY M. : *Le recouvrement de l'impôt*, 2005.
GHÉRARI H. : *Relations internationales*, 2010.
GILLES W. : *Les principes budgétaires et comptables publics*, 2009.
GOURION P.-A., PEYRARD G. et SOUBEYRAND N. : *Droit du commerce international*, 4e éd., 2008.
DU GRANRUT Cl. : *Une Constitution pour l'Europe*, 2004.
GRYNFOGEL C. : *Droit communautaire de la concurrence*, 3e éd., 2008.
GUÉVEL D. : *Droit des successions et des libéralités*, 3e éd., 2014.
GUÉVEL D. : *Droit du commerce et des affaires*, 4e éd., 2012.
GUYOMAR M. : *Les sanctions administratives*, 2014.
HAMON F. : *Le référendum. Étude comparative*, 2e éd., 2012.
HAMON F. et WIENER C. : *La justice constitutionnelle en France et à l'étranger*, 2011.
HAQUET A. : *La loi et le règlement*, 2007.
HECKLY C. : *Fiscalité et mondialisation*, 2006.
HEEM V. et HOTTE D. : *La lutte contre le blanchiment des capitaux*, 2004.
HOURQUEBIE F. : *Le pouvoir juridictionnel en France*, 2010.
JAN P. : *Le procès constitutionnel*, 2e éd., 2010.
JEANNARD S. : *Le recours administratif dans le système juridique français*, 2013.
LAMARQUE D. : *L'évaluation des politiques publiques locales*, 2004.
LAURENT Ph. : *Décentralisation : en finir avec les idées reçues*, 2009.

LEMMET J.-F. et THOMAZO Ph. : *Le statut des agents territoriaux, mode d'emploi*, 2010.

LE POURHIET A.-M. : *Les ordonnances*, 2011.

LONG M. : *Associations et pouvoirs publics*, 2010.

LOPEZ C. : *Droit pénal fiscal*, 2012.

LOTARSKI J. : *Droit du contentieux de l'Union européenne*, 5e éd., 2014.

MANARA C. : *Droit du commerce électronique*, 2013.

MANSON S. : *L'opposition dans les assemblées locales*, 2012.

MARCOU G. : *L'accès aux emplois publics*, 2014.

MARIEL F. et WEYBERT J. : *Le droit des sociétés par actions et ses implications comptables*, 2004.

MARTINAT P. : *Les régions, clefs de la décentralisation*, 2010.

MASSOT J. : *Le chef de l'État, chef des armées*, 2011.

MATTRET J.-B. : *L'analyse financière des communes*, 3e éd., 2009.

MATTRET J.-B. : *La nouvelle comptabilité publique*, 2010.

MAUGÜÉ C. et THIELLAY J.-P. : *La responsabilité du service public hospitalier*, 2010.

MELIN F. : *La faillite internationale*, 2004.

MELIN F. : *Droit des obligations*, 2006.

MESTRALLET G., SAMSON J. et TALY M. : *La réforme de la gouvernance fiscale*, 2005.

MONJAL P.-Y. : *Droit européen des collectivités locales*, 2010.

MORDACQ F. : *La LOLF, un nouveau cadre budgétaire pour réformer l'État*, 2006.

MORDACQ F. : *La réforme de l'État par l'audit*, 2009.

NEFRAMI E. : *L'action extérieure de l'Union européenne*, 2010.

NICINSKI S. : *Droit public de la concurrence*, 2005.

PEZ T. : *Le domaine public hertzien*, 2011.

PINON X. : *Le Conseil de l'Europe, une organisation au service de l'homme*, 2011.

POIRMEUR Y. : *Justice et médias*, 2012.

POIRMEUR Y. : *Les partis politiques*, 2014.

RAMPELBERG R.-M. : *Repères romains pour le droit européen des contrats*, 2005.

RICHER L. : *La concession en débat*, 2014.

SORTAIS J.-P. : *Entreprises en difficulté, les mécanismes d'alerte et de conciliation*, 2010.

STIRN B. : *Les sources constitutionnelles du droit administratif*, 7e éd., 2011.

TEITGEN-COLLY C. (sous la direction de) : *Les perspectives contentieuses des réformes de la justice administrative*, 2011.

TEITGEN-COLLY C. (sous la direction de) : *La convention européenne des droits de l'Homme 60 ans et après ?*, 2013.

TRAORÉ S. : *L'usager du service public*, 2012.

TÜRK P. : *Le contrôle parlementaire en France*, 2011.

YOLKA P. : *Droit des contrats administratifs*, 2013.

ZERAH D. : *L'exigence de la gouvernance mondiale*, 2013.

Achevé d'imprimer par Dupli-Print (95)
Dépôt légal : octobre 2014
N° d'impression : 2014101441
Imprimé en France